浙江省发展规划研究院
咨询成果报告
（2021）

ZHEJIANG DEVELOPMENT & PLANNING
INSTITUTE ANNUAL REPORT
FOR CONSULTATION ACHIEVEMENT 2021

周华富　主编

·北京·

图书在版编目（CIP）数据

浙江省发展规划研究院咨询成果报告．2021/周华富主编．－－北京：中国市场出版社有限公司，2022.8
ISBN 978-7-5092-2222-5

Ⅰ．①浙⋯ Ⅱ．①周⋯ Ⅲ．①地方经济－经济规划－研究报告－浙江－2021 Ⅳ．①F127.55

中国版本图书馆CIP数据核字(2022)第085381号

浙江省发展规划研究院咨询成果报告（2021）

ZHEJIANG SHENG FAZHAN GUIHUA YANJIUYUAN ZIXUN CHENGGUO BAOGAO（2021）

主　　编	周华富
责任编辑	张再青（632096378@qq.com）
出版发行	中国市场出版社
社　　址	北京市西城区月坛北小街2号院3号楼（100837）
电　　话	（010）68024335/68034118/68022950/68020336
经　　销	新华书店
印　　刷	河北鑫兆源印刷有限公司
规　　格	185mm×260mm　　16开本
印　　张	21.75　　　　　字　　数：370千字
版　　次	2022年8月第1版　　印　　次：2022年8月第1次印刷
书　　号	ISBN978-7-5092-2222-5
定　　价	80.00元

版权所有　侵权必究　　　印装差错　负责调换

编委

主　　编　周华富

副 主 编　徐伟金　殷志军　周世锋　兰建平　傅金龙
　　　　　　董嘉明　潘毅刚

执行主编　徐　萌

编　　委　（按姓氏笔画排序）
　　　　　　王质明　朱李鸣　汤　欢　吴洁珍　沈　锋
　　　　　　汪　东　范　玲　陈文杰　陆　军　俞　莹
　　　　　　郎金焕　郭鹏程　童相娟

编　　辑　王　晟　裘飞飞　华和建

(代序)

盘点 2021

2021年是建党100周年、"十四五"规划开局之年、全面建设社会主义现代化国家新征程开启之年，也是浙江省发展规划研究院（以下简称浙江发规院）整体迁入同人广场、全面开启紫金港新时代之年。一年来，浙江发规院围绕浙江省委、省政府中心工作，坚决扛起忠实践行"八八战略"、奋力打造"重要窗口"、高质量发展建设共同富裕示范区、争创社会主义现代化先行省的智库担当，切实履行省委省政府重要决策智囊职责，努力实现"全国一流、全球视野"省级高端智库建设新境界，在中国工程咨询协会公布的全国智库型单位影响力30强榜单中名列第二。

一、发挥思想库作用，紧贴浙江省委省政府重大决策需求建言献策

围绕浙江省经济社会发展中的重大战略问题开展研究，浙江发规院全年共承担课题研究任务177项。其中影响较大的有：高质量完成省长交办、省政协主持的农业转移人口市民化课题，获得省委省政府主要领导批示，并得到省政协主席会议的高度肯定；完成省长交办的生产率研究课题和常务副省长交办的住户杠杆率课题，均获得批示肯定；完成省政协《共同富裕背景下为民办实事长效机制研究》总报告，获得省领导8次批示肯定；承担省委宣传部2021年浙江省理论"溯源工程"的物质富裕篇和城乡融合篇两项课题；完成省发展改革委重点课题"'扩中''提低'基础研究""义甬舟开放大通道建设重大瓶颈问题分析和对策研究""浙江省高能级战略平台创建导则研究项目""浙江省海洋经济发展'十四五'规划意见举措

研究""未来社区打造共同富裕现代化基本单元研究""2021年浙江未来社区创建工作指南研究""浙江省工程云建设研究专项""促进长三角地区未来产业发展研究""浙江省碳达峰碳中和实现路径研究""共同富裕示范区公共服务领域建设思路及评价研究"等。中标"国家发展规划实施情况指数化评价研究""新时代创新投融资体制机制研究""浙江省民营企业参与'一带一路'境外园区建设的经验与对策研究"等3项国家发展改革委2021年度研究课题,"数字经济时代长三角区域创新创业生态系统构建模式研究"课题获国家社科基金立项。

同时,浙江发规院十分注重课题研究成果转化,通过《决策咨询》等渠道报送建言献策报告,获得省领导批示145次,其中国家领导批示1次,省委省政府主要领导批示69次。

二、发挥智囊团作用,聚焦高质量发展、建设共同富裕示范区,完成一批发展规划、行动计划和实施方案

聚焦重大战略、重点领域、重点区域、重点问题,承担一批发展规划、行动计划、实施方案、政策文件等编制任务,助推浙江省委省政府决策部署落地落实。浙江发规院全年共承担各类规划编制任务227项,转化为党委政府文件96项,其中国家级文件6项,省委省政府文件14项。在共同富裕示范区建设方面,参与编制《浙江省"扩中""提低"行动方案(2021—2025年)》,完成了一批共同富裕试点三年行动计划,参与交通运输部支持共同富裕示范区建设文件编制。在"一带一路"建设方面,承担《浙江省高质量推进"一带一路"建设"十四五"规划》《义甬舟开放大通道建设"十四五"规划》《"十四五"长江经济带发展浙江实施方案》等规划方案编制。在长三角一体化国家战略实施方面,承担国家发展改革委、工信部联合印发的《数字长三角建设方案》编制,承担《长三角一体化发展规划"十四五"实施方案》《浙江省"十四五"时期推动长三角一体化发展实施计划》《浙江省推进长三角一体化发展标志性工程建设方案》,以及多项长三角生态绿色一体化发展示范区嘉善片区相关规划编制。在推动山区26县跨越式发展方面,承担《浙江省山区26县跨越式高质量发展实施方案(2021—2025年)》编制。在推动新型城镇化发展方面,积极承接市级新型城镇化专项规划任务，承担《小城市培育规范》编制，参与起草《浙江省千年古城复兴综合规划编制导则》《浙江省千年古城复兴试点四大体系建设方案》等文件。在重大基础设施规划建设方面，高质量完成储运基地规划纲要、"十四五"实施方案等文件起草，编制全省现代物流业、应急物资保障体系、防震减灾等一批"十四五"专项规划。在产业融合升级方面，编撰发布《2021年浙江省人工智能产业发展报告》，承担《浙江省未来产业先导区建设的指导意见》《浙江省推动先进制造业和现代服务业深度融合发展的实施意见》起草，编制新能源汽车产业、航空航天产业、现代服务业等一批"十四五"专项规划。在碳达峰碳中和方面，全程深度服务省委省政府"双碳"工作，编制省级碳达峰碳中和工作实施意见、碳达峰实施方案、能源碳达峰实施方案等，编制浙江省能源发展"十四五"规划，完成清洁能源示范省行动计划，承担零碳未来城、零碳产业园等重大项目。在生态产品价值实现机制方面，组织多家单位，完成38个县（市、区）2019年和2020年的76份GEP核算报告，编制《国家生态文明试验区（浙江）实施方案》，起草《建立健全生态产品价值实现机制实施意见》《重要生态系统保护修复重大工程实施方案》《系统性重塑生态文明治理体系工作方案》等。在文化强省和公共服务体系建设方面，承担《大运河国家文化公园（浙江段）建设保护规划》、《钱塘江诗路、大运河诗路、瓯江山水诗路建设三年行动计划》和《杭黄世界级自然生态和文化旅游廊道建设方案》的编制，编制省健康产业、公共服务、中医药发展、省级医疗资源配置等"十四五"专项规划。

三、发挥工程院作用，探索全过程工程咨询模式，助推重大工程项目落地实施

探索全过程工程咨询模式，助推重大工程项目落地实施，浙江发规院全年共承担工程咨询245项。积极履行铁路PPP项目实施机构职责，依法合规、多方协调、大胆创新、积极探索，在服务社会资本投资铁路示范项目方面取得了突破性进展。2021年，杭绍台铁路完成建设任务，如期高质量开通运营；杭温铁路完成全年投资计划，实现全线投资任务过半目标；探索创新开展甬舟铁路社会资本和施工单位一次性招标。实施机构工作得

到中国工程咨询协会和行业高度认可，成功获得PPP专项咨询甲级资信，编撰完成《铁路PPP项目实施机构管理实务——以杭绍台铁路PPP项目管理实践为例》。全力保障国家级项目，牵头开展国家发展改革委委托的黄河流域生态保护专项评估。围绕浙江经济社会发展，积极承担交通、能源、环保、医疗、体育等重大基础设施项目的前期咨询任务，为推进重大项目建设、扩大有效投资提供技术支持。积极开展未来社区全过程工程咨询，承担杭州富阳杭黄社区、杭州萧山万向社区、宁波海曙区长乐社区、嘉兴嘉善枫南社区等多个未来社区全过程工程咨询项目，同时，积极开展评价标准、经验模式、工作指南研究，为完善浙江省未来社区建设顶层设计和开展未来社区创建验收及动态监测提供重要支持，为全省各地未来社区建设提供智库支撑和实际指导，编撰完成《未来社区：浙江的理论与实践探索》。

2022年是浙江省"十四五"规划实施和共同富裕示范区建设的关键之年，也是党的二十大、省第十五次党代会、第19届亚运会等大事喜事云集之年。浙江发规院将以习近平新时代中国特色社会主义思想为指导，坚持党管智库，弘扬奋斗者文化，以"数智强院"为发展目标，以数字技术和塑造变革支撑强院建设，推动"全国一流、全球视野"省级高端智库建设不断取得更大成果，全力打造"千人强院"，为浙江省高质量发展、竞争力提升、现代化先行和共同富裕示范作出新的更大贡献，以优异成绩迎接党的二十大、省第十五次党代会胜利召开。

浙江省发展和改革委员会党组成员
浙江省发展规划研究院党组书记、院长
2022年5月

目录 CONTENTS

PART1 课题研究篇

浙江省零碳体系建设研究 ………………………………………………… 3

构建新发展格局背景下加快推进农业转移人口市民化的思路和对策… 20

浙江省海洋经济发展"十四五"规划研究………………………………… 40

浙江省新型城镇化发展"十四五"规划研究……………………………… 56

浙江省大都市区人口与经济空间集聚规律及政策优化建议…………… 68

浙江省内重点区域一体化合作先行区发展重点和政策体系研究……… 90

共同富裕重大问题研究……………………………………………………… 108

浙江省省级医疗资源配置"十四五"规划研究…………………………… 123

浙江省"十四五"人才发展研究…………………………………………… 140

浙江省应对气候变化"十四五"规划研究………………………………… 165

浙江劳动生产率的总体形势与提升策略研究……………………………… 188

2021 年浙江省人工智能产业发展报告 ……………………………………… 197

深化"多规合一"改革，推进省域空间治理现代化的若干建议…… 216

小城市建设浙江标准研究…………………………………………………… 222

高质量推进浙江省"千年古城"复兴研究………………………………… 230

2020 年浙江省能源发展报告 ……………………………………………… 238

浙江省现代物流业发展"十四五"规划研究…………………………… 261

浙江省应急物资保障体系"十四五"规划研究………………………… 280

浙江省现代服务业发展"十四五"规划研究…………………………… 294

PART2　规划编制篇

专项规划项目清单…………………………………………………………… 311

行动计划项目清单…………………………………………………………… 313

实施方案项目清单…………………………………………………………… 314

PART3　工程咨询篇

项目建议书、可行性研究报告及项目申请报告项目清单……………… 317

资金申请报告项目清单……………………………………………………… 319

各类评估项目清单…………………………………………………………… 320

PART4 附录

附录1　课题研究项目清单 …………………………………… 325

附录2　2021年院咨询成果转化为党委政府文件情况 ………… 329

附录3　2021年院咨询成果获奖情况 …………………………… 333

PART 1
课题研究篇

浙江省零碳体系建设研究[1]

全球气候变化对人类生存和发展构成重大威胁，是当今人类社会面临的共同挑战。中国政府始终高度重视应对气候变化，2020年9月，习近平主席在联合国大会上作出了中国将力争二氧化碳排放于2030年前达到峰值，争取在2060年前实现碳中和的庄重承诺。在碳达峰、碳中和背景下，开展零碳体系建设工作是浙江省建设"重要窗口"的重要方式，是积极响应碳达峰碳中和愿景的浙江实践，是深化应对气候变化工作的重要抓手，在推动全省碳达峰、碳中和进程中将起到示范性的作用。

本研究在分析调研国内外（近）零碳排放区建设情况的基础上，结合浙江省低碳发展实际，对零碳示范的内涵、类型和核算方法进行阐述，研究了不同零碳示范类型的基本建设路径，并针对推进零碳体系建设的工作体系、政策体系和指标体系提出相关意见建议，以期为浙江省零碳体系建设的顺利开展起到支撑作用。

一、研究的背景及意义

（一）研究背景

全球气候变化对人类生存和发展构成重大威胁，是当今人类社会面临的共同挑战。2020年9月，中国国家主席习近平在联合国大会上表示："中国将提高国

---

[1] 该项目由浙江省生态环境厅委托。

家自主贡献力度,采取更加有力的政策和措施,二氧化碳排放力争于2030年前达到峰值,争取在2060年前实现碳中和",向世界发出中国积极引领应对气候变化的决心,彰显了中国的大国担当。

浙江省作为"绿水青山就是金山银山"理念的发源地和率先实践地,在过去一段时间内,积极推动低碳试点示范创建工作,已形成城市-县市-城镇-园区-社区-企业多层级的低碳试点体系。在碳达峰、碳中和背景下,开展零碳体系建设,是对低碳试点工作进一步的深化提升,对先进低碳技术研究成果的集成推广,为实现更高层次零碳发展目标探索路径、积累经验。为明确零碳体系的内涵、建设类型、建设路径、核算方法、工作体系、指标体系、政策体系和保障措施,特开展本项研究工作。

(二)研究意义

(1) 零碳体系建设是浙江省建设"重要窗口"的有力途径。2020年春天,习近平总书记考察浙江时赋予其"努力成为新时代全面展示中国特色社会主义制度优越性的重要窗口"的新目标新定位。开展零碳体系建设,有利于进一步推进浙江省能源生产和消费革命,构建清洁低碳、安全高效的能源体系;有利于构建市场导向的绿色技术创新体系,壮大绿色低碳产业,对推动经济社会绿色低碳循环发展、建设"重要窗口"具有重要意义。

(2) 零碳体系建设是实现碳达峰目标和碳中和愿景的浙江实践。开展零碳体系建设,是浙江省在低碳试点示范基础上的进一步发展和深化,将大力推动低碳技术和管理模式的先行先试和创新示范,拓宽低碳技术、脱碳路径、体制机制等方面的探索边界,是在规划、建设、运营、管理全过程中对更高水平、更高层次、更先进的低碳发展模式的积极探索,适时总结试点经验并向全国推广,从而为实现碳达峰目标和碳中和愿景贡献浙江力量。

(3) 零碳体系建设是深化应对气候变化工作的重要抓手。进入新时代,国内外应对气候变化工作总体形势发生深刻变化,随着经济社会的进一步发展,在未来可预期的一段时间内,因产业结构、能源结构调整难度较大,以及大型石化项目的建设等因素叠加,我省温室气体排放的总体形势仍然相当严峻。因此,在总结前期低碳试点的工作基础上深化开展零碳体系建设,是"十四五"期间控制我省温室气体排放、深入推进应对气候变化工作的一个重要抓手。

二、国内外相关试点建设经验

(一) 浙江省低碳试点示范总体情况和存在问题

低碳试点是推动落实控制温室气体排放目标的重要抓手。浙江省历来重视低碳试点工作，积极组织申报各类国家级低碳试点，主动推动开展省级低碳试点，支持指导地方因地制宜开展各具特色的低碳试点。截至目前，全省已有杭州、宁波等6个"国家低碳城市"试点，丽水市"国家气候适应型城市"试点，杭州市经济技术开发区等4个"国家低碳工业园区"试点，22个首批省级低碳试点（包括2个低碳城市、2个低碳园区、8个低碳县市、10个低碳城镇），15个省级近零碳排放试点（包括5个近零碳排放城镇试点、4个近零碳排放城镇试点、1个近零碳排放园区试点、4个近零碳排放交通试点），15个低碳社区试点。已初步形成了城市-县市-城镇-园区-社区-企业多层级的低碳试点体系，探索形成了一批富有成效的低碳发展体制机制和实践做法。

从各地建设实践来看，在试点深化、发展路径、政策支持等方面仍存在一些不足。主要有以下几点：一是低碳体系在新时代要求下亟须深化。在碳达峰、碳中和纳入生态文明建设整体布局整体大背景下，低碳试点建设已不能满足当下的发展需求，需要更系统的观念，更大的力度，更新的举措，推进零碳体系的建设。二是低碳化、零碳化的发展路径需要进一步明确。低碳试点提出的规划建设方案较为清晰，低碳发展方向和目标明确。但在实际操作过程中，部分试点的低碳化、零碳化路径不够明确，只重视某一种技术、某一个领域，没有从整体的、系统的角度推动零碳试点工作，尚未实现从局部场景到整体场景的跃迁。三是相关配套支持政策仍然需要完善。当前各示范地区在开展低碳试点建设时，尚缺乏有效的部门协调和统筹机制，资金支持、财税政策等激励措施没有很好地配套，试点申报积极性不高。

(二) 国内其他地区低碳、近零碳示范建设经验

近年来，我国开展了低碳省、市、园区、社区等多层级、全方位的低碳试点

示范，并取得了显著的成效。自2016年11月国务院《"十三五"控制温室气体排放工作方案》中"到2020年建设50个近零碳排放区示范项目"的相关指导要求提出以来，部分具备良好低碳工作基础的地区积极主动尝试更高水平、更高层次、更先进的低碳发展模式，从不同领域探索近零碳排放区示范工作的建设路径、方法。如广东、湖北、海南、北京、陕西等地，都根据各自资源禀赋和发展特点，从不同领域对低碳发展管理模式和发展路径进行了积极创新，为其他地区后续开展零碳排放示范建设、提升低碳发展水平积累了有益经验。其中，广东省、湖北省为推动近零碳排放区示范工作，形成了一套较为成熟的工作模式。

（1）**广东省近零碳排放区示范工程。**广东省通过开展制定总体技术路线图、建立效果评估预测模型、建立动态跟踪评价机制三方面的基础研究，为推行工程奠定了良好的理论基础。明确优先在城镇、建筑、交通、城市和农村社区、园区、企业等六个领域开展近零碳排放区示范工程。工程正式实施阶段，则主要从组织试点申报与遴选、制定试点建设方案及项目实施、跟踪评价试点效果、总结评估与宣传推广等方面推进工作。

（2）**湖北省近零碳排放区示范工程。**湖北省明确了优先在城镇、园区、社区、校园及商业等五个领域开展近零碳排放区示范工程试点，整个工程建设分为试点申报、试点建设、总结评估三个阶段。出台了《湖北省近零碳排放区示范工程试点建设指南》指导项目申报，并组织专家对申报项目进行评估、论证，遴选出一批特色鲜明、指标设置科学、有复制推广价值的试点项目。在试点建设阶段，主要是从推动项目实施、强化技术支撑、开展碳普惠制度研究以及建设动态跟踪评价机制等方面工作展开。最后，从拓宽试点领域、开展总结评估等两方面进一步深化工程建设。

（三）国外低碳、近零碳示范建设经验

近年来，全球范围内的净零排放项目数量逐年增加，并且在城市、社区、园区、建筑等类型都取得了较为显著的进展。具体案例如下：

（1）**零碳城市层面。**哥本哈根、马斯达尔等城市提出建设"零碳城市"。早在2009年，哥本哈根市政府发布了《2025年气候规划》（第一版），在能源、交通等6个领域推出50项政策措施，涉及大力推行风能和生物质能发电，实行热电联产，推广节能建筑，发展城市绿色交通，鼓励市民垃圾回收利用，依靠科技开发新能源、新技术等方面。马斯达尔城建设目标主要是加强对碳的管理以及发展新能源技术和产业，同时，也制定了广泛的设计策略，包括能源规划、可持续建筑设计、饮用水与污水管理、交通运输规划、废弃物管理、绿色建筑与工业材料以及可再生能源等方面。

(2) 零碳社区层面。以伦敦贝丁顿零碳社区最为典型，零碳理念贯穿社区建设各个环节。贝丁顿零碳社区通过巧妙设计并使用可循环利用的建筑材料、太阳能装置、雨水收集设施等措施，成为英国第一个，也是世界上第一个二氧化碳零排放的社区。在贝丁顿社区中，零碳理念处处存在，综合运用多种环境策略和节能系统，主要通过采用环保材料、利用绿色能源、建设零能耗采暖系统、执行水资源节约策略等方式实现。

(3) 零碳建筑层面。主要针对独栋建筑或建筑群开展，建设范围较小，如韩国"绿色明天"、香港"零碳天地"都是建设相当成功的零碳建筑。"绿色明天"的零能耗建筑是一个可持续设计示范项目，主要依靠环保科技实现，如采用高效能源分布系统、高效能网格外围护结构、屋顶光伏发电系统等技术手段。香港"零碳天地"建设范围包括一栋集绿色科技于一身的两层建筑，以及环绕其四周的全港首座原生林景区，通过绿色设计和清洁能源技术，除满足自用外还可产生多余电力回馈城市电网。

三、零碳示范的内涵、类型和核算方法研究

(一) 零碳的内涵界定

零碳的内涵应当包括两个方面：一是"零"的内涵，即"排放量"的问题；二是"碳"的内涵，即"排放温室气体类型"的问题。

(1) "零"的内涵分析。在"排放量"的问题上，由于目前的技术路径和成本限制，仅通过能效提升、能源结构优化等常规方式，碳排放量只能达到相对的零，即近零。若考虑通过绿证购买、碳汇购买、自愿减排量购买等途径，则可在近零的基础上实现真正的零碳。因此在开展零碳体系建设时，可从两种类型入手，

即相对的零碳和绝对的零碳，开展示范的评选。

(2) "碳"的内涵分析。由于温室气体共有六大类，若要达到绝对的零碳，在计算过程和减排过程中应涵盖所有类型的温室气体。但考虑到二氧化碳是排放量最大的温室气体，同时二氧化碳排放的核算方法也较为完善，减排路径基本清晰，而其他类型的温室气体的减排路径尚不明晰，且生态环境部下发的《省级二氧化碳排放达峰行动方案编制指南》中明确提出，核算边界为能源活动领域的碳排放。因此建议近期仅考虑能源领域的二氧化碳排放，暂不考虑其他类型的温室气体排放，待核算方法和减排技术成熟后，再将范围扩大至全部温室气体。

(二) 零碳示范的类型

零碳示范工作将延续多层次低碳试点体系，结合浙江省各类型低碳试点的建设水平，优先选取以零碳建筑、零碳交通、零碳企业、零碳园区、零碳社区、零碳城镇等类型开展试点。其中，零碳建筑、零碳交通、零碳企业侧重高新低碳技术研究应用，为更大区域范围零碳建设中建设子领域探索路径、创新示范和积累经验。零碳园区、零碳社区、零碳城镇示范则更强调综合集成性，需要同时考虑建筑、交通、工业、废弃物、碳汇、区域规划等领域建设，短期内较难要求各领域单体全部实现零碳发展，因此，从鼓励引导角度考虑，各建设子领域要循序渐进，最终实现零碳目标。

1. 零碳建筑

零碳建筑是指在满足建筑正常使用、生活需求前提下，综合利用各种低碳技术、方法和手段，同时结合可再生能源的应用，实现建筑运营阶段因能源消耗产生的碳排放为零，或结合增加森林碳汇、购买自愿减排量、绿证等手段进行碳中和的建筑。

2. 零碳交通

由于城市交通的复杂性，某一道路或者区域等交通碳排放统计是非常困难的，因此，本研究中提出的零碳交通是指以其所运营的交通工具（公交车、出租车等）为对象，在满足其正常生产及运营的前提下，综合利用各种先进的低碳技术和方法，实现交通运行阶段因能源消耗产生的碳排放为零，或者结合增加森林碳汇、购买自愿减排量、绿证等进行碳中和，实现净零排放的交通运输企（事）业单位。

3. 零碳企业

零碳企业是指有较好低碳工作基础，且具有较强的社会责任感的企业，在满足企业正常生产及生活需求的前提下，利用各种低碳技术、方法，实现因能源消耗产生的碳排放量为零，或者结合增加森林碳汇、购买自愿减排量、绿证等手段进行碳中和，实现净零碳排放。

4. 零碳园区

零碳园区是指在满足正常生产、生活需求前提下，利用各种低碳技术、方法和手段，最大限度降低碳排放量，以及通过增加森林碳汇、购买自愿减排量、绿证等方式进行碳中和，实现净零碳排放的园区。

5. 零碳社区

零碳社区是指在满足社区居民正常生产、生活需求前提下，利用各种低碳技术、方法和手段，将碳排放量降到最低，以及增加森林碳汇、购买自愿减排量、绿证等进行碳中和，实现净零碳排放的社区。

6. 零碳城镇

本研究所称零碳城镇并非行政区划意义上的城镇，范围可以是市、县（市、区）、镇（乡、街道）、特色小镇等，具体指在以低碳经济为发展模式和方向、居民以低碳生活为理念和行为特征、政府公务管理层以低碳社会为建设目标和蓝图的基础上，利用各种低碳技术、方法和手段，降低城区总体的碳排放量，同时，通过增加森林碳汇，或向外界进行碳交易等方式进行碳中和，实现碳排放绝对值为零的城镇。

（三）零碳示范核算方法

参考省级、市县，以及企业等温室气体核算方法，零碳示范碳排放核算流程主要包括确定核算边界、识别排放源、收集活动水平数据、选择和获取排放因子数据、计算各排放源排放量、汇总排放量等。碳排放量核算为计算能源生产和消费活动产生的二氧化碳排放量与碳抵消量，其中碳排放量包括化石燃料燃烧产生的二氧化碳直接排放量、净购入使用的电力和热力对应的二氧化碳间接排放量；碳抵消量包括通过购买碳配额、碳信用的方式以及通过造林项目产生碳汇量等方式抵消的二氧化碳排放量。

1. 零碳建筑碳排放核算方法

零碳建筑二氧化碳排放核算方法基于《国家发展改革委办公厅关于印发第三批10个行业企业温室气体核算方法与报告指南（试行）的通知》（发改办气候〔2015〕1722号）中《公共建筑运营单位（企业）温室气体排放核算方法与报告指南（试行）》，并根据零碳内涵作相应调整后确定。

2. 零碳交通碳排放核算方法

零碳交通二氧化碳排放核算参照《国家发展改革委办公厅关于印发第三批10个行业企业温室气体核算方法与报告指南（试行）的通知》（发改办气候〔2015〕1722号）中的《陆上交通运输企业温室气体排放核算方法与报告指南（试行）》确定的核算方法，并根据零碳内涵作相应调整后确定。

3. 零碳企业碳排放核算方法

零碳企业以所管辖范围作为物理边界，主要考虑化石燃料燃烧排放以及净购入电力和热力的二氧化碳排放。

4. 零碳园区碳排放核算方法

零碳园区以所管辖范围作为物理边界，主要考虑各类固定源和移动源的化石燃料燃烧排放，净购入电力和热力的二氧化碳排放。园区移动源排放主要来源于园区内部车辆，为各类汽柴油车，因此，建议按照《陆上交通运输企业温室气体排放核算方法与报告指南（试行）》确定的方法对二氧化碳排放进行核算。

5. 零碳社区碳排放核算方法

零碳社区二氧化碳排放核算以社区的地理边界作为核算边界，处于社区管理范围内的所有场所（不包括工业企业）、设施产生的二氧化碳排放都纳入核算，包括各类固定排放源、社区成员日常用车和内部接驳车辆等移动源，需要说明的是，为更有效反映社区碳排放水平，社区中的工业企业不纳入核算。

6. 零碳城镇碳排放核算方法

针对零碳城镇的示范是在市、县层面开展的主体，其碳排放主要是根据对零碳概念的界定，并参考《浙江省温室气体清单编制指南》的方法和原则进行确定。

四、不同类型零碳示范的路径研究

推动零碳体系建设,需要坚持体系化的思维,从优化整体的空间格局、构建清洁低碳安全高效的能源体系、加大工业领域绿色制造力度、提升建筑领域节能标准、加快绿色低碳运输方式转型、推动绿色低碳技术突破、加快形成绿色低碳生活理念等多个角度突破。具体到每种类型,需要根据其自身实际,提出相应的措施。按不同类型的建设路径分析如下。

(一)零碳建筑建设路径

零碳建筑建设路径主要集中在四个方面:最大限度降低建筑用能需求,最大限度提高能源使用效率,最大限度产出可再生能源,最有效的能源储存和共享。

(1) **降低建筑用能需求**。充分考虑当地气候条件,因地制宜采用被动式设计策略,最大限度地使用自然采光和自然通风,从而减少建筑对日间照明及暖通空调的使用。在施工阶段,推行集约化、绿色的施工方式与措施,将"原生态、绿色、环保、智能"的建设理念植入建筑施工管理,优先选择国家和地方推荐和认证的节能低碳建筑材料、设备和技术。对于现有建筑,在改造时应使用节能玻璃、发电玻璃、储能等绿色材料。

(2) **提高建筑能源使用效率**。将照明、家电、动力设备等各类用能设备尽可能实现最优化的功能与最少用能的耦合。如将白炽灯照明装置更换为紧凑型荧光灯或发光二极管装置,将冰箱、洗衣机等家电更换为A级能效电器。同时,智能化的用能控制系统对提高能效也十分关键,如利用传感器反馈对采暖空调设备进行智能控制,在保证使用者舒适性的同时提高实际使用能效。

(3) **充分利用可再生能源**。零碳建筑应尽可能在自身场地范围内产出可再生能源,以满足建筑运营,大幅提高建筑用能的电气化水平,如采用太阳能光电系统或太阳能光电光热一体化系统,光电板通常敷设在建筑物屋顶、侧面,也可以放置在建筑物附近与建筑物连接。

(4) **积极采用能源储存和共享系统**。由于可再生能源的发电量不可预测,零碳建筑和城市电网之间有长期不稳定的供求关系,严重影响电源的安全性和稳定性,因此,在可再生能源应用中要加强储能系统。现阶段能源存储的技术主要有

热能存储和太阳能光伏发电自耗储能等。

（二）零碳交通建设路径

零碳交通试点建设应不断突破技术壁垒，实施深度减排手段，同时还需要辅以碳吸收技术，最终实现二氧化碳净零排放。零碳交通试点应从优化运输结构、提高能效水平、改善能源结构、利用碳吸收技术等方面建设，具体如下：

（1）**集成应用车辆节能技术**。采用减少行驶阻力、车身轻量化等手段，提高车辆行驶效率，对传统汽车发动机进行改造，改善发动机性能，提高燃油利用率，发展远距离运输可应用的零排放燃料。在此基础上，更要发挥人的主观能动性，实现绿色驾驶。

（2）**推广使用新能源汽车技术**。大力发展电动化交通工具，完全电动化是道路交通未来的发展方向，零碳交通试点应优先使用纯电动汽车、混合动力汽车、燃料电池汽车、太阳能汽车，此外还需推动充电桩建设，从而更快地完成电气化转型。加强交通运载工具电动化与电力清洁水平的同步发展，推广可再生能源的使用与消纳，避免排放转移风险。

（3）**实行交通智能化管理**。以汽车为节点、网络为基础，集成电子视野技术、电子传感技术、测量技术等高科技手段，实时、准确、高效地进行综合交通运输管理，提高交通运行效率，缓解交通拥堵状况，减少交通碳排放。

（4）**完善交通供给与需求管理政策**。提高公共交通服务质量，提升慢行交通出行品质，促进共享出行发展，加快新能源基础设施建设；完善碳排放税收机制，建立交通碳交易体系，设立低排区，逐步推进燃油汽车禁售政策；持续推动大宗货物运输"公转铁""公转水"，鼓励多式联运发展，促进货运汽车电动化发展。

（三）零碳企业建设路径

零碳企业由于涉及主体多样、工艺流程复杂等原因，较难给出具体的路径，要视企业具体情况决定。但总体而言，减碳是企业推动零碳建设的主要途径。我们参考国内外零（低）碳企业建设经验，针对企业提出较为共性的减碳路径：

（1）**加快绿色能源替代**。通过煤改电、氢能利用、太阳能、风能和生物质能等可再生能源利用，或者购买绿证等措施，持续优化能源结构，构建以电力消耗为主且电力结构以非化石能源为主的能源系统。

(2) **加大技术改造力度。** 加快技术工艺革新，应用先进的清洁生产和节能减排技术，选用少废、无废工艺和高效设备，建设高效末端污染处置设施和节能装备，提升资源能源利用效率，降低碳排放。

(3) **完善能源管理体系和碳排放管理体系。** 建立综合管理体系，对能源利用和碳排放实施全过程管理，加强管理制度建设，不断提高管理水平，推动企业节能降碳。

(四) 零碳园区建设路径

结合园区层面绿色低碳发展的现实要求以及自身定位，从产业、能源、基础设施、建筑交通、体制机制等方面入手，浙江省零碳社区试点创建工作建设路径建议如下：

(1) **推动产业低碳循环发展。** 推动主导产业与绿色低碳产业的融合，鼓励企业探索利用合同能源管理等模式开展企业生产用能的精细化管理；推动建立中水回收系统，提高工业用水重复利用率，对产生的余热、生物质废料等进行循环利用，构建产业生态循环链条，降低生产的能耗物耗；以低碳产品认证激励机制、碳普惠机制、园区碳信息披露制度等机制创新和探索园区政策倾斜等，鼓励企业主动开展生产节能工作。

(2) **加强基础设施建设和能源供应。** 开展热电联产项目集中供热，做好供配电系统的设计规划，合理配电，降低电路损耗。提高LED照明灯的普及率，推动绿地规划和管理，提升园区绿地覆盖率。在能源供应上，提升新能源利用比例，鼓励发展分布式光伏、生物质能源利用等项目；推动园区集中供热。

(3) **加快交通和建筑零碳化。** 交通领域，在公共通勤用车中推广新能源汽车、在园区内推广共享自行车和共享电动汽车等。园区内生产物流运输中推广企业电动叉车和电动运输车等。建筑领域，鼓励园区内住宅区及企业申报星级绿色建筑或节能建筑标识，推行公共建筑节能强制性标准；在新建厂房或已有建筑中推广使用国内先进的太阳能发电冷储式中央空调等。

(4) **建立健全机制。** 在入园管理和产业政策方面可考虑推行固定资产投资碳排放评估、园区能源供需评估和规划，制定绿色低碳产业目录；在运营过程中加强能耗和碳排放的动态管理，推动建立园区能源消耗统计、审计和信息化监管系统,制定园区碳排放管理机制和企业节能减排惩罚奖励机制等。

(五)零碳社区建设路径

结合社区层面碳排放现状情况,参考国内外相关低碳社区建设经验,从绿色能源、绿色建筑、绿色交通、资源循环利用、碳汇能力建设等方面入手,浙江省零碳社区试点创建工作建设路径建议如下:

(1) **打造绿色能源系统。**推广"光伏建筑一体化+储能"能源供应模式,充分开展太阳能与建筑一体化建设,因地制宜开发地热能等可再生能源,充分利用工业余热废热,提高能源利用效率。建设以多能融合、开放共享、双向通信和智能调控为特征的社区综合能源资源智慧管理平台,实现社区能源资源的综合监测、智慧调控、智能运维。

(2) **推动绿色建筑建设。**加强推动围护结构节能技术改造、场地优选技术、住宅型体控制技术、住宅通风技术、被动式太阳房、雨水收集利用技术、屋顶绿化等建筑节能技术,推进建筑能效提升。推动建筑全生命周期零碳化,优先使用具有绿色建材产品认证的用料,综合应用装配式建筑、工业化装配式装修等新型建造技术,以及标准化、模数化预制部品部件。

(3) **构建绿色交通系统。**建立TOD(以公共交通为导向开发)模式主导下的社区交通组织体系,构建慢行交通系统,鼓励公众搭乘公交、地铁等公共交通工具,降低人均交通出行碳排放。社区自建充电桩等配套设施,满足电动汽车充电需求,大力推广新能源汽车,加快老旧高排放车辆淘汰更新。

(4) **推进资源循环利用体系。**依靠雨水花园、调蓄池等绿色基础设施,收集、运输、储存和再利用雨水,通过废水处理一体设备等技术,循环利用再生水等各类非常规水资源。合理设置垃圾分类站房和再生资源回收站点,设置餐厨垃圾自动化处理设备,提高垃圾综合利用率。

(5) **加强碳汇能力建设。**推动立体式绿化,充分利用区域内建筑屋顶和墙面、道路两侧等公共空间,开展垂直绿化、屋顶绿化、树围绿化等立体绿化,最大限度提高区域内的绿化率。强化乔、灌、草相结合的绿化景观设计,维护好生态系统平衡,促进景观绿化与自然生态系统的有机协调。

(六) 零碳城镇建设路径

以零碳城镇的内涵及定义看，零碳城镇建设是通过组成城镇功能的各个系统的节能化、环保化完成的，是一个复杂的系统工程。从国内外相关建设经验来看，影响城镇减排的主要包括空间、能源、产业、交通、建筑、设施、生态七大系统，下面分别针对各系统提出零碳城镇建设路径。

(1) **优化空间布局**。城镇空间布局的系统性强，涉及面广，零碳城镇发展，主要是在现有的低碳城镇技术基础上，以形态结构、土地利用为重点，塑造零碳城镇的系统格局和框架。控制与保护区域型结构性绿色廊道，划定生态控制性，约束城市建设总体规模。强化城市结构框架和中心体系，塑造整体结构与紧凑形态。

(2) **构建绿色能源供应体系**。大力发展非化石能源，优化能源结构，推动非化石能源成为能源供应的主力能源；加强储能与"源-网-荷"协调规划，提高电力系统灵活调节能力；构建高效、清洁、低碳的智慧能源互联网，通过优化能源供给网络推动能源消费的绿色低碳发展，建立以"非化石能源＋储能"为主体的新型能源体系。

(3) **推动产业低碳高效发展**。加大创新投入，加强产学研协同创新，推动低碳技术的进一步升级。支持战略性新兴产业和未来产业等低碳产业发展，推进传统产业节能低碳改造，倒逼高碳低效产业加大绿色化、循环化的改造力度，构建更为完善的低碳产业体系。优化产业空间布局，推动产城融合发展。

(4) **建立绿色交通体系**。在道路布局方面，主要采用"交通走廊＋小街区"的道路网格模式，形成以公交和慢行为导向的路网结构。在出行方式方面，通过大力发展城市轨道交通，构建集快速公交、常规公交、特色公交于一体的公共交通网络，并完善城市绿道和换乘设施系统，提高公交和慢行交通分担率。推广新能源汽车使用，加快对传统燃油汽车实现有效替代，提升交通领域电气化水平，并完善新能源汽车配套设施，优化布局充电基础设施，充分利用公共停车场等公共区域建设公共充换电设施，鼓励小区自建充电桩。积极发展智能交通网络建设，实现车辆设备及交通调度的低碳化、智慧化。

(5) **推广绿色建筑技术**。在绿色建筑领域规模化推广现代绿色建筑技术，更

注重对可持续建筑材料的使用，更加关注空气对流等被动式设计以及水重复利用等技术。广泛采用地源热泵、中央空调、太阳能热水、建筑节能材料等推进既有建筑的节能改造。

（6）完善设施支撑体系。市政设施领域及低碳市政技术的系统性较强，通过进一步推广低碳市政技术、完善市政基础设施来提高能源和资源利用效率，进而推动城镇近零碳建设。优化水资源供应体系，进一步完善污水管网、泵站等基础设施，充分利用非常规水资源，有效治理水污染。完善固体废弃物处理设施，实现固体废弃物的无害化、减量化、资源化利用。

（7）加强碳汇建设。生态碳汇建设对于促进城镇近零碳发展具有重要的作用，通过推进重点碳汇建设工程，引导碳汇技术革新；通过推进城市增绿工作，优化城市绿地系统，提升城市碳汇能力；通过完善碳汇监测体系、建立碳汇交易平台和加强碳汇技术研发，实现碳汇能力提升。

（七）市场化路径研究

由于在一般路径下无法通过技术改造等方法实现二氧化碳减排至净零排放，因此，需要通过市场化交易的手段，达到二氧化碳净零排放。

1. 购买林业碳汇

林业碳汇是指通过植树造林、森林管理等措施，利用植物光合作用吸收大气中的二氧化碳，并将其固定在植被和土壤中，从而降低温室气体在大气中浓度的过程。二氧化碳排放企业可通过购买林业碳汇，抵消企业自身相应的碳排放，实现经济发展与生态保护的良性循环。目前，浙江省临安、丽水等地已有林业碳汇交易的先例，在促进全社会树立节能减排低碳发展理念的同时，也很好地带动了较为贫困的山区发展，起到了双赢的效果。因此，购买林业碳汇是实现零碳的深化路径之一。但需指出的是，由于浙江省尚未建立林业碳汇方法学，也没有林业碳汇交易市场，因此通过购买林业碳汇实现零碳的路径有待突破完善。

2. 购买绿证

绿色电力证书（以下简称"绿证"）是国家对发电企业每兆瓦时非水可再生能源上网电量颁发的具有独特标识代码的电子证书，是非水可再生能源发电量的确认和属性证明以及消费绿色电力的唯一凭证，因此具有零碳的天然属性。2017年，国家发展改革委、财政部、国家能源局印发了《关于试行可再生能源绿色电力证书核发及自愿认购交易制度的通知》，标志着我国绿证交易市场正式开启。绿色电力证书自2017年7月1日起正式开展认购工作，认购价格按照不高于证书对应电量的可再生能源电价附加资金补贴金额由买卖双方自行协商或者通过竞价确定认购价格。因此，购买绿证是实现零碳的深化路径之一。

3. 购买国家核证自愿减排量

国家核证自愿减排量（CCER），指依据国家发展改革委2012年发布施行的《温室气体自愿减排交易管理暂行办法》的规定，经其备案并在国家注册登记系统中登记的温室气体自愿减排量。参与自愿减排交易的项目应采用经国家主管部门备案的方法学，并在国家主管部门备案和登记，且由经国家主管部门备案的审定机构审定。自愿减排项目产生的减排量在国家主管部门备案和登记，经备案的减排量称为国家核证自愿减排量，以"吨二氧化碳当量"（tCO_2e）为单位。国家核证自愿减排量在经国家主管部门备案的交易机构内，依据交易机构制定的交易细则进行交易。国内外机构、企业、团体和个人均可参与温室气体自愿减排量交易。因此，购买CCER也是机关、企事业单位、家庭实现零碳的深化路径之一。

五、零碳示范的指标体系研究

在搭建零碳示范指标体系的时候，应当注重以下原则：一是系统性与层次性相结合，即各个评价指标之间有相互联系的辩证关系，能够共同组成一个整体的体系，从宏观到微观上结构层次清晰。二是可操作性、特征性与科学性相结合，即坚持评价指标体系的客观性与全面性，同时需要兼顾特征性，突出不同阶段、不同类型零碳示范建设的建设方向。可操作性即通过收集信息和数据采用简洁明了的统计方法就能评估指标。三是定性与定量相结合，即制定评价指标体系时，主要选取可以量化的指标，如碳排放量、碳排放强度等，同时对于具有重要意义、难以量化的抽象但又不可忽略的指标进行定性描述。

本研究通过梳理现有不同试点类型的针对生态、绿色、低碳方面的评价指标体系，借鉴参考指标体系构建经验，围绕零碳内涵及碳排放影响因素，初步为各

类型零碳示范构建指标体系,供零碳示范遴选或评估时参考。由于当前对定量指标标准设定难度较大,需要结合实际对各指标进行综合评价才能判断,故本研究暂未对指标设定具体标准值。

(一)零碳建筑评价指标体系

本研究在借鉴我国《绿色建筑评价标准》、英国BREEAM绿色建筑评价体系、美国LEED绿色建筑评价体系等国内外绿色建筑评价体系的基础上,结合建筑碳排放影响因素,构建零碳建筑评价指标体系,评价指标体系从碳排放、能源、碳汇、管理四个方面,提出碳排放量、单位建筑面积碳排放量、单位建筑面积用电量、绿色建材使用率等参考指标。

(二)零碳交通评价指标体系

本研究选取有关减排、节能相关的指标,并结合零碳交通特征,从碳排放、能源、技术、管理四个方面,提出了包括碳排放量、营运交通工具单位运输量/客运量碳排放量、可再生能源占能源消耗比重、新能源车辆占所有车辆比重、低碳领域的专利数量等多个指标。

(三)零碳企业评价指标体系

本研究借鉴《低碳企业评价技术导则》(DB11/T 1370-2016)等现有低碳企业评价标准,并根据零碳企业内涵,基于企业建设路径,为各行业零碳企业从碳排放、能源、资源、技术、管理方面提出了普适性评价指标体系,设立碳排放量、企业单位产品产量(产值)或服务量等多个具体指标。同时,建议各行业在实际评价时根据行业特征增加特色指标。

(四)零碳园区评价指标体系

本研究借鉴现有工业和信息化部出台的《绿色园区评价要求》、中国工程建设标准化协会《绿色智慧产业园区评价标准》等评价标准,并根据零碳园区内涵,从碳排放、能源、资源、技术、管理方面提出了评价指标体系。同时,建议不同类型园区在实际评价时根据行业特征增加特色指标。

(五)零碳社区评价指标体系

本研究参考《低碳社区试点建设标准》以及海南、北京、上海、广东低碳社区评价指标体系等评价经验,结合零碳社区建设要求,从碳排放、能源、建筑、交通、资源、碳汇、管理等方面设立具体指标。

(六) 零碳城镇评价指标体系

本研究借鉴参考《绿色低碳重点小城镇建设评价指标(试行)》《绿色城市评价指标》等相关评价体系构建框架，结合零碳城镇建设要求，从碳排放、能源、产业、建筑、交通、资源、碳汇、管理方面确定具体指标，构建零碳城镇指标体系。

六、保障措施

(一) 建立工作机制

明确部门职责，促进相关部门分工协作、相互配合、信息共享，形成合力，共同推动零碳示范工程建设各项工作。充分发挥各主体积极性，鼓励试点申报，推动试点实施。

(二) 优化平台建设

依托国家知名院校和科研院所，搭建零碳科研平台，密切跟踪零碳领域技术进步，推进零碳技术与产品平台建设，加快零碳技术成果的转化和推广应用，建立挖掘、评价、推广零碳技术的机制。

(三) 夯实人才队伍建设

加强零碳领域各类科技人才的培养和引进力度，建立和完善人才引进的优惠政策和激励措施。

(四) 加强政策支持

统筹省级低碳试点发展专项资金，积极支持零碳体系建设。规范运用政府和社会资本合作（PPP）模式等项目投资、建设、运营机制，充分发挥政府资金杠杆作用，带动社会资本投入。

(五) 营造绿色低碳生活氛围

打造低碳发展公众教育宣传平台，深入开展多层次、多样化的宣传活动，加大绿色低碳知识宣传和舆论引导力度，普及低碳文明主流价值观，培养居民适度消费和可持续消费的意识，引导和培育低碳消费观。

（课题组成员：高轶、陈丽君、何恒、蒋婷婷、宋蝶、周昭志、林成森）

构建新发展格局背景下加快推进农业转移人口市民化的思路和对策[1]

一、构建新发展格局背景下加快推进农业转移人口市民化意义重大

党的十九届五中全会指出,要加快农业转移人口市民化。浙江目前有2400多万农民工,占全国总数的近1/10,居全国第二位,农业转移人口市民化挑战不小。在浙江省争创社会主义现代化先行省的新历史背景下,农业转移人口市民化不仅是民生问题,也是经济问题,更是迫切需要完成的政治任务。做好农业转移人口市民化工作,将为加快构建新发展格局注入强大动力,为实现共同富裕、建设"重要窗口"和社会主义现代化先行省展现使命担当。

(一)加快推进农业转移人口市民化是忠实践行"八八战略"、奋力打造"重要窗口"和争创社会主义现代化先行省的重要举措

习近平总书记主政浙江期间,曾以"八个有"目标引导解决农民工问题,推动全省农民工工作持续走在全国前列。在新发展阶段加快推进农业转移人口市民化,是浙江忠实践行"八八战略"、深化落实习近平总书记农民工"八个有"重要指示的深入实践,是充分发挥体制机制、产业、城乡协调发展等优势,实现更

---

[1] 该项目由中国人民政治协商会议浙江省委员会办公厅委托。

高质量、更有效率、更加公平、更可持续、更为安全发展的重要举措,将为加快构建新发展格局注入强大动力。"人民对美好生活的向往就是我们的奋斗目标",农业转移人口市民化的过程,就是促进社会公平、构筑共建共治共享美好家园的过程,也是人民生活品质加快提升、群众文明素养整体提质、人的精神面貌不断改善的过程,对浙江省建设展示"坚持以人民为中心、实现社会全面进步和人的全面发展"的重要窗口,争创社会主义现代化先行省具有引领性意义。

(二)加快推进农业转移人口市民化是扩大内需、畅通经济循环的重要举措

扩大内需是形成国内大循环的战略基点,农业转移人口市民化有利于推动消费和投资增长,发挥扩大内需的引擎作用。从目前情况来看,扩大消费仅限于"发发消费券"等有限的短期刺激政策,还缺少足够有力的举措。长期以来,由于大量农业转移人口处在"候鸟式""两栖式"工作生活状态之中,难以形成长期稳定的消费预期。据测算,农村居民人均消费支出约为城镇居民的1/3。问卷调查也显示,农业转移人口80%的收入用于衣食、交通、通信等生存型消费,消费数量小、层次低。农业转移人口如能在城市稳定居住,消费的信心无疑会大幅增加,有助于扩大消费、推动消费升级。按上述比例推导,浙江省每推动100万农业转移人口在城镇稳定居住,将产生至少300亿元消费增量,这将是拉动消费的重要引擎。同时,农业转移人口市民化必然会推动以人为核心的新型城镇化,还能带来城市基础设施、公共服务和住宅建设等巨大投资,为扩大内需创造新的空间。

(三)加快推进农业转移人口市民化是扩大中等收入群体、扎实推进共同富裕的重要举措

优化收入分配结构、扩大中等收入群体是构建新发展格局的基础,也是推动全省人民走向共同富裕、打造"人的全面发展"标志性成果的重要路径。数据显示,浙江省超过一半农民工非农月均收入集中在2000~5000元区间,低于全省城镇居民人均可支配收入水平,是分配结构中的薄弱方面。农业转移人口如能在城市安定落户,获得稳定就业,可以提高工资性和经营性收入。同时,通过盘活农业转移人口在农村的土地承包经营权、宅基地使用权和集体经济收益分配权,更好体现这些权益的价值,不仅能满足城乡融合发展需要,也能使农业转移人口获得稳定的财产性收入。可以说,抓好农业转移人口市民化,就是抓住了率先实现共同富裕的"牛鼻子"，对于缩小城乡差距、收入差距、扩大中等收入群体都将起到关键作用。

（四）加快推进农业转移人口市民化是实施创新强省人才强省首位战略、支撑高质量发展的重要举措

技能人才是浙江省人才体系重要组成部分，是创新强省建设不可或缺的宝贵资源。2019年，浙江省每万从业人员中高技能人才859人，远少于江苏的1076人；高技能人才占技能人才总数的29.7%，低于广东的32.1%和江苏的31.1%，高技能人才相对缺乏成为制约浙江省高质量发展的短板和瓶颈。农业转移人口是技能人才队伍的主要"蓄水池"，农业转移人口转变为城市居民后，会大大减少四处漂泊、频繁变换工作岗位的情况，有利于集中接受产业训练和集中培训，快速成长为技能人才。如果浙江省能在农业转移人口市民化基础上，培养成百上千万技能人才，育成一大批浙江工匠，对于实施创新强省人才强省首位战略、促进高质量发展具有深远意义。

（五）加快推进农业转移人口市民化是积极应对人口老龄化、改善人口结构的重要举措

浙江省人口老龄化问题比较严重，2019年65岁及以上人口占比达14.2%，成为第七个进入深度老龄化的省份，老年人口抚养比（19.25%）远高于广东（11.37%）；青少年数量相对不足，少年儿童抚养比只有17.9%，低于广东的21.2%和江苏的19.4%。从长期战略角度考量，人口老龄化加重社会负担，减弱城市活力，潜在威胁很大，需要补充更大规模的适龄劳动人口。农业转移人口是劳动力供给的重要群体，据测算，如果农民工转变为城市居民，相当于延长1倍工龄，对浙江省来说就是再增加1200万劳动力，能够大大缓解劳动力短缺状况。同时，如果能保障农业转移人口随迁子女享有更好教育并在浙江长期居住，有利于保证长期稳定的人力资源供给。此外，近年全国性"人才大战"不断加剧，并逐步延伸到对劳动力和人口的争夺。郑州、沈阳、西安等城市已把引进学历型人才的门槛降至中专，放宽对高级工等专业技能人才的引进措施；南京近日更是放宽了浦口、六合等四个主城区外新市区的落户限制，不看年龄、学历，只要有居住证、缴纳城镇职工社保满6个月即可办理落户，更大范围、更低门槛的"人口争抢"态势已经显现，浙江省应积极应对。

（六）加快推进农业转移人口市民化是促进社会安全稳定、提升省域治理效能的重要举措

在实地调研中，我们经常听到地方政府和基层管理者对流动人口产生社会不稳定因素的担忧。农业转移人口没能及时有效转变为市民，增加了社会治理难度和不稳定风险。一方面，"人户分离"造成的留守儿童、留守老人、流动儿童等特殊群体问题日益突出，传统家庭完整性和功能面临挑战，成为农村社会不稳定的重要因素。另一方面，长期生活在城市甚至出生在城市的新生代农民工[1]数量不断增加，如果非市民待遇使其长期得不到城市认可，不可避免地与城市政府、居民之间产生隔阂，成为社会不稳定的隐患。让农业转移人口尤其是新生代农民工彻底融入城市，转变为真正的城市居民，统一构建社会治安防控体系，实现集中治理和文明引导，是浙江省打造省域治理现代化先行示范区的必由之路。

总之，无论从短期需求还是长期竞争考量，无论从民生、经济还是社会、政治方面出发，浙江都必须将农业转移人口市民化提到更高层面和更紧迫地位，在构建新发展格局中抓住先机，助力建设社会主义现代化先行省呈现新气象。

二、浙江省农业转移人口市民化的基本情况和面临的新挑战

（一）浙江省农业转移人口市民化的基本情况

改革开放以来，浙江省农业转移人口市民化总体呈现四个阶段。一是20世纪70年代末到80年代中期的"严格控制阶段"。对农村劳动力流动的管控虽有松动，但门槛仍较高。这一时期，全省农民工流动总体呈现"离土不离乡、就地进工厂"的特点，1982年全省流动劳动力总数仅有20.7万人。二是20世纪80年代末到90年代的"合理疏导阶段"。城镇经济发展对产业工人需求增加，农民工流动规模越来越大，并出现了"民工潮"。为了有效控制农村劳动力的"盲目"

---

[1] 按国家统计局界定，新生代农民工指的是在1980年之后出生的农民工。本报告中谈及"新生代"，也参考这一标准。

外出，政府采取有序引导、证卡管理的手段调控劳动力流动规模。[1]三是2000—2012年的"环境改善阶段"。政府从被动应对"民工潮"转向主动引导，逐步取消就业证卡、"三先三后"等限制，取消针对农民工就业的相关行政性收费，还逐步推进解决农民工工伤保险办理、社保转移接续等社会保障问题。特别是习近平同志在浙江工作期间，聚焦农民工"八个有"的方向和重点，系统性开展了一系列工作，农业转移人口在城市的工作生活环境大幅改善。这个时期，是浙江省农民工数量大幅增长和省外农民工迅速流入的阶段，2011年浙江省农民工超过2000万人，其中来自外省的有800万人。

党的十八大特别是十八届三中全会以来，浙江省积极响应中央有关部署，推进农业转移人口市民化进入第四阶段即"城市融入阶段"。2014年始，率先推进"三权到人、权随人走、带权进城"改革，努力减少农业转移人口后顾之忧；积极推进新一轮户籍制度改革，建立了城乡统一的户口登记制度，放开放宽城镇地区落户限制，2014年以来约970万农业转移人口成为城镇居民；在农业转移人口就业创业和社会保障等方面开展了大量工作，并以居住证为载体、采用积分制为农业转移人口提供基本公共服务，农业转移人口难以享受城镇福利问题得到一定程度改善。

农业转移人口持续增长，为工业化提供了丰富的人力支撑，为浙江省打造民营经济金名片注入了强劲活力，为城市化开创了全新气象，为乡村振兴发展奠定了坚实基础。可以说，以省内外农民工为代表的农业转移人口对浙江的工业化、市场化、城市化和现代化进程作出了突出贡献。同时，浙江省农业转移人口市民化进程也由表及里、由浅及深，对农业转移人口经历了从排斥流动到有序放开、从视为"廉价劳动力"到看作"产业工人的重要组成部分"、从提供单一就业保障向更加全面社会保障的过程，农业转移人口市民化取得了很大进步，农业转移人口在城市就业生活的获得感大大增强。

---

[1] 1995年，浙江省劳动保障厅下发了《关于加强浙江省城乡劳动力宏观调控的意见》，联合有关部门下发了《关于加强农村劳动力跨地区流动的就业管理通知》，要求用人单位招工必须坚持"先城镇后农村、先省内后省外、先本地后外地"的原则，采取政府引导、证卡管理等手段调控劳动力流动规模和流向。

(二) 当前浙江省推进农业转移人口市民化面临的挑战

浙江省推进农业转移人口市民化成效显著,但从农业转移人口自身、地方政府和社会三个层面分析,进一步推进农业转移人口市民化面临的挑战仍然不小。

1. 农业转移人口自身层面

问卷调查显示,农业转移人口在城镇定居的意愿较强,44.2%的人明确表示愿意在工作地城镇定居,浙江本省农业转移人口的这一比例更高,达到53.3%。特别是新生代农民工已经成为主体[1],他们中只有13%想回老家农村。这组数据体现出农业转移人口集体心态的重大转变,即已不局限于传统农民工"挣票子、盖房子、娶妻子、生孩子"简单的进城就业动机,而是希望留在城市体验新生活、追逐新梦想。但是,目前农业转移人口安心定居城市存在两大问题:往前看,扎根城镇的能力不足;往后看,对农村"三权"的稳定性仍心存顾虑。

(1) 扎根城镇的能力不足。农业转移人口在城镇扎根至少要过三个"关口"。一是技能关。拥有相对稳定的工作是在城市立足的基本条件,但农业转移人口就业能力依旧偏弱,特别是新生代农民工对劳动权益的诉求向更高层次发展,不愿意去"工资不高、吃住不包、合同不签、保险不上、发展机会不大"的单位,这与他们技能不足的自身条件形成了矛盾。调查问卷显示,63.6%的受访者表示,因为学历低,没有拿过技能证书,难以适应当前产业转型发展要求,更造成就业不稳定,39%的受访者表示近三年换了一次以上工作。二是收入关。就业不稳定和技能不足意味着收入不高,生活支出压力大。问卷调查显示,56%的受访者年毛收入在5万元以下,48%的受访者表示存不下钱甚至需要借钱。在城镇扎根发展缺乏物质基础、收入低成为"融不进城市、回不去农村"的关键障碍。三是居住关。从"农门"跳进"城门",住房成为农业转移人口跨不过去的坎儿,居高不下的房价让他们望而生畏,而租赁住房、工地、单位宿舍普遍居住拥挤、住房设施不全或租赁价格偏高。31.1%的受访者表示收入主要用于城镇住房,38.6%的受访者希望政府帮助解决住房问题,这是农业转移人口最主要的诉求之一。

(2) 对农村"三权"的稳定性仍心存顾虑。中央和省里近年明确要求,地方

---

[1] 1980年及以后出生的新生代农民工逐渐成为农民工主体,约占农民工总量的51.5%。

政府不得强行要求进城落户农民转让其在农村的土地承包权、宅基地使用权、集体收益分配权,或将其作为进城落户条件。然而让农民工到城镇落户,他们心里还是"打鼓"。虽然宅基地、承包地已确权,但对农村老家的权益如何处理仍有较大顾虑。问卷调查显示,约一半的受访者表示不愿意取得城镇户口主要原因是担心需要放弃农村土地和集体经济利益,70%的受访者希望进城落户后能够保留宅基地和农村住宅。特别是本省城郊的村民,自家房屋有被拆迁补偿的预期,更是不愿迁出户口。更好处置农村"三权"问题,使农业转移人口在城镇安居,是推进农业转移人口市民化面临的一个现实难题。

2. 地方政府层面

农业转移人口是支撑浙江省改革开放以来40多年发展进程的人口红利,是了不起的贡献,也是了不起的付出。但是,"只要劳动力不要人口"的状况在许多地方没有根本改变,地方政府对农业转移人口的人力资本投入和公共服务供给缺乏重视,许多方面做得还不到位。这背后既体现了地方政府的思想顾虑,也有顶层资源要素配套机制不完善的原因。

(1) 投资农业转移人口市民化存在思想顾虑。地方政府表面上对农业转移人口持欢迎态度,但到了要掏出"真金白银"解决市民化问题的时候,还存在不少顾虑。一些地方政府担心如果对农业转移人口保障太好,容易形成"政策洼地"效应,造成人口大量涌入,提高治理成本。比如,有些地方担心义务教育保障得太好会有更多随迁子女涌入,对地方资源供给造成更大压力;不少地方的养老保险,本来就因退休人员增多、被征地农民保障增强等原因面临收支压力,再要对农业转移人口提高保障,政府担心承受不了;经济发达、低保标准高和外来人口较多的县(市、区)担心一旦放开低保救助政策,财政会承受较大压力,等等。这些顾虑严重影响地方政府推进农业转移人口市民化的积极性。

(2) 资源要素统筹保障存在较大难度。近年国家和省里都出了一些"人地钱"挂钩的政策,但力度有限,地方上认为"只是意思意思",激励效应不足。而且资源配置往往按照"吸纳落户数量"而非常住人口数量确定,政策效力更是打了折扣。2018—2020年,浙江省共下达农业转移人口市民化奖励资金44.13亿元,如果按"吸纳农业转移人口落户数量"计算人均也就不到1400元,平均到流动人口总量上就更是微不足道。此外，土地指标、教师编制等资源也还没建立相应的调配机制。有地方反映，虽然新建学校的资金压力很大，但更大的制约在于土地供应紧张，而且教师编制总量已经多年没有调整过。

3. 社会层面

农业转移人口定居和融入城镇，在社会层面同样存在一些不容回避的挑战，突出表现为"三个难"。

（1）难以扩大文化圈子。农民工到城镇工作，大多是由同乡或亲友引荐，平时的交际也多限于这个小圈子中，很难接触到城市其他群体，对城市社会的接触不深，更加难以产生归属感，不少农民工内心里把自己看作城市的"过客"。

（2）难以突破传统观念。农业转移人口特别是大龄农民工存在"叶落归根"的传统思想，无论在外面多少年、混得有多好，都会有一种思乡情和农村人的归属感，对城镇缺乏情感依赖。调研中遇到很多农民工，他们把在城市赚的钱拿回农村盖房子，但常年不住，即使不大可能通过拆迁、流转等获得现实收益，但"总是个老家的念想"。

（3）难以实现社会接纳。虽然目前社会舆论环境对农民工已经非常正面，然而涉及具体问题时，农民工还是有意无意地被看作一个外来的、低素质的群体，"本地人"与农业转移人口群体之间还有很多"隐性篱笆""圈层鸿沟""贫富之墙"，发生在不少小区的商品房业主与配建公租房住户冲突就是一例。

以上挑战，有的是主观的，有的是客观的；有的是长期存在、久久没有破解的，有的是新出现的、尚待破题的。但不管如何，本质上反映出各方面对推进农业转移人口市民化缺乏系统认识，相关工作没有有力统筹。在浙江省率先构建新发展格局的新时期，迫切需要一场新的思想解放，推动相关各方形成应对挑战、破解障碍的强大合力，推进农业转移人口市民化取得新进展。

三、构建新发展格局背景下推进农业转移人口市民化的总体考虑

经过前期努力，浙江省推进农业转移人口市民化已经有了很好的基础。构建新发展格局背景下，全省推进农业转移人口市民化面临的机遇和挑战都有了很大的变化，

下一步,应适时调整推进思路和工作举措,聚焦关键领域、薄弱环节,加快突破,建立更可预期、更高质量的市民化推进体系,着力下好农业转移人口市民化先手棋。

(一)把工作重心从缩小"两个城镇化率"差距转移到同权享受公共服务和社会保障上

改革开放初期,农村人口普遍渴望通过获得一纸城镇户籍"跳出农门",享受城镇福利。然而,在近年大力放宽城镇落户限制的情况下,农业转移人口落户城镇意愿不升反降,浙江省户籍人口城镇化率和常住人口城镇化率还有近20个百分点的差距。2016—2020年全省落户城镇的近500万农业转移人口中,主动落户的仅占38%,其余是因为城乡属性调整、城中村改造及移民搬迁而落户。问卷调查显示,56.5%的受访者表示不愿意取得本地城镇户口或还没想好,我们在实地调研中也发现,这种状况比想象中更加普遍。但这并不意味着市民化意愿不强,事实上现在的农业转移人口特别是新生代已经不满足"白天机器人,晚上木头人"的单调生活,对城市有更加多元的诉求和身份被认同的渴望。随着农村发展前景越来越好、城乡基本公共服务一体化不断完善,恐怕更多的农业转移人口不会主动放弃农村户籍。在当前这种形势下,一味强求农业转移人口落户城镇、缩小"两个城镇化率"指标差距就没有实际意义,也不符合"市民化"的初衷。因此,在构建新发展格局背景下,应将工作重心转移到使农业转移人口同权享受公共服务和社会保障上来,让已经稳定生活就业在城镇、为城镇建设作出贡献的农业转移人口享受高品质城市福利,增强其城市归属感。具体操作上,要按照"整体智治"理念,运用大数据方法完善城镇常住人口动态统计机制,加强城镇居民信息整合共享,推动资源配置从"吸纳农业转移人口落户数量"向"新增常住人口数量"转变,真正体现"市民化"的本质特征。

(二)以重构居住证体系为核心有序推进政策落实

长期以来,户籍作为城镇为居民提供公共服务的凭证,附载了城市福利。随着改革的深化,目前浙江省除杭州、宁波等户口含金量高的大城市,由于担心放开户籍限制会使城市资源一时难以承受而暂时限制落户外,其他中小城市已经全部放开落户。但由于中小城市公共服务含金量有限,加之对农村权益顾虑短期难以消除,农业转移人口落户城镇意愿不强。2016年来,浙江省全面推行新型居住证，一定程度上破解了没有当地城镇户籍的常住人口享受基本公共服务和城市便利的难题。然而居住证不可避免地被看作"二等居民身份证"，在享受一些诸如义务教育、政策性保障房等公共服务时，常被划到"最后享用者"等次，居住证效应发挥不够。即便如此，在当前农业转移人口落户城镇顾虑重重的情况下，只要设计合理，居住证仍有条件成为常住人口同权享受公共服务的有效方案。因此，应以重构居住证制度为核心、以权利与义务对等为原则、以数字赋能为突破口、以城市承受能力为考量、以保障基本公民权利为底线，构建整体智治、高效协同的治理格局，扎实推进农业转移人口享受城市公共服务和社会保障，使之不仅成为进入城市的"身份证"，还要成为服务城市的"贡献证"，共享城市发展的"权利证"。可以探索在居住证上附加更加多元的积分政策，让稳定居住时间长、社保缴纳年限长、技能水平高、对城市贡献大的农业转移人口获得更多积分，使其优先享受更高品质的子女教育、保障住房等福利，并以地方立法形式加以确认，激发农业转移人员提升技能、稳定贡献的积极性。

（三）围绕多元化需求分类施策

农业转移人口的需求日益多元化，要按照不同特征的人群需求，分类有序施策。从人口文化水平来看，农业转移人口中包括高学历（本科及以上）和低学历人员。农村学生到城市上大学，不迁户口的现象越来越普遍，大中专院校招生落户数量由2016年的3.1万人陡降到2020年的2842人。这些高学历人员户口虽还在农村，但就业能力较强，收入水平较高，对城市更有归属感，很多人实质上已经融入城市，可通过各地人才政策予以保障。占大多数的农业转移人口是低学历人员，是需要政府关照和保障的重点。从人口空间流动特点来看，浙江省农业转移人口大致分为安置搬迁进城、本地〔县（市、区）〕内部转移、本省跨区转移及外省转移四类。对于安置搬迁的，实际已经享受城镇的设施和服务，主要应发挥街道社区作用，着力在就业引导、文明素质提升等方面开展工作。对于本地内部转移的，相当一部分人员在城镇第二、第三产业就业，但仍居住在农村，针对他们的市民化，要在城乡融合发展上下功夫，加强乡村公共基础设施建设，提升农村人居环境和基本公共服务水平，进一步推动城市服务向乡村延伸；特别是对于城郊农村及城中村居民，除拆迁安置外，要探索多种方式促进农村集体产权权益价值实

现，使村民率先享受城市化福利。对于本省跨区转移的，因省内农业转移人口希望在工作地城镇定居的意愿更强[1]，加之省内农业转移人口具有相近的地域文化背景，省内公共资源跨地区统筹的便利性、可操作性更强，财政压力相对较小，所以可优先保障本省内跨县（市）转移人员及其随迁家属市民化。对于外省转移的，要以满足他们基本公共服务需求为重点，并根据居住证积分体系，优先将稳定工作年限长、技能水平高的中青年人员纳入高水平市民化梯队，在缓解浙江省老龄化压力、推动产业转型升级等方面发挥积极作用。

（四）以县城为重要载体、以都市区为发展趋向吸纳农业转移人口

调查问卷显示，不同农业转移人口群体对意向定居城镇空间的选择有所差别，外出务工经商的农业转移人口，尤其是相当一部分40岁以上的农民工还是希望在县城及周边小城镇就近居住。[2] 要大力推进以县城为重要载体的城镇化建设，加快提升县城公共设施和服务能力，促进公共服务设施提标扩面、环境卫生设施提级扩能、市政公用设施提档升级、产业培育设施提质增效，适应农民日益增加的到县城就业安家需求，并积极发展小城市、特大镇，为农业转移人口提供更高品质的就近城市化新空间。同时也应看到，70%的受访者希望到省会城市或地级市定居，新生代的这一比例更是达到75%，城市或者都市区成为农业人口转移最主要的意向空间。要顺应浙江省经济社会发展规律，推动各类生产要素向优势地区集中，明确将都市区内的城市新区、县城、特大镇及特色小镇作为吸纳农业转移人口的发展趋向。具体操作层面，除了做好设施和服务建设外，要探索以都市区为单元协同开展相关改革，比如，在都市区内设计并推广累计积分折算互认制度，扩大居住证持证人在都市区享有公共服务权利和社会保障的共享范围，等等，使都市区成为人口畅通有序流动的最有效单元。

（五）态度要积极，方案宜稳妥

推进农业转移人口市民化是浙江省高水平现代化的必然要求。加快农业转移人口市民化进程对当前构建新发展格局具有特殊的重要性和紧迫性，对此，各级

---

[1] 调查显示，省内跨地区农业转移人口愿意在工作地城镇定居的占到47%，远高于省外转移人员的31.6%。

[2] 大于40岁的受访者中，接近40%希望定居县城，远高于新生代的22.5%。

政府要提高站位，积极推进。当然，这个过程也需要更精细的成本考量。按照相关测算，一个农民工在城里完全享受各项福利平均要消耗10万元以上的成本，乍看数额很大，但其中有1/3～1/2的成本是由企业承担的，如养老、医疗保险等；政府承担的成本也是按农民工的居住时长分摊的，至少有十几年甚至几十年分摊期，总体上是可以接受的。同时，要清醒认识到推进农业转移人口市民化是一项长期而艰巨的任务，必须保持足够的历史耐心，充分尊重农业转移人口的自身意愿，充分考虑当地政府和城市户籍人口的即期承受能力，做好压力测试，稳妥制定方案。

四、构建新发展格局背景下浙江省加快推进农业转移人口市民化的工作着力点

贯彻落实党的十九届五中全会精神，针对当前浙江省推进农业转移人口市民化的突出问题和薄弱环节，建议围绕"六个领域"、聚焦"六个重点"，采取强有力政策举措。

（一）以保障性租赁住房建设为重点，减轻农业转移人口住房压力

目前解决农业转移人口住房问题比较有效的办法有拆迁安置、人才公寓等，但受益面主要为征地拆迁、高校毕业生等稳定群体，量大面广的其他农业转移人口住房压力需要通过保障性租赁住房解决。浙江省住房保障总体水平位居全国前列，特别是货币补贴保障户数从2016年的2.9万户提升到2020年的18.6万户，5年累计发放租赁补贴达16.1亿元。然而，实物保障房源供给远不能满足需求，全省共建有公租房30.59万套，仅占全国的1.8%，满足城镇户籍低收入人员住房需求尚有很大困难，与千万数量级的农业转移人口相比更是杯水车薪。房源匮乏的主要原因，一方面是地方政府缺乏科学谋划，未能根据常住人口规模和需求确定保障性租赁住房建设目标和时序；另一方面是资金缺口和土地指标受限，公租房财政资金保障政策是土地出让金总金额的2%（或净收益的10%）和住房公积金增值部分，但大都难以落实，多元化社会资金保障机制尚未破题，土地指标同样难以保证。具体到住房分配时，地方针对农业转移人口分配保障性租赁住房难以与本地

户籍居民同权对待，除收入水平要符合条件外，有些地方还要求申请人放弃原农村宅基地后才能申请城镇住房保障[1]。近年保障性租赁住房房源快速增长，入住的多是流动人员，地方政府还担心安全管理和社会稳定问题，存在一定畏难情绪。针对以上问题，要在多渠道拓展保障性租赁住房供给、加强要素投入、推进公平分配和精准管理等方面开展工作。

(1) 多渠道拓展保障性租赁住房供给。要求各地根据农业转移人口的规模和需求，科学制定规划，大力发展保障性租赁住房。加快完善保障房供给体系，支持企业按照发展需求建设蓝领公寓，支持市场力量对闲置的工业用房、商办用房和其他建筑改建为政策性租赁住房，支持企事业单位利用自有闲置土地建设政策性租赁住房，鼓励产业园区配套建设保障性租赁住房，支持地方结合城中村和旧城改造在"将拆未拆"或"已拆除但短期内不实施开发"的地块上新建集体宿舍，以及推动利用城郊集体经营性建设用地建设租赁房。建设标准上，要按照"面积不大功能全、用地不多环境好、造价不高品质优"的要求，依托代建制与品牌化建设，全面提升保障性住房建设水平。除加大保障性租赁住房供给外，也要进一步加强租赁和商品房市场培育，对租金水平进行合理调控，形成不同价格梯度，降低低收入人口租房成本；同时要通过丰富小户型商品房产品、推出共有产权住房等形式，降低农业转移人口购房门槛。

(2) 加强保障房土地供应和资金投入。要将保障性租赁住房建设用地视为城市功能的必备配套，单列租赁住房用地计划，并纳入城市总体规划、土地利用空间规划和年度土地供应计划。创新政府投入机制，落实土地出让收入用于保障性住房建设等政策，进一步研究制定从城市维护建设税、城镇公用事业附加、城市基础设施配套费、国有资本经营预算等渠道安排一部分资金用于住房保障。积极搭建投融资平台，探索发展政策性租赁住房纳入住房保障财政支持范围，吸引社会主体和民间资本参与政策性租赁住房建设。加大对租赁住房建租主体的税收优惠，酌情考虑降低城镇公用事业附加、城市基础设施配套费、土地出让收入等费用。

---

[1] 除杭州、温州、绍兴、衢州明确申请公租房无须上交农村宅基地外，宁波、湖州、金华、舟山、台州、丽水等地认为享受过宅基地相当于享受过住房福利，不能申请公租房，即使可以申请一般要求市域范围内没有宅基地。

（3）以居住证为载体实现保障性租赁住房公平分配和精准管理。尽快研究面向各类农业转移人口的住房保障配套方案，建立一般人群的居住证积分保障激励导向，特别是对有稳定工作但经济能力不强的跨区农业转移人口，要通过居住证和积分制加快纳入保障性租赁住房保障体系。运用数字化手段增强对居住证持证人家庭情况的准确掌握，整合集成相关部门数据，推动人员基本信息、农村资产信息、就业信息和社会保障信息等规范化入库，为住房保障提供客观数据支撑。加强保障性租赁住房承租人的信息公开和社会监督，建立住房诚信档案，凡存在虚报、不及时退出等行为，要进行失信惩戒。为农业转移人员提供城镇保障性租赁住房时，要明确不得以退出农村宅基地为前提条件。

（二）以"同权共享"为重点，稳步推动随迁子女同权享受更高水平义务教育

浙江省基础教育整体水平全国领先，大量农业转移人口特别是外省转移人口将子女随迁到浙江城镇就学。2020年，随迁子女在浙江接受义务教育的总量达156.1万人，其中80.5%（125.6万人）为外省户籍的随迁子女。然而，浙江省义务教育阶段随迁子女在公办学校就读的比例仅为77.5%，个别县（市、区）还低于60%，而邻省江苏已经高达87%。教育资源的分配也还比较粗线条，对持有居住证的人员一般直接划到"最末类"，尤其在资源紧缺的地区享受不到优质的教育资源，"租购同权"还停留在概念上。一些年轻夫妻为了让子女在城区入学及减少办事的麻烦，而不得不将一方户口迁到城区，但仍将另一方保留在农村，形成了"一家两户"现象。此外，仍存在部分农民工子弟学校，校舍简陋、设施设备欠缺，财政补助与公办学校仍有较大差距。下一步，全省要聚焦"补足稀缺"和"同权分配"两个重点，提升农业转移人口随迁子女教育质量。

（1）加快破解义务教育资源稀缺问题。指导各地将常住人口纳入区域教育专项规划，适度超前规划、超前建设，保障义务教育学校用地需求，扩大教育资源有效供给，进一步提高随迁子女在公办学校就读比例。要探索国资回购、政府购买、"公""民"共建等方式重组新居民子女学校，推进新居民子女学校标准化建设，加强公办学校、民办学校的协调发展，逐步取消农民工子弟学校。随着城镇义务教育对随迁子女的进一步放开，部分地区面临新增高中阶段教育需求，对此趋势应早作准备。

(2) 以"居住证+积分制"为手段破解随迁子女同权就学难题。由于城镇特别是大城市优质教育资源也较稀缺，让随迁子女无条件享受"学区房"暂不可能。长期而言，要深入推进义务教育优质均衡发展，深化推行"公民同招"，减少学区差异，促进教育公平。短期而言，也要探索为农业转移人口及其他城镇非户籍常住人口打开享受优质义务教育的通道，如在学区房入学"表生制"分类中，除满足自购住房必要条件外，可弱化对户口的要求。教育资源相对充足的城镇特别是中小城市，还可以试点以"居住证+积分制"为载体，结合"租购同权"、学区制相关改革，兼顾本地户籍人员利益考量，探索向长租在相对优质学校施教区、居住证积分达到较高水平的新居民适当开放优质学校学位，逐步推进"多台阶进入、渐进式享有"的权利获得方式，使随迁子女逐步接受更好的教育。

(三) 以完善职教和培训体系为重点，提升农民工专业技能

技能是农业转移人口的立身之本、就业之基，而浙江省专业技能职教和培训体系还不完善。职业院校专业设置与产业转型升级的适切度还不够高，政府机构主导的培训方式与现实需求脱节现象较为突出。53%的人认为培训内容的丰富度、实用度有待提高，还有49%的人觉得培训的时间和频率不够合理，对素质偏低的农业转移人口短期临时性培训效果也较为有限，这些诉求还需要更人性化对待。政府对企业主动开展培训活动的激励引导也较不足，对企业办学补贴、减免税收等优惠政策力度不大，不少企业担心员工取得了技能证书，就要为其加工资，还得防着员工跳槽，因而培训的积极性不高。某经济强区全区仅有26.9%的企业开展技能人才培养，企业每年用于培训的费用人均不足100元，发达地区尚且如此，其他地区可想而知。下一步，浙江省要将提高农业转移人口素养和技能摆到更加突出地位，把打造新型产业工人队伍摆到战略高度，丰富职业教育体系，发挥企业主体作用，提高培训实效，提高农业转移人口参训积极性，实现农民工职业化转型。

(1) **提高职业教育的多样性和包容性。**优化职业教育布局，扩大职业教育办学规模，适应职业技能教育应对新发展格局形势下全省产业结构变化需求，优化调整专业结构设置。在发挥教育部门与人力资源和社会保障部门共同举办职业教育优势的同时，进一步加强顶层设计和统筹推进。发挥乡镇成校作用，借鉴"社区学院"模式,面向农民工群体工学结合,打造职业教育前沿阵地。开发全省统一的农民工职业技能培训平台,打造好"培训云"。不断完善与农村义务教育相衔接的职业教育体系和配套激励政策,进一步增强职业教育对农村初中毕业生的吸引力。深入推进百万农民工素质提升工程,将农业转移人口纳入本地职业技术教育体系,制定出台农民工报考职业院校的配套政策,为新生代农民工群体提供再学习机会。用好职业教育东西部协作契机,引导地方及职业院校与河南、安徽、云南、贵州等中西部地区建立紧密合作关系,依托职业院校兴办"云南班"等类似培训载体[1],从源头上提高省外流入农业转移人口素质。

(2) **充分发挥企业开展培训的主体作用**。要打消企业对于员工参加培训和提升技能的顾虑,为企业开展职业技能培训提供全方位支持,对技能人才数量多的企业要给予奖励或税费减免。要把企业作为提升农民工素质的主阵地,引导企业开展岗位培训,推广"企业新型学徒制"模式,通过产业育人、实践育人、一线育人。提高职业技能培训的市场契合度,引导企业深度参与高职院校课程设置和教学过程,鼓励企业专家和高技人才进校园担任兼职教师,探索吸引社会资本进入职教领域。支持有条件的企业集团开展"校-企-校""企-校-企"培养模式,边招工边招生,推动企业与平台共建共享生产性实训基地,鼓励企业以订单、委托等方式开展农业转移人口定向、定岗的专业技能培训。

(3) 提高农民工参加技能培训的积极性。问卷调查显示,农民工对技能培训的诉求主要集中在丰富培训内容、设置更实用的培训课程、合理安排培训时间等方面。要适应农民工工作特点和诉求,优化培训课程设置、拓宽培训领域,引导推广"新居民夜校""互联网+培训"等灵活培训形式,开发微客、慕课、VR等数字化培训资源,为农民工提供"不脱产、不离岗、就近化"的文化学习和技能培训。建立浙江省年度紧缺技能人才目录清单,适当提高补助标准,对农民工的培训补贴要由"训后补贴"转变为"训前补贴和训后补贴"相结合的方式,建立和推广统一的"培训券"或"教育券"制度,减少"先垫后支",降低农民工参训的费用成本。建立农民工援助制度,对面向农民工的社区教育经费,按年均不

---

[1] 德清职业中专首届云南班41名学生就有33名留在德清,如果这一模式复制推广,不失为引入和培养技能人才的新路径。

低于5元/人要求划拨,达到广东、江苏等省份的标准。完善农民工参训激励机制,加快出台浙江大工匠、浙江杰出工匠、浙江工匠、浙江青年工匠遴选办法,推动将高技能工匠人才纳入当地人才分类目录,并提高技能因素在居住证积分中的比重,使其获得更高品质的公共服务和社会地位,增强农民工提高自身技能的动力。

(四)以扩展保障范围为重点,加强农业转移人口社会保障

目前浙江省针对农业转移人口的社会保障尚有欠缺。问卷显示,55.2%的人希望实现社保统筹,不论在哪里工作都能享受一样的社保,这是农业转移人口在社保方面的最大诉求。目前浙江省各地医保政策差异较大,统筹层次不高,抵御重大疾病风险的能力较弱。医保异地结算便利性还待加强,43.9%的受访者觉得医保异地结算不方便。社会救助方面仍有一定差距,省外农业转移人口只能享受临时救助,存在救助标准低、信息获取不及时、救助申请时限长、救助不精准、只能享有一次性救助等问题。快递、家政、网约车、维修、外卖等灵活就业已成为农业转移人口的主要就业途径之一,但对灵活就业人员保障还较欠缺,新型劳动雇佣关系仍存在法律法规空白,存在工作时间长、社保门槛高、工伤认定赔偿难、保障范围窄和社保账户接续难等问题。要聚焦推进更大范围社会保障和加强对于灵活就业人员的就业保障两方面,尽快开展相关工作。

(1)**稳妥推进更大范围社会保障。**要推动城乡居民基本养老保险待遇水平稳步增长,引导城乡居民早参保、选择高档次缴费,提高农业转移人口社保参保率。推进更大范围社保统筹,加快推进基本医疗保险市级统筹,指导地方合理划分市县两级管理责任,并稳妥推进基本医疗保险省级统筹。提高重大疾病的报销比例,加大重病救助力度。做好基本医疗保险跨省异地就医费用直接结算、保险关系转移接续工作,扩大联网定点医疗机构数量,不断提升群众看病便利度。加快推进低保标准全省同标,稳妥推进低保救助对象范围向非本地户籍居住人口拓展。

(2)**加强对灵活就业人员的就业保障。**加强对灵活就业人员就业服务,把灵活就业岗位供求信息纳入公共就业服务范围。从法律上,要明确政府责任和新业态平台、劳动者、使用者在新就业形态中的权利义务,使各方责权利清晰而平衡,如可参考建筑业农民工相关法规为外卖、家政等行业制定权益保护规范。保障多样化用工方式，提高用工规范性，鼓励用人单位与非全日制从业人员签订劳动合同，未建立劳动关系的，也要通过劳务外包等形式签订民事协议。要加强对新业态和非全日制从业人员的权益保护力度，进一步明确报酬支付、工作时间、休息休假、职业安全等有关劳动标准。要引导平台企业或第三方劳务中介机构（劳务派遣公司）为平台就业人员购买工伤保险，引导新业态企业和从业人员参加医疗、人身意外伤害等商业保险，完善新业态人员职业伤害保障机制。加强灵活就业人员困难群体保障，在办理失业登记、社保补贴等方面提供便利或支持。充分发挥人民调解组织、工会组织和行业协会的作用，妥善化解矛盾纠纷。

（五）以强化激励为重点，完善资源要素与常住人口规模挂钩的相关政策

农业转移人口相关资源要素统筹保障难，本质上反映出公共资源分配方式滞后，自上而下的资源要素与常住人口规模挂钩分配效力不足，以人为核心的城镇化转型缺乏激励机制等问题。归结到体制方面，省级层面推进农业转移人口市民化缺乏领导体系和统筹推进体系。要在加强省级统筹的基础上，推动省级政府与地方政府分担市民化成本的体制机制创新，提高城市政府吸纳农业转移人口的积极性。

（1）**积极向国家层面呼吁争取配套政策。**资源要素的统筹面越大，对农业转移人口的保障力度就越大，对地方政府的激励也越强。要积极向国家层面呼吁，以"跨省转移人口规模"而非"跨省转移落户数量"为衡量标准，争取更多配套政策。对于吸纳外省农业转移人口较多省份承担的医疗卫生、义务教育、就业培训、基本养老、保障性住房、基础设施扩容和公共服务投入等相关事权，建议中央加大转移支付力度，中央预算内投资资金倾斜予以财力匹配，实现各项公共服务的"人头"经费"费随人转"。要适当加大建设用地供给，特别是支持保障性住房、学校、医院等公益性建设项目用地。教师、医生等公共服务岗位编制也要在全国层面建立动态调节机制，推进教育、医疗资源向流入地配置，如建立全国性的电子学籍，实现全国流动农民工随迁子女义务教育信息联网，做到孩子在哪里读书资源就拨到哪里。

（2）**大力探索省内资源要素"挂钩"机制。**建立农业转移人口市民化省级联席会议机制，形成工作体系，统筹促进资源要素合理分配。加大省级财政农业转移人口市民化奖励资金额度，提高跨省流入、省内跨地区流动人口数量在奖励资

金分配中所占比重。省级政府要在进一步厘清相关公共服务财权事权基础上，健全财政转移支付、预算内投资、城镇建设用地与城镇新增常住人口数量挂钩的机制，保障生均教育经费、公共卫生服务补助资金等"钱随人走"，并强化人口流入多的城市的市政设施、教育医疗、保障房等公共服务设施用地保障，使"人地钱"挂钩落到实处，切实减轻地方政府推进农业转移人口市民化的成本负担。同时，要建立教师、医生编制数量的调整机制，促使相关编制按常住人口动态优化。

（六）以提高"带权带资进城"水平为重点，深化农村"三权"制度改革

农业转移人口对农村"三权"稳定仍心存顾虑，除自身心理因素外，反映出相关权益的留、转、退机制不健全。农村宅基地普遍存在未批先建、超标占地、一户多宅等大量历史遗留问题，进一步确权难度大。同时，60.3%的受访者希望可以通过不同形式获得承包地相关收益，有将近20%的人希望通过有偿转让、折价转换城镇住房、换取一次性经济补偿等形式处置宅基地及农村住宅，但目前农村土地权利有偿退出仍然缺少成熟完善的机制设计，造成大量宅基地低效利用或闲置。农村集体经营性建设用地入市已经开展了先期探索，但要让农村人员普遍受惠，还有不小距离。浙江省应在农村产权确权和活权方面再下功夫，为农业转移人口特别是本地内部转移和本省跨区转移人员吃下"定心丸"，加快"活权"机制探索，提升农业转移人口"带权带资进城"的水平。

（1）**总体保持农村产权的权属稳定**。对于土地承包权确权，当前较为紧急的任务是要落实第二轮土地承包到期后再延长30年政策，出台土地承包权变更和配套改革的具体政策，指导地方稳妥处理农村土地承包权续期衔接问题，总的原则建议是"大稳定、小调整"。对于宅基地及农房确权，重点在于历史遗留问题的分类处置，充分保证农民和农业转移人口权益。对于农村集体经济股份，则应充分尊重农民群众意见选择管理方式，可采取静态管理或动态管理方式，但要确保农业转移人口在城镇定居后不会丧失原有集体经济收益分配权，并推进股权有偿退出、抵押、担保权能改革试点。

（2）**稳慎推进宅基地"活权"改革**。宅基地是农业转移人口在农村的最重要产权，对宅基地权益的处置要充分尊重农民意愿，稳慎推进改革试点。同时也要看到，农业转移人口结构变化为宅基地"活权"提供了可能性，新生代农业转移人口离土出村且不回村的倾向明显，对宅基地的占有和居住意愿弱化，如果制度安排合理，有可能找到改革突破口。要有序扩大宅基地使用权的流转范围，如按规定和程序拓展到市域范围内农村集体组织成员，通过充分竞争实现宅基地市场价值。健全宅基地退出机制，在坚持自愿有偿前提下，重点引导在城镇长期居住的农业转移人口和合法继承的非本集体经济组织成员有序退出宅基地。对于将宅基地自愿退回集体的，当地政府与集体可采取多种形式补偿。加大宅基地和闲置农房盘活力度，探索赋予农房财产权（宅基地使用权）抵押融资功能，鼓励农村集体组织及其成员通过自营、出租、入股、合作等形式盘活资源，发展乡村产业。

（3）**加快推进农村集体经营性建设用地入市**。农村集体经营性建设用地入市是增加农户股权收益分红、扩大农业转移人口财产性收入的潜力所在。要总结前期试点经验，积极争取率先推进集体经营性建设用地入市，并加快入市模式探索。探索采用"集体联营公司"等形式，丰富集体经营性建设用地的入市主体，提高运营效率。鼓励各地在符合规划和用途管制的前提下，夯实"同权同价"权能基础。要研究和探索农村集体经营性建设用地入市收益多元化分配机制，保障农村集体组织成员享受公平合理收益。

（课题组成员：周华富、周世锋、傅金龙、范玲、郑晓峰、俞宁、陈达祎、王琳、吴思远）

浙江省海洋经济发展"十四五"规划研究[1]

为进一步提升浙江省海洋经济综合实力和现代化发展水平，更好支撑海洋强省建设，特开展本研究。规划研究期限为2021—2025年，展望至2035年。

一、总体要求

(一) 发展基础

"十三五"期间，浙江省委、省政府积极推进海洋经济发展，基本形成了以建设全球一流海洋港口为引领、以构建现代海洋产业体系为动力、以加强海洋科教和生态文明建设为支撑的海洋经济发展良好格局。据初步核算，2020年全省实现海洋生产总值9200.9亿元，比2015年的6180亿元增长48.9%，"十三五"期间年均增长约8.3%。海洋生产总值占地区生产总值的比重保持在14.0%以上，比全国平均水平高出4～5个百分点，占全国GDP的比重由9.2%提升至9.8%。海洋产业新旧动能转换加速，海洋科教创新能力持续提高，海洋基础设施网络不断完善，全省海洋港口一体化改革实质性推进，宁波舟山港货物吞吐量连续12年稳居全球第一、集装箱吞吐量跃居全球第三，海洋开放合作拓展逐步深化，海洋生态文明建设水平明显提升。但与此同时，海洋经济发展和海洋强省建设也存在一

---

[1] 该项目由浙江省生态环境厅委托。

些问题和短板，如海洋地区生产总值在全国沿海省份中仅位居中游，海洋经济区域发展不够平衡，海洋新兴产业规模偏小，海洋创新能力不够等。

（二）指导思想

坚持以习近平新时代中国特色社会主义思想为指导，全面贯彻党的十九大和十九届二中、三中、四中、五中全会精神，深入贯彻习近平总书记视察浙江重要讲话精神，完整、准确、全面贯彻新发展理念，有力支撑"一带一路"倡议和长江经济带、长三角一体化发展等国家战略实施，强化全省域海洋意识、沿海意识、开放意识，坚持走人海和谐、合作共赢的高质量发展之路，坚持系统谋划、一体推进，实施一批牵一发动全身的改革开放新举措，形成一批走在全国前列的特色亮点，加快提升海洋经济实力、海洋港口硬核力量、海洋创新能力、海洋开放水平和海洋生态文明，为忠实践行"八八战略"、奋力打造"重要窗口"、争创社会主义现代化先行省提供战略支撑。

（三）发展目标

到2025年，海洋强省建设深入推进，海洋经济、海洋港口、海洋创新、海洋开放、海洋生态文明等领域建设成效显著，主要指标明显提升，全方位形成参与国际海洋竞争与合作的新优势。

——**海洋经济实力稳居第一方阵。**力争全省海洋生产总值突破12800亿元，占全省GDP比重达到15%，海洋新兴产业增加值占海洋生产总值比重达到40%，第三产业增加值占海洋生产总值比重达到65%，建成一批世界级临港先进制造业和海洋现代服务业集群。

——**海洋创新能力跻身全国前列。**海洋研究与试验发展经费投入强度达到3.3%，在浙高校1个海洋学科（领域）达到"双一流"建设标准，省级以上海洋科研机构达到43个，省级涉海重点实验室和工程研究中心等创新平台达到35个，省级以上海洋产教融合基地达到3个，建成省智慧海洋大数据中心，海洋领域省级实验室建设实现突破。

——**海洋港口服务水平达到全球一流。**基本建成世界一流强港，沿海港口货物吞吐量达到16亿吨，集装箱吞吐量达到4000万标箱以上。宁波舟山港货物吞吐量达到13亿吨，稳居全球第一，集装箱吞吐量达到3500万标箱，稳居全球前三,全球重要港航物流枢纽地位更加稳固。港口自动化码头泊位达到5个。宁波舟山国际航运中心综合发展水平跻身全球前八位。

——双循环战略枢纽率先形成。深度参与"一带一路"和长江经济带建设、长三角一体化发展等国家战略成效显著,宁波舟山港集装箱航线达到260条,中欧班列达到3000列,江海联运吞吐量达到4.5亿吨,集装箱海铁联运吞吐量达到200万标箱,西向布局陆港42个,陆海内外联动、东西双向互济格局率先形成。

——海洋生态文明建设成为标杆。全面落实海洋生态红线保护管控,近岸海域水质优良率均值较"十三五"期间提升5个百分点,建成生态海岸带示范段4条、省级以上海岛公园10个,大陆自然岸线保有率不低于35%,海岛自然岸线保有率不低于78%,近岸滨海湿地面积不减少,海洋灾害预报准确率达到84%以上。至2035年,海洋强省基本建成,海洋综合实力大幅提升,海洋生产总值在2025年的基础上再翻一番,全面建成面向全国、引领未来的海洋科技创新策源地,海洋中心城市挺进世界城市体系前列,形成具有重大国际影响力的临港产业集群,建成世界一流强港,对外开放合作水平、海洋资源能源利用水平、海洋海岛生态环境质量国际领先,在全球海洋开发合作领域拥有重要话语权。

二、构建全省全域陆海统筹发展新格局

(一)"一环"引领

即突出环杭州湾海洋科创核心环的引领作用。统筹环杭州湾区域城市科创人才资源,以建设重大创新平台、开展重大技术创新专项为抓手,强化科创大走廊辐射引领能力,夯实科技创新对产业发展的支撑力。聚焦海洋"互联网+",发挥杭州、宁波、温州国家自主创新示范区带动作用,以杭州城西科创大走廊、G60科创走廊(浙江段)、宁波甬江科创大走廊、联合国全球地理信息知识与创新中心为主平台,依托清华长三角研究院、之江实验室、浙江大学、阿里巴巴达摩院等高校院所,加快重大基础研究和科技攻关专项。聚焦海洋生命健康,强化杭州生命健康创新中心地位,打造高端医疗装备及器械和康养服务集聚高地,形成生物医药产业科创生态。在宁波、绍兴、舟山等地打造一批海洋新材料基地,建设

一批海洋新材料"高尖精特"实验室、研发中心。

(二)"一城"驱动

即全力打造海洋中心城市。充分发挥宁波国际港口城市优势,以世界一流强港建设为引领,以国家级海洋经济发展示范区为重点,坚持海洋港口、产业、城市一体化推进,支撑打造世界级临港产业集群,做强海洋产业科技创新,引育一批国际知名涉海涉港高校和科研机构,联动杭州、舟山共建海洋科技创新重点实验室,打造国际海洋港航、科研、教育中心。推动高端港航物流服务业突破发展,集聚航运金融、航运交易、海事服务、法律咨询等平台机构,提升国际影响力。加强"海上丝绸之路"海洋事务国际合作,挖掘"海上丝绸之路"中的"活化石"文化,积极参与海洋领域国际标准制定,打造国际海洋文化交流中心。联动推进舟山海洋中心城市建设。

(三)"四带"支撑

(1) 甬舟温台临港产业带。沿甬台温高速公路复线、沿海高铁打造产业创新轴,加快聚集创新和产业资源要素,优化重要产业平台、创新平台、滨海城镇布局,推动甬舟温台四地协同共建产业链、供应链、创新链,加快形成具有国内外竞争优势的产业集群、企业集群、产品集群,高水平形成具有国际影响力的临港产业发展带。

(2) 生态海岸带。协同实施生态保护修复、绿色通道联网、文化资源挖潜、生态海塘提升、乐活海岸打造、美丽经济育强等六大工程,统筹建设绿色生态、客流交通、历史文化、休闲旅游、美丽经济五大廊道,率先建成海宁海盐示范段(河口田园型)、杭州钱塘新区示范段(滨海都市型)、宁波前湾新区示范段(滨海湿地型)、温州168示范段(山海兼具型)等4条生态海岸带示范段,成为浙江美丽湾区的窗口。

(3) 金衢丽省内联动带。创新海洋经济辐射联动模式,加快宁波舟山港硬核枢纽力量沿义甬舟开放大通道及西延工程拓展,全面强化与金华、衢州、丽水合作,提升金义都市区整体能级,加快建设义乌国际陆港、金华华东联运新城、金华兰溪港铁公水多式联运枢纽、衢州多式联运枢纽,形成陆海贯通的交通物流、商业贸易、产业创新、生态文化区域新格局,成为全国海洋经济赋能区域协调发展的典型。

(4) **跨省域腹地拓展带**。立足长三角一体化与浙皖闽赣省际区域优势互补，以建设内陆省份新出海通道为导向，进一步将海洋经济优势向内陆腹地延伸，深化与长江沿线及内陆省份的开放融合，畅通西向联通江西、安徽、福建的综合交通廊道，以点带线，以线扩面，全面形成跨省域商贸物流网络。

（四）"多联"融合

即联动山区与沿海协同高质量发展。加强衢州、丽水等山区与沿海地区协作联动，加强山区大花园核心区与沿海大湾区建设的协同互动，提升山区与沿海相互促进的开放合作水平。强化宁波舟山港与我国沿海海港、长江沿线港口、其他内河港口在管理业务、航线航班、资本股权等方面合作，增强开放合作能力。联动海港、河港、陆港、空港、信息港协同发展，推动江海、海铁、海河、海空、海公等多式联运统筹提升，加快物流信息互联互享与智慧物流云平台建设，提升多式联运体系水平。

三、增强海洋科技创新能力

（一）做强海洋科创平台主体

（1）**大力提升海洋科创平台能级**。推进杭州城西科创大走廊及宁波甬江、G60（浙江段）、温州环大罗山、浙中、绍兴等科创走廊建设，谋划建设湖州、衢州、舟山、台州、丽水等涉海科创平台。高水平建设浙江省海洋科学院，支持宁波建设国内一流的海洋科研机构。加快省大湾区（智慧海洋）创新发展中心、海洋新材料实验室（筹）等新型研发机构建设。聚力打造船舶与海洋工程科技服务、海洋通信、海洋大数据等一批主题产业园和科技企业孵化器。在海洋生物医药、海洋食品精深加工等领域新建一批省级企业科创载体。

（2）**积极培育海洋科技型企业**。完善"微成长、小升规、高壮大"梯次培育机制，大力培育海洋科技领域的领军型企业、高成长企业和独角兽企业。支持现有涉海科技型中小企业、创新型试点企业、省级涉海农业科技企业做大做强，引导涉海行业的龙头骨干企业建设高新技术企业。实施创新链产业链贯通工程，完善技术要素市场化配置，引导各类要素向企业集聚，有效推动成果转化。

（3）**强化海洋科技领域国际合作**。支持海洋科技领域国际合作平台建设，推动开展海洋领域国际联合研发，支持海洋科技领域国际合作项目。做大做强省级国际科技合作基地、省级"一带一路"联合实验室等国际科技合作载体，积极拓展合作渠道，提升合作实效，打造浙江省深度参与海洋国际创新协同的引领平台。

（二）**增强海洋院所及学科研究能力**

（1）**提升涉海院校办学水平**。提升浙江大学、宁波大学、浙江海洋大学、浙江交通职业技术学院、浙江国际海运职业技术学院等涉海院校办学水平。围绕港口航道与海岸工程、国际邮轮乘务管理、水产养殖、海洋资源与环境等领域，支持浙江省涉海院校与国内高水平涉海院校开展合作培养，加强交流学习、学分互认。继续扩大国际合作，支持涉海院校与国外高水平大学开展师生交流、联合培养、合作科研、中外合作办学等多形式合作项目。

（2）**加快涉海类学科专业建设**。整合学科专业资源，提升学科专业特色，建好涉海类优势特色学科和国家一流本科专业。加大涉海类学科专业建设投入，开展涉海类二级学科自主设置和交叉学科设置，优化涉海类博士硕士学位授权点结构，提升涉海类学科建设水平。对接临港产业集群，推进海洋领域工匠培育工程，构建涉海类复合型技术技能人才培养体系。加快实施高水平涉海类高职院校、技工院校及专业群建设计划，打造涉海类复合型技术技能人才培养高地。

（三）**推动关键技术攻关及成果转化**

（1）**强化海洋科技领域关键核心技术攻关**。加大共性关键核心技术攻关力度，充分发挥流体动力与机电系统、卫星海洋环境动力学等国家重点实验室作用。加大对海洋物理、化学、生物和地质的原创性、基础性理论研究。深入实施"双尖双领"计划，围绕海洋资源、防灾减灾、海洋新材料、海洋工程装备及高技术船舶等方向，在省重点研发计划中设置科研攻关项目，攻克一批关键技术。

（2）**加快推进海洋科技成果转化应用**。打通科技成果转移转化"最后一公里"，引导政府、国有企业和社会资本建立一批从事技术集成、熟化和工程化的创新试验基地，加快形成一批现代海洋产业创新服务综合体，建设完善科技成果转移转化中心。支持建设潮流能产业示范区，保持海洋潮流能科技成果及产业发

展的国际领先地位。探索科技成果转化激励机制，提高科研人员科技成果转化收益分配比例。

四、建设世界级临港产业集群

（一）聚力形成两大万亿级海洋产业集群

（1）万亿级以绿色石化为支撑的油气全产业链集群。高水平建设以超大型有机化工基础原料生产为基础的绿色石化产业集群，推进宁波舟山绿色石化产业一体化发展，推动两地石化基地互联互通管道工程建设，研究谋划舟山绿色石化拓展项目，形成从石油炼制到基础化工原料、化工新材料、高端专业化学品的完整产业链，共建共享世界级石化基地。进一步吸引油品贸易巨头在宁波舟山建设储存枢纽，加强海底储油研究谋划，加速油气进口、储运、加工、贸易、服务全产业链发展，打造世界级油气资源配置中心。大力发展保税燃料油和液化天然气（LNG）加注业务、不同税号油品混兑调和业务，提升宁波舟山港油品混兑加工和LNG接收加注产业规模。加快建设宁波舟山LNG登陆中心，谋划推进氢能产业链。支持浙江国际油气交易中心发展，深化与上海期货交易所等平台合作，共建长三角期现一体化交易市场。推动国际能源贸易总部基地建设。支持洞头大小门岛绿色石化产业发展。

（2）万亿级临港先进装备制造业集群。聚力突破船舶与海洋工程关键技术瓶颈，支持发展高端特种船舶制造。开展大型集装箱船舶、国际豪华邮轮等维修业务，支持舟山建设成为国际一流水平的船舶修造基地。大力培育发展大型海洋钻井平台、大型海洋生产（生活）平台等海洋工程装备制造业，推进水下运载及作业装备国产化，加快海底电缆（光缆）技术及产品研发，支持风电装备及大型石化、煤化工装备制造业发展，培育形成全国领先的临港先进装备制造基地。围绕集群化、数字化、智能化，突破动力电池、电驱、电控关键技术，创新发展汽车电子和关键零部件产业，完善充电设施布局，打造全球一流的新能源汽车产业集群。

(二) 培育形成三大千亿级海洋产业集群

(1) 千亿级现代港航物流服务业集群。做大浙江海港大宗商品交易中心、舟山国际粮油集散中心，打造东北亚铁矿石分销中心。研究开发个性化、区域化的大宗商品价格指数体系，完善仓储物流、供应链金融和交易撮合等服务功能，发展货代、船代、报关等船舶增值服务。培育壮大江海联运、海河联运、海铁联运业务，以宁波舟山港为中心，拓展与长江经济带重要港口、产业园区的合作。支持发展内支、内贸、近洋集装箱运输业务。加快打造全过程综合物流链条，做优做强"门到门"全程物流服务。

(2) 千亿级现代海洋渔业集群。集成推广循环水养殖、抗风浪深水网箱、大型围栏养殖、生态增养殖，探索深远海养殖，加快布局智慧渔业，提升渔业装备化、绿色化、智能化水平。高标准建设温州、舟山、台州等地国家级海洋牧场示范区。鼓励开展渔业国际合作，加快远洋渔业产业化发展，打造远洋渔业产业全链条。大力提升水产品精深加工业发展与营销能力。加快休闲渔业创新发展，加强渔港和渔船避风锚地建设，促进海洋渔业一二三产业融合发展。

(3) 千亿级滨海文旅休闲业集群。实施浙江省文化基因解码工程，深入开展海洋自然和文化遗产调查与挖掘保护，放大宁波、温州、舟山"海上丝绸之路"文化遗址价值，保护温州、台州等沿海抗倭海防遗址。建设海洋非物质文化遗产馆、围垦文化博物馆等海洋文化设施，策划海洋民俗、"海上丝绸之路"文化、海防文化等主题展览，高水平打造一批海洋考古文化旅游目的地。开展海洋自然遗产调查，加大自然遗产保护力度，打造一批海岛地质文化村和地质文化小镇。加快推动温州洞头、舟山、台州大陈等邮轮始发港和访问港建设，试行有条件开放公海无目的地邮轮航线。推进象山影视城等建设，打造一批海岛特色影视小镇。创新打造海上运动赛事、海岛休闲度假等海洋旅游产品体系，合理控制海岛旅游客流，推进钱江观潮休闲、滨海古城度假等产品开发，推动十大海岛公园建设，打造"诗画浙江·海上花园"统一旅游品牌，全面建成中国最佳海岛旅游目的地、国际海鲜美食旅游目的地、中国海洋海岛旅游强省。

(三) 积极做强若干百亿级海洋产业集群

(1) 百亿级海洋数字经济产业集群。深入实施数字经济"一号工程" 2.0 版。

加强国家卫星海洋应用系统、海洋信息感知技术装备的研发制造，加快形成海洋感知装备、卫星通信导航、海洋大数据、船舶电子等海洋信息产业集群。积极参与建设海上北斗定位增强及应用服务系统，推动海洋卫星服务产品产业化。谋划实施一批船联网应用项目，推动国家应急通信试验网、浙江省智慧海洋大数据中心等重大项目建设，打造海洋数字产业生态。

（2）百亿级海洋新材料产业集群。加快培育海洋新材料研发与成果转化载体，谋划"海洋新材料-装备关键部件制造-高端海洋工程装备和平台"产业链，打造海洋新材料产业集群。聚焦海洋工程材料、海洋生物材料等关键领域，加快发展海洋重防腐、海洋密封材料等。面向海洋医药开发需求，重点研发医用再生修复材料、组织工程材料、药物运载缓释材料等海洋高技术材料。

（3）百亿级海洋生物医药产业集群。聚焦鱼油提炼、海藻生物萃取、海洋生物基因工程等核心技术，力争海洋生物医药领域研发应用取得明显突破。重点依托杭州生物产业国家高新技术产业基地、台州生物医化产业研究园、宁波生物产业园、舟山海洋生物医药区块、绍兴滨海新城生物医药产业园、金华健康生物产业园等平台，引育一批海洋生物医药龙头企业，打造一批具有显著影响力的产业集群。加强科技金融专营机构引育，建立完善科技信贷、风险投资、上市并购、科技保险等金融服务模式，推进海洋生物医药做大做强。

4.百亿级海洋清洁能源产业集群。加强海上风机关键技术攻关，加强风电工程服务，积极发展海上风电。创新发展海岛太阳能应用成套体系，加快太阳能海上应用推广，推进渔业光伏互补试点。支持发展沿海核能，开展核电站勘探、设计、评估以及核电产品检验检测等业务。稳妥推进国家级潮流能、潮汐能试验场建设，重点聚焦潮流能技术研发、装备制造、海上测试。

五、打造宁波舟山港世界一流强港

（一）完善世界一流港口设施

（1）建设现代化港航基础设施。打造世界级全货种专业化泊位群，持续提升宁波舟山港在国际集装箱运输体系中的枢纽地位，谋划建设穿山、北仑、大榭—

金塘、梅山－六横等千万吨级集装箱泊位群，集装箱泊位总数达到40个。打造亿吨级大宗散货泊位群，建成一批30万吨级以上原油码头、40万吨铁矿石接卸码头，以及LNG、煤炭、粮食、化工、汽车等专业化泊位，泊位总数超140个。协同推进深水航道锚地建设，统筹宁波舟山航道锚地规划布局。扩能提升虾峙门、条帚门航道等进港主通道以及一批锚地，完善航道锚地统筹调度使用机制，实现船舶交通物流组织一体化。完善以宁波舟山港为核心枢纽的沿海、沿江、内河港口和陆港网络体系。加强港口、码头等基础设施建设，贯彻国防要求，建立共建共享和配套保障机制，拓展海防和应急应战保障功能。

2. **建设智慧绿色平安港口**。实施全省港口智慧化升级改造，开展智能理货、智能堆场管理、智慧引航等建设，推进全省海洋港口码头装卸、平面运输、堆场作业、引航等环节智能化和可视化。开展梅山港区二期工程智慧港口建设试点，建设1座以上集装箱自动化码头。以鼠浪湖全程智能散货码头为先行，推进散杂货码头自动化改造。打造海上智控平台，提升海上感知能力。推广港区节能环保技术，鼓励"散改集"等绿色运输方式，加强港口集装箱卡车清洁化改造工作。完善配套设施，推广靠港船舶使用岸电。完善港口储罐、安全设施检测和日常管控制度。建立港口危险货物监管平台，构建风险分级管控与隐患排查治理双重预防体系，健全港口安全生产和公共卫生突发事件防控体系，提升海上溢油等应急处置能力。

（二）建设现代航运服务高地

（1）打造宁波东部新城航运服务高地。加强与银行、保险、基金等国际金融机构合作，力争在宁波东部新城设立航运服务企业办事处或分公司，形成多样化的航运金融机构布局。创新航运金融产品，拓展航运金融服务需求。以东海航运保险公司为基础，加强与境内外航运保险公司合作，丰富航运保险服务种类。支持宁波航运交易所持续完善"海上丝绸之路指数"产品和运营体系，扩大指数商业应用范围和国际影响力。大力培育航运电子商务平台，拓展"物联网＋航运物流"产业链。

（2）打造舟山新城航运服务高地。做强国际海事服务产业，发展燃油、LNG、淡水、物资等船供补给服务，完善评估、检测、信息、法务等配套服务功能，深入提升船舶维修水平，增强国际航行船舶保税燃油供油和结算服务的便捷高效性，探索便利化的保税油加注配套服务模式。构建长三角港口群跨港区供油体系，力争国际船用燃料油供应量突破 1000 万吨、进入全球前三，成为东亚燃料油加注中心。加快推进铁矿石配送中心建设，大力发展铁矿石仓储、分销、加工及配送服务，力争铁矿石混配量达到 2200 万吨。

（3）打造一批航运服务新载体。支持大宗商品交易平台升级建设，创新大宗商品现货交易模式，加快建立完整规范的交易规则和仓储仓单体系、供应链金融服务体系、风险管理体系，打造有影响力的价格信息中心和区域价格形成中心。以浙江船舶交易市场为基础，形成集船舶产权交易、船舶拍卖、船舶评估等功能于一体的产业链，做大做强"拍船网"，力争船舶交易占到国内 1/2 市场份额。

（三）建设多式联运港

加快建设现代化内河航运体系，建成一批现代化内河港区。提升义乌国际陆港综合能级，打造成宁波舟山港集装箱重要拓展区。推进金华华东联运新城、金华兰溪港铁公水多式联运枢纽建设，加快丽水海河联运建设，支持衢州打造四省边际多式联运枢纽港。加快合作布局一批长江沿线多式联运泊位及物流园区、分拨中心，提升江海联运服务能力。大力发展海铁联运，加快建设推广"宁波舟山港—浙赣湘（渝川）"集装箱海铁公、台州湾公铁水、乐清湾港区公铁水等多式联运国家示范工程，推动金甬铁路双层高箱集装箱线路建设投运，加快开展梅山铁路支线、北仑货运铁路支线复线、杭甬运河宁波段三期项目研究，争取开工建设，打通出海"最后一公里"。深化建设嘉兴海河联运枢纽工程，全力打造嘉兴长三角海河联运枢纽港。探索推出"高铁+航空""班列+班机"的空铁联运创新产品，共建共享多式联运物流中心。统筹海港、空港、陆港和信息港"四港"联动发展，加快"四港"智慧物流云平台建设，做强"四港"运营商联盟。

六、增强海洋经济对外开放能力

（一）共建"一带一路"国际贸易物流圈

深化与东南亚、南亚、中东欧等"一带一路"沿线国家（地区）合作，合作建设"一带一路"迪拜站,加快形成以"一带一路"沿线国家(地区)为重点的全球化港口布局。高水平建设宁波"17+1"经贸合作示范区,加强与合作区内沿线国家海洋领域贸易合作。完善宁波舟山港至中北亚、中东欧国家的国际贸易通道,优化海外仓网络布局。创新国际贸易"单一窗口"建设,提升口岸服务水平。推进油气能源产业发展,强化与天然气生产国的合作,推动打造海上LNG登陆中心和输送管网。加强国际海洋经济领域研究和技术开发合作。鼓励和引导企业开展国际海洋渔业合作,加强境外远洋保障基地布局和建设。积极参与"海上丝绸之路"蓝碳计划。

(二)共筑长江经济带江海联运服务网

深化与长江沿线各港口城市合作,合力打造高能级多式联运服务体系,大力发展江海联运服务,建立功能完善、服务高效的内地中转分拨基地,加快铁矿石混配、粮食等大宗干散货物配送中心配套建设,形成干支集散配送网络体系。加快推进浙江省海港集团等重点企业在江苏、安徽、江西、湖北、重庆等地布局物流中转基地,大力发展宁波舟山港至长江干线干散货和集装箱江海直达运输、海江铁多式联运,开拓长江沿线腹地市场。积极推进与长江沿线区域港航企业、货主、口岸查验单位间的信息互联共享。

(三)共推长三角一体化港航协同发展

坚持宁波舟山港与上海港"双核并强"发展格局,大力推进长三角世界级港口群治理一体化建设。完善沪浙合作机制,深化以资本为纽带的洋山区域开发合作,加快建设小洋山北侧集装箱江海联运支线码头,共建洋山特殊综合保税区,谋划大洋山合作开发。以舟山洋山、衢山、岱山和宁波部分港区为依托,联动中国(上海)自由贸易试验区临港新片区,共同谋划以油气为核心的自由贸易港。

(四)深度参与国际海洋经贸合作

把握区域全面经济伙伴关系(RCEP)自贸协定签署的机遇,进一步推动区域跨境贸易通关便利化、投资政策透明化。支持电子世界贸易平台(eWTP)全球化布局,加快跨境电子商务模式创新。推进港口营运主体有序"走出去",提高航线全球连通能力和密度。增强对全球航运资源的融合度和影响力,加强与葡语国家等远洋捕捞国际合作,实现成员国经贸合作多赢。

七、优化海洋经济内陆辐射能力

(一) 增强金衢丽省内联动能力

(1) **强化金义浙中城市群核心带动作用。**充分发挥义甬舟开放大通道功能，有序推动宁波舟山港硬核力量西向拓展，高水平构筑陆海统筹、东西互济、量质并举的双向辐射格局。强化义乌国际陆港支撑功能，打造内畅外联、便捷高效的大交通体系，推进临港产业带动沿线先进制造、现代物流、跨境电子商务、影视文化旅游等产业升级发展。

(2) **夯实衢州四省边际中心城市带动作用。**充分依托义甬舟开放大通道西延工程，加快衢州现代综合交通网络和四省边际多式联运枢纽港建设，增加山区县进出口高效物流通道。推动宁波、衢州跨境电子商务综合试验区联动建设。

(3) **助力丽水浙西南中心城市带动作用。**依托浙西南中心城市和跨山统筹发展试验区建设，以瓯江水系为轴带，依托四大诗路文化带，合力打造西延生态文化旅游带，共建跨区域生态廊道，协同创新生态环境联保共治机制，构筑生态经济全国领先的美丽廊道。

(二) 强化跨省域腹地拓展功能

(1) **畅通建设内陆地区新出海通道。**实施海港拓展内陆行动，加快布局一批陆港，拓展提升至重庆、宜昌、武汉、南昌、合肥等内陆港口的集装箱海铁联运班列。积极开展与长江沿线和国内重要内陆物流节点的投资合作，支持其通过自主开发或合作开发、并购或重组等方式扩大重庆、武汉、马鞍山等节点地区的码头布局，提升江海联运能力，推动宁波舟山港成为内陆节点城市的首选出海口。

(2) **畅联内陆地区经贸合作通道。**依托浙江省海洋资源产业发展优势，西南方向深化浙皖闽赣四省联动，推进浙皖闽赣国家生态旅游协作区及四省九方经济区建设，加快衢黄南饶"联盟花园"建设，全面提升省际资源集聚整合功能。加强与武汉、南昌、合肥等城市的产业链供应链对接合作。依托杭州、宁波、义乌等地，探索与西向重要节点城市建立跨境电子商务综合试验区合作机制，共建义乌小商品内陆商贸节点网络、进口商品集散分拨网络，协同打造国内最具竞争力的跨境电子商务集群，共同提升国际贸易"单一窗口"，打造国际一流的国际贸易公共平台。

八、提升海洋生态保护与资源利用水平

(一) 优化海洋空间资源保护利用

(1) 加强海洋空间资源保护修复。坚持开发和保护并重,发挥国土空间总体规划、海岸带保护利用规划的战略引导和刚性管控作用,构建陆海一体开发保护格局。强化海洋"两空间内部一红线"管控,创新建立海洋保护协调机制,推进海域、海岛、海岸线分区分类保护与利用。坚持以自然恢复为主、人工干预为辅,深入实施海域、海岛、海岸线等生态修复。持续开展"一打三整治",加强渔场渔业资源养护。

(2) 加快围填海历史遗留问题处置。划定历史围填海区域"三生空间",纳入省域空间治理平台,加快单独区块处理方案报批,谋划重大产业项目招引,统筹实施重大基础设施、城乡土地有机更新、全域土地综合整治与生态修复工程。实施退填还海、修复滨海湿地、海堤生态化、沙滩修复等工程,推动历史围填海区域生态修复。

(二) 完善健全陆海污染防治体系

(1) 加强近岸海域污染治理。加快落后船舶淘汰,推广绿色修造船。加强沿海码头环卫设施与城市污染防治设施衔接。实施船舶污染防治行动,建立完善船舶污染物处置体系,有效运作船舶污染物接收、转运、处置联合监管机制。深化水产养殖污染防治,大力推广水产健康养殖模式,努力实现海水养殖清洁化、生态化。

(2) 完善陆源污染入海防控机制。加强入海排污口整治提升,深入实施"河长制",重点抓好陆源流域污染控制。深入推进钱塘江、曹娥江、甬江、灵江、椒江、瓯江、飞云江、鳌江等重点流域水污染防治,构建七大入海河口陆海联通生态廊道。实施主要入海河流(溪闸)总氮、总磷浓度控制。加快城镇污水处理设施建设与提标改造,加大脱氮除磷力度。强化畜禽养殖治理,严格执行畜禽养殖区域和污染物排放总量"双控"制度,减少农业面源污染。

（三）增强海岸带防灾减灾整体智治能力

构建海洋防灾减灾"两网一区"（海洋立体观测网、预警预报网和重点防御区）新格局，完善全链条闭环管理的海洋灾害防御体制机制，加密河口潮位站、海洋观测站（点）布设，提升海洋综合立体观（监）测、海洋精细预警预报、风险识别防控、预警服务供给和整体智控等五大能力。推进海岸带保护修复工程，构建海洋生态综合监测评价指标体系，开展海洋生态质量分级评价和分区预警，实现海岸带地区海洋灾害风险整体智治和生态减灾协同增效。加强应急搜救能力建设，健全水上突发公共事件应急管理和海洋公共安全体系。

九、完善海洋经济"四个重大"支撑体系

（一）深化海洋经济重大改革

系统化、集成化实施海洋经济重大改革，推动宁波舟山港一体化2.0改革，推进山海协作升级版改革，探索建立海洋经济核算统计体系，构建海洋实验室创新体系，创新海洋金融投资体系，加强海洋保护地体系建设，实施围填海审批改革。

（二）打造海洋经济重大平台

统筹推进浙江海洋经济示范区建设。提升"17+1"经贸合作示范区能级，深化宁波、温州国家级海洋经济发展示范区建设，协力打造甬舟温台临港产业带、生态海岸带。积极推进杭州钱塘、宁波前湾、绍兴滨海、台州湾等沿海新区建设，提升金义、南太湖新区涉海发展能级。做优做精一批涉海开发区、高新区、综合保税区。加快丽水市生态产品价值实现创新平台建设。

（三）创新海洋经济重大政策

坚持创新引领、先行先试，建立健全海洋财政金融政策，创新集约节约用海政策，协同创新高效口岸监管政策，复制推广开放合作政策，完善海洋经济人才激励政策，升级大宗商品贸易政策，创新海洋旅游发展政策，全力保障海洋经济发展落地实施。

（四）谋划建设海洋经济引领性重大项目

发挥甬台温福沿海高铁项目、甬武海铁联运项目、甬舟跨市互联互通项目、舟山绿色石化基地、生态海岸带示范段、海塘安澜千亿工程、智慧海洋工程、十大海岛公园、"海上丝绸之路指数"2.0、水资源优化配置工程、东海信息能源公共基础骨干管网等重大项目引领性作用，聚焦突破点、增长点和特色亮点，每年滚动推进300个左右海洋经济重大项目。

（课题组成员：秦诗立、毛翰宣、王雨璇、周璐、王艺、徐博文）

浙江省新型城镇化发展"十四五"规划研究[1]

城镇化是现代化的必由之路。2006年，时任浙江省委书记习近平同志首创"坚定不移地走新型城市化道路"。15年来，浙江坚持一张蓝图绘到底，推动城镇化发展不断迈上新台阶，全省城镇化水平牢牢居于全国第一方阵。2020年底，省委省政府将谋划推进新型城镇化工作确定为八个专班化运作的重点任务之一。为推动浙江省新型城镇化工作继续走在全国前列，浙江省发展规划研究院开展浙江省新型城镇化发展"十四五"规划研究，重点是明确今后特别是"十四五"时期浙江省新型城镇化的趋势特征、思路目标、任务举措等。

一、浙江新型城镇化进程的历史方位和时代坐标：迈入成熟稳定发展新阶段

浙江在全国率先实施新型城镇化战略，城镇化进程持续加快。目前全省常住人口城镇化率已突破71%，总体上进入城镇化成熟发展期。

（一）城镇化水平处于全国前列

"十三五"以来，浙江省深入实施新型城镇化战略，各项工作取得明显成效，城镇化整体水平稳居全国第一方阵。一是人口加速流入，城镇化率居国内前列。

---

[1] 该项目由浙江省发展和改革委员会委托。

不断完善基础设施和公共服务，持续增强城市的竞争力、吸引力和承载力，推动浙江成为全国主要的人口流入地之一，常住人口增量连续三年排名全国第2位。城镇化率达71%，居全国各省区第3位。二是户籍制度改革全面深化，人口市民化水平不断提升。建立城乡统一的户口登记制度，实行按居住地登记户口的迁移制度，城镇落户条件全面放开放宽。新型居住证制度实现全省覆盖，90个县（市、区）全部建立与居住证挂钩的基本公共服务提供机制。三是"四大建设"深入推进，区域发展更加均衡协调。统筹推进大湾区大花园大通道大都市区建设，省域空间格局不断优化，以大都市区为引领的城镇化格局初步形成。区域发展较为均衡，是高水平协调发展的全国样板。四是城乡融合发展格局基本形成，城乡差距进一步缩小。坚持实施城乡统筹发展战略，持续推进美丽城镇、美丽乡村建设，深入推进"千村示范、万村整治"和农村综合改革，城乡居民收入差距缩小至1.96：1，保持全国各省区最低。五是数字浙江建设持续深化，城乡治理方式迭代升级。首创实施"最多跑一次"改革，政务服务事项在全国率先实现"一网通办"。全面推动政府数字化转型，"浙里办"网上可办率达100%，"浙政钉"实现省、市、县、乡、村、小组全覆盖，"8+13"重大标志性应用落地，11个跨部门场景化多业务协同应用上线运行。六是特色载体建设成效显著，形成了一批强县和特色镇。因势利导推进县和小城镇建设，竞争力和影响力持续扩大。2020年中国百强县中，浙江占24席，数量居全国第一。深入实施小城市培育试点，60多个试点镇中，有48个进入全国综合实力千强镇，龙港成功撤镇设市。

（二）对标更高要求尚有提升空间

对标社会主义现代化先行省的标准和要求，浙江省城镇化进程中的不平衡不充分问题依然存在，主要表现为三个方面。一是中心城市能级和辐射带动作用还需进一步提升。杭州作为省会城市的引领带动作用有待进一步加强。宁波市辖区面积较小，空间拓展受限。温州中心城区首位度不高，对所辖县（市、区）的统筹能力不强。金华综合实力相对较弱，辐射带动和要素吸引力整体偏弱。其他设区市的综合实力也不及发达省份的同位城市。二是城市建设治理水平和韧性还需进一步提升。城市地铁、快速路、智慧停车等现代化交通设施建设相对滞后，公共交通出行比例较低，交通拥堵、停车难等问题十分突出。一些城市防洪排涝设

施不足，连续暴雨天后"城市看海"现象偶有发生。精细化治理水平不高，对韧性城市、智慧城市等现代城市的规划建设理念认识不够到位。三是公共服务资源供给能力还需进一步提升。一些城市公租房缺口较大，远不能满足当前实物住房保障的需要。优质医疗资源总量不足与布局不平衡并存，基本公共卫生服务有待提质扩面。医学高峰不高，基层服务能力不强。不少城市公办学校不足，教师编制紧缺，优质教育资源普遍供不应求。城市幼托、养老、家政等设施也明显不足，县城短板更为突出。

（三）今后一个时期的新趋势新特征

浙江省城镇化进入成熟期后，发展速度、人口结构、空间格局、承接载体、群众需求等都将呈现出新的趋势与特征。一是人口向城市迁移和集聚仍是大趋势，但速度将逐渐放缓。近十年来，浙江省城镇化率增长速度呈现趋缓态势。今后一个时期，省内农村人口和省外人口还将进一步向城市集聚，但城镇化率不会大幅增长，预计将降至年均1个百分点以内。二是人口老龄化趋势加快，劳动人口呈减量化、高素质化特征。据相关预测，2035年浙江省常住老年人口占比将超过30%，进入深度老龄化社会。常住劳动年龄人口数量在2021年达到峰值后将逐年减少，但受教育程度将不断提高，高学历、高技能人才比例将大幅攀升，由人口"数量"红利转向"质量"红利。三是区域一体化发展态势明显，大都市区逐步成为新型城镇化的主体形态。近年来浙江省城市区域化、区域城市化特征十分明显，杭州、宁波、温州、金义四大都市区核心区以不到全省40%的面积集聚了全省68%的常住人口。今后城镇化重心还将进一步向大都市区转移，以中心城市为核心、带动周边中小城市和小城镇一体化发展的格局形态将更加凸显。四是县城的功能作用日益凸显，成为就地就近城镇化的重要载体。以县城为载体推进城镇化建设是国家今后一个时期的重要政策导向。浙江省县城城镇化基础扎实，53个县城集聚了全省26.3%的人口。"十四五"时期，随着县城补短板强弱项的深入推进，县城的公共服务能力和人口承载能力将进一步增强，成为就近就地城镇化的重要节点。五是数字化改革进程进一步提档加速，城乡社会各领域将发生广泛而深刻的变革。数字化改革是数字浙江建设的新阶段，是政府数字化转型的拓展和升级，浙江将全面推动数字化改革，加快推进党政机关整体智治、数字政府、数字经济、数字社会、数字法治等系统建设，引领和撬动全方位各领域改革，"数字红利"将带动城乡居民生活质量的根本性变革和提升。六是人民更加追求品质化生活，不同群体诉求趋于多元化。浙江省人均GDP已超15000美元，率先达到"高收入"标准，人民对美好生活的向往更加强烈，新生代农民工对稳定就业的需求不断扩大，大学毕业生对住房和收入的期待越来越高，老年人对医疗和养老服务的需要日益加大，小镇青年对互联网创业和服务的要求不断提高，城市贫困群体需要更多的关心和救助。

二、新发展阶段浙江省新型城镇化工作的总方针：全面实施以人为核心、高质量为导向、面向现代化的新型城镇化战略

（一）推进新型城镇化的总体思路和基本遵循

坚持新发展理念，坚持系统观念统领和数字化改革赋能，忠实践行"八八战略"，奋力打造"重要窗口"，全面实施以人为核心、高质量为导向、面向现代化的新型城镇化战略，围绕"布好局、化好人、建好城、育好产、带好乡、治好城"，实施一批牵一发动全身的关键举措，推动城镇化空间布局和形态持续优化、农业转移人口全面融入城市、城市更加健康安全宜居、城市产业加快创新转型、城市治理体系和治理能力现代化、城乡融合发展水平不断提升，为浙江省基本实现高水平现代化发挥重要支撑和引领作用，努力打造全国城镇协调发展标杆地、城乡融合发展样板区，使其成为浙江展示"重要窗口"的标志性成果。

推进新型城镇化过程中要遵循五个原则：坚持以人为本，推动城镇化由以往的"重物质、重数量"向"重人文、重质量"转变；坚持统筹布局，推动城镇化由以往的"粗放式"外延扩张向"精细式"内涵提升转变；坚持城乡一体，推动城镇化由以往的城乡不平衡发展向城乡融合发展转变；坚持增存有序，推动城镇化由以往的"重新城轻老城、重地上轻地下"向"新老兼顾、上下并重"转变；坚持建管并重，推动城镇化由以往的"重建设、轻管理"向"建管并重"转变。

（二）"十四五"时期和2035年主要目标

围绕2035年浙江基本实现高水平现代化的总目标，全面实施以人为核心、高

质量为导向、面向现代化的新型城镇化战略，力争"十四五"末实现以下四个方面的目标：

——率先形成更加协调、更有效率的城镇化格局。以大都市区为主体形态的城镇化空间格局全面形成，中心城市在统筹资源配置中起主导作用，杭甬"双城记"进一步唱响，大中小城市和小城镇协调发展，综合竞争力、承载力和吸引力进一步增强，四大都市区核心区经济总量占全省比重超75%。

——率先实现更高质量、更广覆盖的农业转移人口市民化。全省城镇化水平跨上新台阶，常住人口城镇化率达75%。农业转移人口市民化质量全面提升，教育、医疗、住房等基本公共服务体系日益完善，实现城镇常住人口全覆盖。农业转移人口职业技能显著增强，就业更加充分稳定。

——率先建成更加宜居、更具韧性的现代城市。城市功能、服务和治理现代化水平显著提高，人居环境和生活品质持续优化，"大安全、大应急、大减灾"保障体系不断健全，城市韧性、魅力和活力充分展现，居民的幸福感、获得感、安全感进一步提升。

——率先走上更为和谐、更趋共享的城乡融合发展道路。资源要素双向流动、城乡互促共进的新格局基本形成，城乡融合发展水平进一步巩固提升，城乡居民人均可支配收入比缩小到1.90 ：1，全省县域内融合型、共建型模式的教共体占比不低于80%，城乡居民共享新型城镇化发展成果，在实现共同富裕的道路上继续走在前列。

围绕至2035年浙江基本实现高水平现代化并成为新时代全面展示中国特色社会主义制度优越性的重要窗口的宏伟目标，把人民对美好生活的向往作为浙江省新型城镇化建设的根本出发点和落脚点，持续实施以人为核心、高质量为导向、面向现代化的新型城镇化战略。力争至2035年，率先实现人的现代化、城市现代化、产业现代化、治理现代化、城乡一体化，全省常住人口城镇化率达到80%左右，城乡居民收入比降低到1.60 ：1左右，全面建成全国新型城镇化示范省。

三、"十四五"时期浙江新型城镇化建设的着力点：实施六大任务、二十三项重点举措

（一）围绕"布好局"，高水平构建大中小城市协调发展的城镇化新格局，解决"人到哪里去"的问题

优化布局是新型城镇化的重要内容，没有科学合理的空间布局，就没有以人为本的城镇化。"十四五"期间，考虑以大都市区建设为引领，统筹推进中心城市、县城和小城镇建设，打造长三角世界级城市群金南翼。

（1）**建设现代化国际化大都市区。**构建以大都市区为主体形态的"四核四带四圈"的空间布局，深入实施大都市区建设行动，实施大都市区同城化"五个一"工程，加快省内一体化合作先行区建设。

（2）**唱好杭州、宁波"双城记"。**推动杭州、宁波高水平协同发展，支持杭州建设社会主义现代化国际大都市，支持宁波建设高水平国际港口名城。

（3）**提升区域中心城市能级。**增强中心城市的首位度和竞争力，提升中心城市统筹资源配置能力，推动建设用地、用海资源和产业、科技、人才等高端要素向中心城市集中集聚，高水平推进新区建设，积极培育城市中央活力区，选择高铁站、地铁口、公交枢纽等重要节点打造"15分钟职住平衡"示范圈。

（4）**强化县城的重要载体作用。**积极实施"百县提质"行动，推进以县城为重要载体的城镇化建设，加快推进新型城镇化示范县创建，推进桐庐、宁海、海盐、武义、长兴、岱山、缙云、诸暨、乐清、温岭等10个国家示范县创建，分类推进县城差异化特色化发展，实施"县城强身"计划，推动长三角生态绿色一体化发展示范区嘉善片区建设，深化龙港新型城镇化综合改革。

（5）**推进小城镇特色发展。**深入实施"千镇美丽"行动，打造1000个环境美、生活美、产业美、人文美、治理美的"五美"城镇。创新推进小城市培育试点，实施小城市培育三年行动计划，探索开展面向特大村的小城市培育试点。全面实施千年古城复兴，加快实施千年古城复兴计划，开展全省千年古城复兴试点创建，分批开展30个左右试点，打造浙江新型城镇化"新名片"。

（二）围绕"化好人"，高质量推动农业转移人口全面融入城市，解决"人的身份和权益"问题

推进农业转移人口市民化是新型城镇化的核心任务，也是打消农民顾虑、加快融入城市生活的有力举措。"十四五"期间，要争取率先实现农业转移人口与城镇人口之间身份平等、机会同等、服务均等、权益对等，推动人在城市的全面发展。

（1）**持续深化户籍制度改革**。推动杭州探索实施分区域的差异化落户政策，其他城市与地区全面落实租赁房屋落户政策。探索实施"一固定、两挂钩"户籍政策，推动杭州市区以外城市和地区试行以经常居住地登记户口制度，允许进城落户的农业转移人口同时享受城镇基本公共服务和原有农村权益。探索实施长三角城市群跨区域积分累计互认。推动全省城镇范围内逐步实行"户口通迁"。

（2）**深化新型居住证制度**。强化基本公共服务与居住证挂钩，推进城镇基本公共服务向常住人口全覆盖，探索以居住年限和社保缴纳情况挂钩为主的紧缺优质公共服务梯度供给制度，建立健全新型居住证办理与转换制度，推动实现"以居民身份证为载体、以居民身份证号码为主键，居住证、市民卡等电子化附属"的多证合一，探索建立全省居住证互认转换机制，简化加速省域内城市间居住证转换办理手续。

（3）**完善"人地钱挂钩"激励性配套政策**。完善农业转移人口市民化统计口径，建立常住人口常态化统计机制，科学确定城市吸纳农业转移人口规模，推动资源要素在省域内合理配置和有序流动，深化"人地钱挂钩"政策，推动常住人口增长规模与城镇建设用地规模及公共服务设施用地保障相匹配，加大农业转移人口市民化奖励资金支持力度，建立义务教育生均公用经费基准定额动态调整机制。

（三）围绕"建好城"，高品质建设面向未来的现代城市，解决"人在城市生活更美好"的问题

高品质的城市建设不能只考虑经济发展的需要，要把生活、生态摆在更加突出的位置。"十四五"时期，考虑通过宜居、智慧、韧性、人文城市建设，让城市成为人民幸福美好家园。

(1) 打造绿色和谐的宜居城市。实施城市有机更新，推动未来社区理念在老旧小区改造和新建社区中全面推广，加快推进老旧街区改造，完善非机动车道和行人交互系统、过街设施，深入推进全域"无废城市"建设，加快发展绿色建筑，完善公园和绿道体系，健全城市路网系统，加快构建综合、智能、安全的立体化、现代化城市交通体系，推进基本公共服务均等化、普惠化、便捷化，高质量推进教育现代化，扩大普惠性养老、幼儿园和托育服务供给，完善住房市场和住房保障体系。

(2) 打造运行高效的智慧城市。加快全省"城市大脑"建设，完善"城市大脑"基础设施，开展未来社区数字化协同发展试点，深入实施数字生活新服务行动，加快构建数字基础设施体系，加快智能化基础设施建设，提升省市两级公共数据平台能级，完善全省公共数据目录，制定政府数据开放共享标准体系，健全城市要害信息系统，实现数据共享赋能。

(3) 打造安全灵敏的韧性城市。加强应对风险的韧性能力建设，探索建立城市"体检"工作制度，完善公共卫生服务和重大疫情预警、救治、应急处置机制，完善应急避难场所和应急救援装备设施建设，建立健全城市群、都市区城市应急防控救援协同机制，加快城市地下交通网络、地下商业设施等建设，实施城市地下市政基础设施提标改造专项行动，探索开展地下综合管廊多型化建设，推进"立体枢纽"建设和土地综合开发，打造一批"隐形城市"示范工程。加快"海绵城市"建设。

(4) 打造包容共享的人文城市。加快全龄友好城市建设，关注"一老一少"和特殊群体，全面落实无障碍环境建设，推进社区公园无障碍设计改造提升，构建全龄友好、便捷舒适的公共空间。完善社区居家养老服务功能，实施适老化示范房建设改造工程，打造安全无障碍的学径网络，深入推进文明城市创建，实施文明好习惯养成工程，完善公共信用评价体系，加快推进文化浙江建设，谋划实施重大文化印记塑造工程。

(四)围绕"育好产"，高层次打造以现代产业为支撑的创新型城市，解决"人的创业和就业"问题

产业是城镇化的重要基石，离开了产业支撑，城镇化就会成为空中楼阁。

"十四五"时期,要重点聚焦创新型城市建设,推动产业转型升级。

(1) **打造世界一流创新策源地**。加快构筑城市高能级创新平台,集中力量建设杭州城西科创大走廊,加快建设宁波甬江、嘉兴G60、温州环大罗山、浙中、绍兴等科创走廊,加快培育国家战略科技力量,全力打造国家实验室,支持省重点实验室开展多学科协同研究,大力发展一批高等级大科学装置,加快全球创新资源集聚,建设全球高素质人才蓄水池,实施"鲲鹏行动"等引才工程,实施新时代工匠培育工程和"金蓝领"职业技能提升行动。

(2) **建设新产业新业态集聚地**。超前布局未来产业,加快建设一批未来产业先导区,打造未来技术应用场景,大力发展新兴业态,深入实施数字经济"一号工程2.0版",加快推进数字产业化,选择一批有条件的城市打造国家数字经济试验区建设,积极推进"都市农业+""文旅+""互联网+"等融合型业态,促进现代服务业和先进制造业深度融合,升级打造特色小镇2.0版,着力实施小镇提升八大工程。

(3) **构筑升级版"双创"新高地**。高水平建设国家自主创新示范区,持续推进省级双创示范基地建设,积极构筑多元创业创新空间,打造创业创新人才友好型社区,推行面向创业创新人群的小户型、强混合、小配套居住单元。开辟建筑内街道、中庭、咖啡厅、书吧等服务各类创新群体的新型非正式社交空间。

(五) **围绕"带好乡",高标准推动城乡融合发展,解决"人和要素在城乡自由流动"的问题**

推动城乡融合发展是实现共同富裕的重要路径,也是新型城镇化的应有之义。"十四五"期间,要打破限制城乡人口和各类要素自由流动的"玻璃门""旋转门""卷帘门",统筹推进新型城镇化和乡村振兴战略。

(1) **推动城乡基本公共服务均衡配置**。全面组建城乡教育共同体,推进"互联网+义务教育"示范区建设,全面推行中小学教师"县管校聘"管理改革。积极完善"双下沉、两提升"长效机制,高水平深化推进医联体和县域医共体建设。积极打造一批"15分钟城乡养老服务"示范圈,完善城乡居民基本养老保险待遇确定和基础养老金正常调整机制,实施基层公共文化服务"三送一走"工程和"四提升四覆盖"全民健身工程。

(2) **推进新时代美丽乡村建设。** 推动乡村基础设施提档升级，创新城乡基础设施一体化投入和管护机制，加快建立管护主体、人员和经费保障机制，探索专业化、市场化管护模式，高水平推进"四好农村路"，深化实施"千万工程"，深化农村垃圾、厕所和污水"三大革命"，深入开展美丽乡村示范县、示范乡镇、风景线、特色精品村和美丽庭院"五美联创"。积极推进数字乡村建设，支持德清、平湖、慈溪、临安等地开展国家数字乡村试点。

(3) **健全"两进两回"长效机制。** 积极争取国家城乡融合发展基金，建立健全农村信用体系，强化金融支农政策手段，鼓励工商资本参与乡村产业发展和基础设施建设，深入实施农村工作指导员制度，实施"归雁计划""扬帆工程"，实施"青春助力乡村振兴"专项行动，探索建立职业农民培育长效机制，开展新型职业农民培训示范基地建设行动，深化实施乡村合作创业带头人培训行动。

(4) **探索农村权益价值实现机制。** 鼓励进城落户农民依法、自愿、有偿转让退出农村权益，加快完成全省各类农村资产确权登记颁证，探索建立农村集体经济组织成员转移备案证制度，完善农村承包地"三权分置"制度，健全农村宅基地成员资格权有偿退出机制，探索农村集体经营性建设用地入市制度，积极完善省、市、县、镇四级农村交易中心，深化农村集体资产股份合作制改革，探索农村集体经营权资产股权向非集体经济组织人员开放。

（六）围绕"治好城"，高效能推进城市治理体系和治理能力现代化，解决"城市更智慧、人民更幸福"的问题

城市治理是国家治理体系和治理能力现代化的重要内涵，一流城市要有一流治理。"十四五"时期，着眼浙江省城市发展中的突出问题，以科学化、精细化、智慧化为目标，完善城市治理结构，提高城市运营和资源配置效率，全面提升城市治理水平。

(1) **提高国土空间规划水平。** 充分评估资源环境承载能力和国土空间开发适宜性，建立健全城镇地下空间开发利用协调机制，健全公众参与规划管理机制，健全"多规合一"的规划协同机制，健全国土空间治理数字化平台，实施国土空间数字化治理工程，完善城乡区域协调发展的空间治理体系，完善地下空间开发利用管理制度，创新"飞地经济"合作模式，建立国土空间规划"留白"机制。

（2）推动治理领域数字化改革。推进党政机关整体智治系统建设，高水平建设数字政府系统，持续完善"浙里办"一体化政务服务平台、"浙政钉"政务协同办公平台，健全全省统一、线上线下融合的政务服务体系，全面推动数字法治系统建设，积极打造政法一体化办案、综合行政执法、社会矛盾纠纷调处化解三大集成应用，推动法治建设质量变革、效率变革、动力变革。

（3）提升基层社会治理能力。推进社会治理领域"最多跑一地"，推进县级矛盾纠纷调处化解中心全覆盖，加强信访依法治理，加强和创新城乡"网络化"综合治理，加强"基层治理四平台"运行管理和全科网格建设，健全城乡社区"网格化"管理体系，建设全省一体化公共信用信息平台，加强个人信用档案建设，优化自治、法治、德治融合的基层治理方式，优化城市治理公众参与平台，推动多元主体共同参与城市治理，深化社区、社会组织、社会工作者"三社联动"的城市治理模式。

（4）加大配套改革力度。健全完善城镇低效用地再开发政策，深化亩均论英雄改革，健全城镇增量建设用地合理增长机制和区域间合理分配机制，加快推进农村集体经营性建设用地直接入市。统筹安排财政资金投入、政府投资、地方政府债券发行，全面推进地方融资平台公司市场化转型。推进生态产品价值实现机制改革，深化丽水市生态产品价值实现机制国家试点，完善绿色发展财力奖补和生态补偿机制，健全排污权、用能权等交易制度。

四、推动新型城镇化战略落地的保障措施：健全体系化推进、闭环式管理的规划实施机制

新型城镇化是一项综合性强、涉及面广的系统工程，需要强有力的组织保障和各级各部门的密切配合才能确保各项工作高质量完成，因此必须形成一套完善的工作机制。考虑从以下五个"强化"着手，构建数字集成、系统推进、整体智治、精密智控、闭环高效的规划实施机制。

（一）强化组织领导

建立由省领导挂帅、省级有关部门协同、上下联动的新型城镇化工作领导机

制,加强顶层设计和部署推动,定期召开工作会议,研究审议重大规划、重大政策,协调重大问题和重大事项,为各级各部门落实推进新型城镇化工作提供坚实的组织保障。

(二)强化政策保障

研究制定人才、户籍、用地、用海、财政、金融、价格、环境容量等专项政策,加大对新型城镇化重大平台、重大工程、重大项目的倾斜保障,建立健全改革容错机制,激励各地更好落实推进相关工作。各地要积极谋划制定地方配套政策,全面参与和推动新型城镇化建设。

(三)强化工作推进

围绕规划制定新型城镇化年度实施方案,细化分解年度工作任务、具体举措、节点安排和责任分工,实行重点工作清单化管理、体系化推进,用好用足各级各部门的资源力量,加强工作协同配合,以钉钉子精神切实抓好各项目标任务落地见效。

(四)强化监测评估

抢抓数字化改革先机,集成城镇发展数字化管理系统,应用数字化手段强化任务触发、服务指导、日常监测、总结评估等环节的闭环管理,持续推动城镇化数字平台迭代升级,构建科学决策、高效执行、精准服务、综合评价、整体智治的执行链,保障新型城镇化更高质量、更高水平的发展。

(五)强化绩效考核

突出考核的"指挥棒"作用,建立健浙江浙江省新型城镇化工作考核评价体系,精准开展年度绩效考核和督查激励。强化考核结果应用,建立考核结果与奖惩挂钩机制,对力度大、成效明显的地方和部门予以激励,工作滞后的给予通报等处理。

(课题组成员:汤欢、王辰、程振波、王莹、周洲、方康恒、方园)

浙江省大都市区人口与经济空间集聚规律及政策优化建议[1]

一、国内外都市区要素资源集聚的经验规律

（一）人口流动规律：郊区化、再中心化与环境承载适配

(1) 从全球人口流动趋势看，以大都市区（圈）为载体的集聚趋势仍在增长，正不断强化人口集聚的规模效应。联合国的统计数据显示：1950—2018年，人口在500万～1000万之间的特大城市群由4个上升到48个，1000万以上的巨型城市由2个上升到33个，至2030年预计人口1000万以上的巨型城市将增加至43个，约占全球人口的8.8%，500万～1000万之间的特大城市将有66个，约占全球人口的5.2%。以美国为例，其人口分布对大都市区的依赖持续增长。美国人口普查数据显示，2018年美国十二大都市区人口从2000年的7779万人增至1.2034亿人，占全国人口比例从2000年的27.6%增至36.8%，占比上升9.2个百分点；人口超过百万的大都市区从2000年的49个增加至2018年的61个，其百万人口以上城市的人口之和占全国人口的比例为68.4%，比2000年上升15.4个百分点。再以日本为例，日本首都、近畿、中部三大都市圈是人口主要集聚地。2015年三大都市圈人口合计占日本全国总人口的52%。其平均规模尤其是占全国的相

---

[1] 该项目由浙江省生态环境厅委托。

对比重之大，均显著超过欧美发达国家。其中东京首都圈又是三大地区中人口吸引力最强的，该地区成为日本在总人口下降的现状下实现人口增长的地区。根据日本人口统计局数据，2018年底，东京圈的总人口同比微增0.41%至3661万人。而2019年日本全国人口为1.248亿人，比2018年减少了145万人，降幅达到1.15%。

(2) 从都市区内部人口流动结构看，中心城区人口经历大起大落的同时其郊区人口则在持续增长，郊区的壮大与城市复兴并存互动，进一步增强了都市区人口承载能力。在城市化发展前期，大量人口涌入中心城区，导致中心城区公共设施压力过大、生态环境恶化，引发城市富裕人口向郊区迁徙。在工业化初期，受集聚经济效益的驱动，人口在城市高度集聚，由于城市发展包括基础设施建设以及公共服务能力等都未能适配人口的增速，导致中心城区人居环境恶化，犯罪率飙升，加上就业岗位外迁等外部因素，导致人口流失。城市化发展中后期，中心城区加快产业升级和功能再造，实现了人口回流尤其是高端服务从业者的回归。一方面，西方国家针对中心城区衰败问题提出了城市更新和内城改造计划，通过贫民窟清理、公有住房建设和重点区块开发等工程，使中心城区重新焕发活力。中心城区依赖良好的区位条件，积极发展无污染、信息化的金融、高科技产业，提供了更多的就业岗位。近年来随着伦敦、纽约和东京的城市中心区在新的全球性金融、管理和专业服务的带动下，经济再次开始增长，这些地区的人口占城市总人口的比例也开始稳定甚至回升，如东京中心城区在经历了20世纪90年代的金融危机后就业人口增长率达到年均2.6%，美国大都市区中心城市的人口在1980—2000年间年平均增长1.15%，比20世纪70年代的0.63%有了大幅度的提高。

(3) 年轻人群大量涌入集聚都市区，有利于重塑本地人口年龄结构，有效地缓解了人口老龄化进程。以日本东京都市圈为例，20世纪50年代之前，伴随大量人口的迁入，使得自然增长在东京大都市圈人口总量的增加只占次要地位，但从60年代中期"逆城市化"增强以来，自然增长即逐渐占据主导地位，近年随着人口迁移进一步萎缩，东京大都市圈人口变动基本上已完全依赖于自然增长。相比较而言，首都圈于1978年进入老龄化阶段，比全日本晚了9年。1995年其

65岁及以上老人比重比全国平均数低2.3个百分点。其中东京圈老人比重仅为11.6%,紧邻东京都的神奈川县、千叶县和琦玉县居住了数以百万计的在东京工作、上学的中青年,其年龄结构是全日本相对最年轻的。

（4）现代城市管理技术和设施营建网络的迭代完善,推动了都市区人口承载和环境适配能力的动态升级。新一代智慧信息技术的广泛应用、交通运输网络的完善、环境污染处置和公共卫生防护到位,使大城市治理能力和运行管理体系更加成熟,并实现更大腹地、更精细化的治理管控,由此支撑承载更大的人口规模。例如,早在1863年伦敦地铁建成之时,便可每年运送旅客900万人次,有效缓解了人口快速涌入导致的交通拥堵问题,也使得城市交通腹地不断扩大;又如,北京2004版总规考虑水资源紧缺,限定人口规模控制在1800万左右,但后来的南水北调工程解决了三分之一用水需求,有力地保障了人口规模突破2000万;再如,杭州城市"智慧大脑"的应用使得杭州城市拥堵指数在全国的排名由第5位降到了第57位。

（二）产业发展规律:服务集约化与腹地经济的带动扩张

（1）集聚规模经济推动中心城区产业结构向服务化、集约化和高端化发展。由于大城市中心城区拥有更加庞大的商品和服务市场以及高度发达的运输、电信网络,各种经济要素在中心城区集聚,降低了交易成本,促进了最初工业化时代的人口规模集聚,并促成了生活性服务业的产生。在此基础上,以信息技术为代表的服务业发展将城市发展推向了后工业时代,劳动需求由以工业为主转向以服务业为主,实现了由工业经济形态向服务业经济形态的转变,也进一步推升了中心城区用地价格,挤压并促进了低效产业向外围郊区腾退。由于争抢更优区位竞争带来的产业空间重组演化不断推进,进一步推动中心城区产业结构向高端服务业演化,并形成"中心服务-边缘生产"的产业分工网络。[1]如日本在第二次世界大战以后发展了具有本国特色的柔性制造体系。这个体系不再强调大规模、标准化生产,而是在各企业之间形成水平网络化结构,强调企业之间迅速、非正式的交流,结果促进了企业的进一步集中。由于空间有限,企业只能将自己最核心的

---

[1] 一个城市在自由竞争条件下的均衡地租曲线,由于越靠近中心,其收益越大,运费越小,同时地租也越高,从而形成围绕中心商业区分布的环形土地利用模式。即阿隆索假设。

决策部门放在中心城区,将设计、研发等部门放在近郊区,而将生产部门放在远郊区。这样就形成了都市圈的圈层结构。

(2) 多元文化和资本集聚推动都市中心成为科技创新和未来产业的策源地。由于都市区拥有多元文化的交流互动、生产资本的积累、知识投入的增加以及鼓励"干中学"等更加宽松包容的创新氛围,为高科技产业提供了便利的设施、多样化且充足的劳动力供应、金融和实物资本、国内和国际市场渠道、技术和知识的基地等,更成为新兴产业的策源地和城市动能增长极。从空间角度看,知识溢出具有极强的区域性,地理上的接近缩短了思想交流的距离,促进了企业和个体之间的知识流动,作为社会组织和网络的集合,城市恰是人力资本的熔炉,亦是创新思想的孵化器(Duranton and Puga,2001)。并且,信息技术的发展并不改变集聚对知识溢出的重要性[1],由于新知识的诞生和新思想的萌芽必须经过反复试错才能完成,长期、频繁且深入的互动和微妙的心领神会必不可少。正因如此,美国绝大多数新兴产业如计算机硬件、计算机软件、电信设备、光学设备、互联网发布和管理咨询都起步于大都市区。一些大都市区的高科技部门不仅在美国而且在全世界都占有举足轻重的地位,如圣何塞的计算机硬件产业、西雅图的飞机设计与制造业、罗切斯特和纽约的摄影设备和应用部件产业等。

(3) 中心腹地的进一步扩大导致节点城市功能等级的扁平化和经济网络的交错渗透。随着网络信息的应用和区域交通体系的不断完善,冲击了原有等级化、规模化的城市空间,使得都市区中心城市与次区域以及各类网络节点型的专业性功能城市的空间组合方式更加灵活,城市之间通过城市流(交通流、信息流、资金流、人才)实现互动,都市区扩张趋势更加明显,在市场经济自组织力作用下,城市产业分级呈现出扁平化特征,即高等级中心城市服务腹地进一步拓宽,自身功能进一步向科技、金融、信息等更高端化服务业升级,并衍生出全球城市、世界城市等首位城市;而地区传统的次级中心城市由于其直接腹地空间受到多个强中心城市辐射,原有中心功能趋弱,但越来越多地显示出专业化节点功能,如东

---

[1] 国务院发展研究中心宏观经济研究部,等.迁徙的人,变动的城——大数据视角下的中国城镇化[M].北京:中国发展出版社,2019:103.

京-横滨、纽约-波士顿的关系。国内学者程遥、赵民等（2016）[1]利用企业总部与分支机构数据对长三角主要城市数据进行演化分析，结果显示，上海核心城市腹地不断扩张，杭州、南京等省会城市得益于其自身较强的中心功能和省会地位，也发展和确立了自身的城市腹地，而宁波、苏州等次中心城市由于更多整合融入较高等级城市网络，其自身中心-腹地网络关系已退居其次，更多呈现出专业化的功能。

4. **利用大都市区资源要素集聚优势全面参与全球化市场竞争。**在全球化、信息化的新形势下，大都市区更成为引导时代潮流的先锋和砥柱。当各国为地理上和政治上的界线所限制时，大都市区却因各种跨越边界、国界的经济活动而成长和壮大，成为全球化竞争的真正参与者。例如，投资银行和有价证券在纽约进行着交易，同它们在伦敦、法兰克福和香港的对手竞争，计算机工业的竞争则主要在圣何塞、波士顿、达拉斯之间进行。1999年，美国大都市区创造的国内生产总值达到76500亿美元，占美国国内生产总值的85%，全国有1.08亿人在大都市区就业，占整个国家就业人数的84%。1999年，美国最大的10个大都市区的总产值之和达到22000亿美元，超过了德国和法国的经济总量，洛杉矶大都市区的经济总量也超过了俄罗斯和阿根廷。

（三）形态组织演变：集聚——扩张——重组的交替演化机制

随着城市化进程从起步——加速——成熟发展演化过程，呈现出"集聚——扩张——重组"的交替演化过程，研究选取与浙江人口、用地规模相当的韩国[2]为例，其中汉城[3]都市区形成始于20世纪60年代韩国工业化快速启动时期，70年代中期初步形成，90年代趋于成熟稳定。在这几十年的时间里，汉城都市区城市发展水平不断提高、空间结构不断优化、城市化建设成果不断巩固，从汉城的一城独大发展到区域的整体崛起，从人口、产业等的中心集聚发展到区域均衡布局。结合汉城都市区案例，将大都市区形态组织演变分为以下四个阶段：

（1）**中心集聚快速发展阶段。**在极化效应的作用下，人口与产业不断向城市

---

[1] 长三角城市群的空间组织特征与规划取向探讨——基于企业联系的实证研究[J].城市规划学刊，2016（4）.

[2] 韩国国土面积9.96万平方千米，总人口4800万人，与浙江相当。

[3] 韩国首都，2005年改名首尔。

聚集，形成人口、产业、资本、技术高度聚集的大城市，核心城市规模迅速扩张，完成人口规模由小到大、城市功能由弱到强的发展过程。在西方发达国家，这一阶段大约开始于20世纪初，到30年代大城市人口增长达到高潮。而在韩国，其城市化率由1960年的28%提升至1980年的57%，这一时期成为中心城区加快集聚发展阶段。最有代表性的是汉城跨江发展和汝矣岛金融中心建设。1970年韩国政府启动汉城跨江发展，直至90年代南北两岸人口分别达到500万左右，北岸老城区用了600年时间建成，南岸区发展仅用30年时间。通过架设大桥、搬迁韩国国会议事堂和韩国证券交易所等方式将部分首都功能向汝矣岛搬迁，2002年汝矣岛作为金融聚集区开始进入全面开发阶段，现在已经成为韩国首屈一指的综合金融中心区，使汉城成功跻身全球金融中心的行列。

(2) **中心限制与稳定发展阶段**。一方面，由于核心城市规模过大，导致了一系列规模不经济现象，政府采取一系列手段限制中心城市发展，城市中心区也加快了功能升级和结构转换，控制和管理功能进一步向中心区集中。例如，汉城政府通过制定一系列政策，分散工业、学校和政府机关，1971年修订《城市规划法》，规定绿化带制度，并开始设置开发限制区域，首先设置在以汉城为首的大城市周边区域，后逐步扩大设置于中小城市周边地区。针对汉城地区生产部门和政教部门疏散，先后于1972年颁布《汉城土地利用控制》、1977年颁布《工业分散法》和《环境保护法》等，将污染工业强行迁至汉城西南的安山新城。

(3) **中心扩散与外围发展阶段**。另一方面，城市用地开始向用地潜力大的郊区扩展，人口、产业外迁，都市外缘郊区中心成为新增长极，轨道交通、高速公路等城郊一体化的基础设施网络加快建设，助力都市圈腹地扩张延伸。20世纪60—80年代，韩国政府一直在推行新城政策，以改变人口和产业过度集中的汉城。新城政策在各个阶段有不同的具体任务和目标。20世纪60年代初根据当时的区域振兴政策而推进，开发了昌元、骊川、丘尾等新城市。70年代，新城市建设政策是以重化工业的疏散为重点，80年代以来，韩国加快卫星城建设，由1980年的6个增加到90年代的16个，汉城的部分城市功能开始外迁。2000年以来，韩国继续推进首都圈内新城建设，已建和在建的新城大多在距离汉城市中心30千米左右的范围内。

(4) 面向更加广域的都市区重组统筹发展阶段。随着部分产业和人口的外迁，城市中心区也加快了功能升级和结构转换，控制和管理功能进一步向中心区集中，而都市郊区中心成为新增长极并进一步向外围扩张，由此带动都市区中心、外围增长极及相关腹地网络相互重叠、渗透、融合，形成规模更大、密切联系的大都市区，并进一步向郊区乡村渗透，由此确立以都市区为单位进行统筹开发，以都市区为主导的城市区域形态和管理机制逐步建立。例如，1982 年韩国颁布《首都地区管理法》，对整个首都地区的经济发展、土地使用和基础设施安排进行统一部署和管理。该法确定了首都地区的边界，范围包括中心城市汉城市以及仁川、京畿道行政区和 64 个低级别的地方行政区，面积达到 11235 平方千米，人口 1600 万，统筹制定首都地区规划，设置首都地区管理委员会。20 世纪 90 年代，进一步在区域发展政策上引进"地方广域圈开发战略"，决定促进可与首都圈相竞争的具有规模经济的地方广域圈的开发，并于 1994 年制定《有关区域均衡开发及中小企业培育法律》，以奠定法制基础。

（四）理想空间模型：紧凑舒展型的多中心结构

当前"多中心"空间结构模式已成为大城市发展的一种共同趋势，被人们普遍接受，认为它是实现都市区可持续、高效率、均衡性、多元化发展的可借鉴模式。但同样是多中心网络结构，空间结构的绩效可能会有着很大的差距。相关学者[1]结合其他国家发展经验案例，归纳了以下三种模型：

（1）松散式的多中心结构。这种结构仅有较弱或者没有明显区域性的中心（CBD），不同中心之间的产业联系和人流通勤较弱，也不存在明显的等级结构，公共交通轴线不明显，日常出行主要依靠私家车。在中国，这种空间结构存在于那些专业化城镇密集区域中，也存在于中心性不强、城乡融合较为均质的地区，如东莞、佛山（顺德、南海）、嘉兴等地区。在人口集聚规模方面不具有明显的层级结构。这种结构往往伴随着区域性的建设用地蔓延，并且提高了私家车的使用频率。

（2）极不均衡的多中心结构。这种结构主要表现在北京、广州等特大城市层

---

[1] 韦亚平，等．都市区空间结构与绩效——多中心网络结构的解释与应用分析[J]．城市规划，2006（4）9—16．

面，中心城区包含一个高度集中、规模较大的综合服务中心，包含金融、居住、服务等的综合型功能呈单中心圈层式蔓延分布，外围分布若干产业中心和居住新城，但外围片区中心功能较为单一，职住难以平衡，大量的就业服务通勤集中在中心城区与外围产业片区之间，导致土地空间与交通基础设施方面的结构性低效：一方面，中心城区内的交通基础设施与公共绿地不敷使用；另一方面，外围产业区的交通基础设施与公共绿地因为缺少生活功能，利用率低下。这种结构也兼容公共交通与私家车交通，但向心的交通压力巨大，难以保持公交的服务水平。

（3）舒展紧凑的多中心结构。这种结构中没有特别集中和高度综合的中心，而是存在若干个专业化的服务中心（SCBD）。其中，金融、商业中心布局在原有的中心城区，主要的外围产业区与老中心城之间形成城市带，并在其中培育起若干次级商业中心与生产性服务中心（为特定的产业区服务）。居住人口的空间分布相对均衡，不同的专业化服务中心之间尽管具有功能上的联系，但它们具有不同侧重的功能导向。这种结构的形成必须借助轨道交通的供给引导，以及强有力的土地利用控制。其所形成的人口密度可以很高，有利于大运量公交的运营，并且控制私家车的使用。这应成为我国特大城市及其周边地域"都市区化"发展的结构控制目标。

二、浙江省大都市区要素资源集聚特征分析

大都市区作为全省人口、经济要素承载的主平台，在人口、经济要素集聚研究过程中需把握城镇化总体阶段特征，限于研究数据可得性，本研究重点关注2010年以后新型城镇化发展阶段的大都市区要素资源在空间结构方面的集聚特征和互动规律。为更好地揭示人口、经济要素在大都市区不同圈层的集聚分布的特征规律，本研究在《浙江省大都市区行动计划》规定的大都市区、大都市核心区范围基础上，遴选出杭州、宁波、温州、金华四大中心城市中2000年以前完成撤县建区的县市区纳入中心城区，大都市核心区内除去中心城区范围，剩余部分为大都市近郊区，大都市区除去核心区范围剩余部分为大都市远郊区。

(一)人口变化特征

大都市区新增人口具有明显的向心集聚趋势,其中杭、甬中心城区人口集聚不断增强、活跃度高,大量新进人口有效延缓了老龄化问题。

1. 从人口增长变化看,都市区新增人口更趋集聚,向心特征明显,杭、甬中心城区为主要集聚地

(1) 全省人口增长扩大,空间集聚趋于明显,大都市区人口吸引力逐渐增强。2015年起,浙江常住人口从小幅净流出重新转为净流入。随着杭、甬等市2016年以来人才优惠政策的出台,全省人口流入出现大幅跃升,2017—2019年连续三年常住人口增量位居全国第二,分别为67万人、80万人和113万人,2019年以84.1万人超越广东(82.61万人)成为人口净流入第一大省。2015—2019年间大都市区新增常住人口占全省比例从90.5%升至98.8%,为主要吸引地。

(2) 各都市区间人口总量差距不断拉大,杭、宁都市区主要人口集聚地与吸引地的地位得到不断巩固。人口总量分布上,杭、甬都市区常住人口占大都市区比例分别为42.5%、29.0%,为主要人口集聚地,其中杭州都市区常住人口2019年达2327.7万人,远大于温、金两大都市区。人口增长规模上,2015—2019年间杭、甬两大都市区新增常住人口规模,基本均在10万人/年以上,2018—2019年新增常住人口分别达68.3万人、35.4万人,远大于温、金都市区,人口总量差距正逐渐拉大。

(3) 杭、甬都市区内部,中心城区人口集聚增长不断扩大,圈层向心转移趋势将更为明显。2015—2019年杭州中心城区人口增长规模稳定占据主导地位,2018—2019年大幅增加54.4万人,近郊区与远郊区得益于制造业集聚,保持较高增长,呈现一定的中心外溢特征。宁波中心城区2017年开始出现较大幅提升,2018—2019年增加21.8万人,居全省第二位,近郊区与杭州情况相似,具有由核心向边缘递减特征。随着中心服务业不断升级,都市区人口向心转移趋势将更为明显。

(4) 人口持续向杭、甬中心城区集聚,并出现局部外溢,紧邻杭甬老市区的余杭、萧山、鄞州区人口集聚扩大明显。2015—2019年局部莫兰指数空间分布显示,高值聚类区集中在杭、甬中心城区,由无到多(5个)再减少(4个),低值聚类

区域在西南地区不断增多（由2个增至13个），人口增长呈现出更倾向于杭、甬头部城市集聚的空间规律。除杭、甬市区外，紧靠老市区的余杭区、萧山区、鄞州区人口集聚趋势明显，余杭区直接成为人口增长最快的区域，表明杭、甬两大都市区中心城区内部同样进行着人口的不断外溢。温、金都市区则表现为持续性的小规模空间均衡变化。

2. 从人口年龄结构看，都市区老龄化加剧程度由核心向边缘递减特征明显，杭州都市区与甬、义、温优势发展地区的新增人口延缓了老龄化加剧

(1) 全省老龄化程度不断上升，都市区更为突出，年龄结构优化的问题将长期存在。2019年浙江省户籍60岁以上人口占比为22.87%，比2015年增加2.5%，老龄化问题已不容乐观。大都市区户籍60岁以上人口占比由20.45%增长至23.04%，高于全省平均水平，增长幅度略大于全省其他地区，户籍60岁以上人口基数较大，进一步引进大量青年人口的需求普遍存在。

(2) 四大都市区老龄化均呈现由中心向远郊逐渐加剧的变化规律。从户籍60岁以上人口占比看，四大都市区老龄化程度均呈现了由中心城区向远郊区逐渐递增的变化规律，这个规律相比户籍人口角度，更具有时效性，与前文新增人口数的圈层分布情况更为吻合。

(3) 杭、甬、温、义优势发展地区大量新进人口起到了优化人口年龄结构的作用，都市区交界的远郊地区为老龄化的重灾区。对比2015年和2018年两个年度的户籍60岁以上人口占比分布，杭州、宁波两大都市区靠近杭州湾一带的嘉兴、海宁、桐乡、慈溪、宁波、舟山、上虞为户籍老龄化增长较快的区域。结合移动手机信令数据分析，2018年常住人口[1]60岁以上空间分布，杭州余杭、萧山新兴增长城市，以及义乌、宁波市区、温州市区，老龄化程度较弱，人才引进与加大新进青年人口政策已起到重要作用。都市区远郊区老龄化程度则普遍较高。

3. 从人口动态流动看，都市区间互动较少、都市区内网络化特征尚未全面形成，杭州都市区内人口联系最为频繁，杭、甬中心城区人口流动最为活跃

(1) 全省人口联系较多的网络分布与都市区范围较为吻合，浙东北区域人口

---

[1] 手机信令数据计算的为"常住人口"与统计年鉴的"常住人口"为两个概念。

流动活跃度集聚明显。对全省各区县 2018 年 12 月普通一周人口迁入、迁出情况进行分析，全省人口联系总体呈现出东北"一大片"，东部、南部、中部"三小块"的网络化分布特征，与四大都市区核心区范围基本一致。人口流动活跃度指数[1]较高区域主要分布在杭-嘉-绍一带，浙南、浙西南地区则分布较为分散。

（2）**跨都市区间的联系普遍较少，中心城区具有更高的人口流动活跃度，但对于远郊的辐射影响仍较低。**大都市区间联系相对弱于都市区内邻近的区县。综合全省的普通周联系人数，中心城区之间联系人数最多，其次为近郊区与近郊区之间，中心城区与近郊区、中心城区与远郊区联系仍较弱，并弱于近郊区与远郊区的联系，中心城区对于远郊区的辐射影响力并没有有效发挥。

（3）**杭州都市区为全省人口往来联系最频繁的区域，杭、甬中心城区人口流动则最为活跃。**四大都市区中，杭州都市区人口流动量最大，是宁波都市区（第二位）的 2 倍多、金义都市区的 6 倍多，人口跨区联系频繁，尤其是杭州中心城区，但杭州都市区近、远郊人口联系平均量较低，表现出都市区内圈层差异。温州、金义两大都市区虽人口联系总量不大，但各区县人口联系平均量较大，其中温州中心城区人口联系平均量一枝独秀拉高整体水平，金义都市区则是中心与近郊更为平均化。

4. **从人口分布密度看，四大都市区人口密度分化明显，但普遍存在中心城区相对密集、郊区聚集稀疏的"内密外疏"现象**

（1）**全省东北、东南，环杭州湾与温台沿海两大区域人口分布密集的空间特征长期存在。**对比 2010 年、2015 年和 2018 年三个年度全省人口密度分布，其中密度较高区域主要集中在东北环杭州湾、东南温台沿海、浙中义乌三个区域，均在大都市区域内，衢丽地区人口密度明显较低，空间分布特征相对稳定。

（2）**各都市区内以老市区为核心的中心城区人口密度普遍较高，且将长期存在，但各都市区中心城区间的差异也很明显。**杭州市老六区、宁波市老四区以及温州市区、金华市区 2018 年人口密度分别为 5535 人/平方千米、1505 人/平方千米、2697 人/平方千米和 564 人/平方千米。其中，杭州市老六区以全市

---

[1] 人口流动活跃度指数，为一定时间内某一地区迁入迁出人口的平均值与常住人口的比值，用以表示某地区人口流动的活跃情况，该值越高表示人口流动越活跃。

3.68%的土地面积承载了39.9%的人口，宁波市老四区以16.9%的土地面积承载了30.2%的人口，温州市区以8.9%的土地面积承载了31.41%的人口，金华市区以18.7%的土地面积承载了20.6%的人口。

（3）杭州都市区人口密度呈现明显的圈层分化规律和"内密外疏"问题。市区中心0～5千米核心区，以杭州上城、下城为例，2018年人口密度综合为1.78万人／平方千米，高于东京，低于北京；5～10千米半径范围，以滨江、拱墅、江干为例，2018年人口密度综合为0.58万人／平方千米，较0～5千米范围下降1万人以上，低于北京和上海，也低于东京和纽约；10～30千米外围的区域，以余杭、萧山为例，2018年人口密度为1305人／平方千米和1261人／平方千米，仅为中心城区人口密度的1/5左右；在30～50千米的外围区域，以德清和海宁为例，分别为548人／平方千米和995人／平方千米，人口密度继续明显下降。

（二）经济发展特征

优势地区集聚特征越发显著，杭州湾区域经济引领特征明显，都市区普遍呈现三产核心集聚、二产外扩的一般规律。

1．从增量分布看，杭州、宁波都市区核心区为经济集聚的重点区域，由优势地区向周边扩散现象普遍存在

（1）全省经济总体集聚，略有波动，增长重心从传统优势地区向长三角核心区与东部沿海其他城市扩散。对比2010年、2015年和2018三个年度GDP空间分布，杭绍甬、温台传统经济优势地区集聚特征明显。对比2010—2015年和2015—2018年两个时段GDP年均增速，2010—2015年间西部地区得益于"低丘缓坡"政策[1]，获得较多投资倾斜，浙西、浙西南低山丘陵地区增速较高，莫兰指数下降至0.285，集聚程度略有下降；2016年后，优势地区产业升级白热化，经济高速增长转至东部沿海，莫兰指数升至0.307，集聚程度得以恢复。从两个时段GDP年均增长规模看，浙中地区增长势头普遍下降，浙东、浙东北普遍上升，增长重心向东部沿海和东北长三角核心区域倾斜。

---

[1] 详见《浙江省人民政府办公厅关于印发浙江省低丘缓坡重点区块开发规划（2010—2020年）的通知》。重点区块在区域分布上为：丽水市10个，金华市8个，衢州市8个，湖州市5个，宁波市5个，杭州市4个，温州市4个，台州市3个，绍兴市3个，舟山市2个。

（2）大都市区层面，核心区集聚程度稳步提升。2010—2018年大都市区GDP稳定占据全省约96%份额，对比大都市区各圈层与其他地区的GDP规模变化，近郊区、中心城区构成的核心区持续增长，集聚程度高，其他地区则相对较低。

（3）四大都市区内，杭、甬都市区核心区经济集聚越发显著，近郊扩散普遍存在，金义都市区发展亟待重视。对比2010年、2015年和2018年三个年度GDP空间热点分析[1]，杭、甬都市区核心区，为具有明显统计显著性的GDP高值集聚区域，2018年度该区域城市占据全省GDP前十中的7位。从各圈层GDP年均增速看，杭州中心城区余杭区增速最高，与杭州市区合力成为都市区经济集聚的主阵地；温州洞头区与宁波奉化区为近郊的新增长点。观察2010—2015年和2015—2018年两个时段各圈层GDP年均增量变化，作为集聚中心的杭州中心城区与宁波近郊区持续增长的动力充足，金义都市区则普遍降低。

2. 从效率提升看，具有发展的先行优势特点，杭州湾一带效率提升范围扩大显现，杭州、宁波都市区核心区成为发展提效的主阵地

（1）全省总体高效发展符合一般先行优势，杭州湾一带发展效率广泛提升开始显现。对比2010年、2015年和2018年三个年度人均GDP分布，杭州湾区一带普遍高值集聚，尤其是杭绍甬沿线，2018年向嘉兴、湖州一带扩大，全省经济效率提升在杭州湾一带开始显现。从人均GDP年均增量角度看，2010—2015年间，杭-义-甬三角区域增长高值集中，温台沿海地区增长普遍缓慢；2015—2018年间，增长高值集中区域转移到杭嘉、甬台一带，发展效率提升转向至东部沿海的优势发展地区。从经济密度角度看，对比2010年、2018年与9年经济密度增长分布，杭州湾与温台等传统经济优势地区普遍高值集中。

（2）大都市区圈层经济效率提升的"内高外低"差距明显，中心城区高效发展优势正持续增强。对比2010年、2015年和2018年度大都市区各圈层人均GDP变化，年均增长的圈层"内高外低"特征明显。从经济密度角度看，2010—018年间，大都市区中心城区平均经济密度远超其他圈层，经济发展效率提升的中心城区"强核"特征显著。

---

[1] 热点分析为空间统计学的常用统计分析方法，分析结果为在0.05置信水平下的，具有统计显著性的高值集聚和低值集聚区域。

（3）**四大都市区内，杭州、宁波都市区经济效率提升引领作用明显，杭州中心城区经济发展越发高效。**对比2010年、2015年和2018年三个年度各圈层人均GDP，杭州、宁波都市区经济发展效率最高，中心城区集聚提升明显，2010—2018年间绝对增幅最高（76198元、70425元）；远郊区最低但均领先温州、金义都市区各圈层，杭州、宁波都市区发展效率提升具有引领作用。各圈层经济密度角度，2010年、2015年和2018年三个年度杭州中心城区均最高。金义都市区经济密度总体较低，集约发展较弱。

3. **从结构优化看，杭州都市区结构体系较为成熟，第三产业中心集聚、第二产业近郊扩大已成当前一大趋势**

（1）**全省层面，东部传统经济优势地区结构相对稳定，具有第三产业高度集聚、第二产业初具扩散特征。**产业结构上，第一产业体量较小，增长变化稳定。第二、第三产业方面，杭州湾嘉-杭-绍-甬一带与温台沿海等为第二、第三产业主要集聚区域，总体发展稳定。年均增速上，第三产业相对第二产业增长更为集聚，第二产业增长已出现从传统集中区域的外溢现象。消费水平上，对比2015年和2018年两个年度变化，杭州湾、东部沿海消费水平普遍提高，空间范围扩大，强于西部地区。规模以上工业企业数量，2015—2018年浙东北长三角核心区部分增长明显。东北杭州湾、东部沿海一带等传统经济优势地区，经济结构相对稳定，西部地区缺少生产和消费，总体竞争力较弱。

（2）**大都市区层面，具有中心第三产业主导、消费升级，近郊第二产业突出、动力充足的圈层结构发展的一般规律。**第二、第三产业各圈层集聚度具有不同特征，第三产业集聚度呈现了明显的"内高外低"，第二产业集聚度则为近郊区最高，中心城区与远郊区次之。大都市区近郊区拥有最多的规模以上企业，因中心城区普遍第三产业发达，规模以上企业则具有远郊区高于中心城区的特征。值得注意的是消费水平近年增长强劲，各圈层中呈现出与第三产业集聚度一致的"内高外低"特征，近郊区增长规模最大。

（3）**四大都市区内部，杭州都市区具有较为成熟的结构体系，各都市区近郊增长普遍突出。**第二、第三产业集聚发展各有特点，杭州都市区结构体系符合都市区总体情况，中心第三产业引领，近、远郊区则为第二产业主导，集聚度均领

先于其他都市区；宁波都市区经济结构第二、第三产业比例均匀，中心城区与近郊区第二产业集聚水平均较高，近郊区 2015—2018 年第二产业集聚度提升幅度大；金义、温州都市区则呈现近郊组合发力的特点。从都市区各圈层规模以上工业企业分布看，杭州、宁波两大都市区近、远郊区规模以上企业数量多，上升显著，集聚增长显现。需要注意的是，金义、温州两大都市区普遍下降，工业发展呈现疲软状态。从都市区各圈层社会消费品零售总额看，"电商之城"杭州都市区遥遥领先，集聚效益显著；宁波、温州都市区近年来为近郊区增长较快；金义都市区近年来总体体量与增长规模均不大。

（三）资源配置特征

建设增长与人口增长不相匹配问题明显，集约与粗放发展并存，医疗资源不均衡普遍存在。

1. 从建成区规模增长看，扩张型城镇化仍是主流，杭州都市区为主要建设增长集中区域，宁波中心城区集约化发展显现，都市区远郊区建设增长粗放问题亟待重视

（1）扩张型城镇化仍是主流，杭州都市区为近年主要城市建设集中区域，金华、温台建设规模增长粗放与人口增长不相匹配。从建成区规模分布看，全省已建成区主要分布在杭州湾沿岸、金义盆地和温台沿海地区，构成"亓"状结构。从建成区年均增长规模看，2010—2015 年主要集中在传统优势发展地区，杭州、宁波、台州、温州的市区等；2015—2018 年规模增大、增长外溢，杭州中心城区外围、浙中金华出现大幅增长。从建成区规模增长率来看，2010—2015 年和 2015—2018 年两阶段出现了明显的空间战略转变。2015 年之前，得益于低丘缓坡开发政策，都市区近远郊山区县建成区年均增速达到 5.9%以上。2015 年以后，建设用地指标逐步收紧，增长区域主要集中于杭州都市区近郊一带，建设方向由内陆向杭州都市区对接方向性明显。从建成区增长与人口增长关系看，与新增常住人口的空间分布相比，浙中金华、温台两地区的建成区增长与人口增长不相匹配，粗放发展问题明显。

（2）大都市区核心区集约增长趋势初步显现，宁波中心城区最为明显，各都市区远郊区建设增长粗放，亟待重视。从大都市区圈层层面来看，中心城区在

2010—2018年保持最高的增长率，集聚明显；近郊区2015—2018年出现较快提升，与近几年产业向近郊转移有关；远郊区仍处于增长较快的状态，与当前人口流出较多的实际情况有一定差距。各大都市区中，建成区近年间增长较为突出的为金华中心城区，建成区正处于强集聚状态；杭州都市区则一直较高，相对平稳，近几年开始出现向近郊扩散现象；宁波都市区建成区增长率普遍较低，相对稳定。

2. 从公共资源分布看，医疗资源都市区中心城区普遍较集中，杭、甬中心城区集聚特征明显，基础教育资源相对均衡

(1) 医疗资源都市区中心城区相对其他圈层较多，杭、甬中心城区资源集聚明显，资源分布不均衡普遍存在。2018年都市区医疗床位数27.2万张，占全省的81.8%，中心城区每万人医疗床位数67.8张，近、远郊区万人医疗床位数普遍较低，多在每万人38～44张上下。金义都市区中心城区拥有最多的万人医疗床位资源，其次为杭州中心城区。2015—2018年，都市区医疗床位增长29869张，其中杭州都市区增长占比54.3%，杭州中心城区、宁波中心城区每万人医疗床位增长19.7张、19.1张，增长最多，强化了杭州、宁波中心城区的医疗资源配置优势。但是，杭州都市区近郊德清、诸暨、上虞、柯桥，及温州都市区近郊永嘉、远郊泰顺医疗床位数不增反降，每万人减少4.5～13.2张不等，加剧了近郊、远郊区医疗床位资源的稀缺。

(2) 基础教育设施资源都市区圈层分布总体均衡，宁波、温州中心城区资源相对较少。大都市区拥有5431所基础教育设施资源（小学、初中、高中），杭州都市区中心城区最多为916所。从万人基础教育设施资源看，金义都市区各圈层平均资源量较多；杭州各圈层平均水平略均低于区域平均水平；此外，宁波都市区中心城区、温州都市区中心城区万人基础教育资源量最少。

三、优化浙江省大都市区要素资源配置的政策建议

深入贯彻省委关于"提高中心城市统筹资源配置能力"要求，围绕有利于提升大都市区及中心城市竞争力，适应城市发展重心转移和要素流动的基本规律，提出推动合理的区划调整策略、积极的人口调控政策、高效的要素分配机制和精

明的结构优化策略等四方面政策建议。

(一)合理的区划调整策略

针对中心城市的首位度不高、辐射带动能力不够强等问题,有必要有序稳妥推动中心城市行政区划调整,通过实行撤县建区、区界重组、平台整合、跨界治理等一系列手段,有力提高中心城市统筹资源配置能力。

(1)**撤县(市)设区,扩大宁波等市辖区腹地范围**。充分考虑市级与地方县(市、区)撤并意愿,本着避免消减强县积极性、纳入弱县后市级财政可负担的原则,近期可重点聚焦拓展宁波市辖区腹地,推进宁波余慈地区、象山县撤县(市)建区,远期在充分挖掘存量用地潜力,强化人口、经济要素导入基础上,进一步推动金华兰溪市、温州永嘉瓯北等部分县(市、区)撤县建区。合理设定已撤县(市)设区县市财政权限的交接过渡机制,实现平稳过渡和扩区成果实质性落地。

(2)**边界重组,优化杭州等市辖区治理空间尺度**。尽管杭州已成为长三角市辖区面积最大的城市,但仍然存在各辖区在管辖面积、人口规模、经济总量等方面差异较大,管理调整不力等问题,部分老城区(如上城区、下城区)发展空间有限,而外围余杭、萧山区发展腹地较大但发展重心多头、经营组织不力,亟待打破发展僵局,整合区域资源优势,使县区级管辖范围与管辖事权、财权、土地资源、人力资源互相匹配,有效激活区域发展潜能。

(3)**跨界治理,先行探索主城区—近郊板块一体化**。以发展较为成熟的杭州、宁波都市区为试点,加快主城区—近郊区跨市域板块合作,围绕特色专业领域,如临平—海宁研发生产合作区、萧山江南—柯桥临空经济合作区、余杭—德清数字经济合作区、北仑—金塘、梅山—六横等跨市域板块为试点,开展杭嘉、杭绍、杭湖、甬舟一体化合作先行区建设,同时鼓励市域内跨区(县)板块开展多层次合作,加快主城拓展和近郊融入,以一体化推进高质量发展。

(二)积极的人口调控政策

针对近年来浙江省人口净流入大幅增长但人才流入数量偏少、头部城市人口流入较多但其他城市动力不强、城乡人口双向流动不足等特点和问题,未来浙江省都市区人口调控应着眼于巩固规模优势、提升结构质量、推动高效流动等方面优化政策制定,有效推动人口、人才与城市经济发展、生活服务、社会环境等要素的协调共进，不断增强人口流入对大都市区经济发展的支撑力。

(1) **加快户籍制度改革，放宽城镇落户限制**。根据《2019年国家新型城镇化重点建设任务》，城区常住人口100万～300万的Ⅱ型大城市要全面取消落户限制；城区常住人口300万～500万的Ⅰ型大城市要全面放开放宽落户条件，并全面取消重点群体落户限制；超大特大城市要调整完善积分落户政策，大幅增加落户规模、精简积分项目。其中，杭州可借鉴深圳市积分落户年龄指标经验，进一步增大18～35岁青年流动人口积分权重，确保有意愿的未落户常住人口全部持有居住证，逐步扩大居住证附加的公共服务和便利项目；宁波市、温州市全面放开放宽落户条件，降低人才落户、租赁落户、投资创业落户条件；其余设区市应全面取消落户限制，全面放宽企业单位集体户设立条件，实施设立社区（村）公共集体户制度，促进农业转移人口进城落户。进一步完善居住证制度，推进城镇基本公共服务常住人口全覆盖。

(2) **结合各都市区人口集聚特点，开展差异化空间指引**。顺应近年来各地人口增长趋势，结合不同都市区人口流动特点，制定差异化空间指引政策。其中，杭州都市区应放大中心带动效应，积极探索打破市辖区范围，面向近远郊区域，通过教育医疗资源导入、产业平台共建等手段，着手建立"公共服务资源和街道（镇区）新增人口挂钩"机制，引导人口由中心城区向外围区域流动；宁波亟待扩大市辖区常住人口规模，增加中心城区人口密度，加大高端人才引进力度，强化交通枢纽和地铁快轨等交通网络导入，加大中心城区与周边区县以及全省其他地区人流通勤和集聚效应；温台地区和金义都市区应积极倡导发展现代服务业和专业化生产性服务业，增强就业供给发展弹性，避免人口下降。

(3) **强化精准对接和有效供给，优化人才引进政策**。各都市区应围绕重点产业领域，建立紧缺人才清单制度，突出各类人才需求与资源要素的精准配置和有效供给。面向高层次人才，突出国家高新区等高能级平台人才载体建立，强化各类人才在中心城区购房购车、子女入学、父母就医等方面的差异化政策倾斜导引；面向非户籍省外及国际化人才，通过建设高品质国际社区，合理规划建设高端民办及外籍人员子女学校、国际医疗机构、外语公共图书室以及文化艺术活动场所，吸引外籍人才聚居；面向流动人口，建议适当保留一定比例的城中村，借鉴西湖区由城投公司统一开发经营村集体留用地经验做法，探索利用10%集体留用地扩大租赁市场，稳定租房价格，并在都市区近郊区扩大住宅用地规模，打造产城融合新社区，增强人口吸纳能力。

（4）推动公共资源按实际服务管理人口规模配置。以常住人口规模为依据，精准把控实际服务管理人口规模，建立城镇教育、就业创业、医疗卫生等基本公共服务与常住人口挂钩机制。完善常住人口登记统计制度，利用手机信令、百度迁徙等大数据信息，搭建全省各地"常住人口数据统计平台"，实时监测本地实际服务管理人口数据，作为公共资源配置的重要依据。积极推广居住证积分制度，完善以居住证为主要依据的随迁子女义务教育入学制度。实行基本医疗保险省级统筹，完善异地就医结算机制。将符合条件的流动就业人员纳入职业技能培训范围，明确各部门对流动人口职业培训的管理监督权力与职业培训机构所承担的责任。扩大住房公积金的覆盖面与保障范围，逐步将在城镇稳定就业的外来流动人口纳入住房公积金制度实施范围，建立健全多层次覆盖全面的保障性住房供应体系。

（5）深化农业转移人口市民化奖补机制。以落实本地农业转移人口市民化机制为前提，借鉴嘉兴、湖州等城乡融合试点区域的经验，取消农业、非农业户口性质划分，建立城乡统一的户籍登记制度，探索建立进城落户农民承包地、宅基地使用权、集体收益分配权自愿有偿退出机制，进一步明确农民进城落户后享有的权益，全面落实保障被征地居民基本生活保障。以落实推动非户籍已在浙江省城镇就业的农业转移人口落户为基础，落实中央预算内投资安排、中央和省级财政转移支付向吸纳农业转移人口落户较多地区倾斜政策。建立健全随迁子女义务教育经费分担机制，配合中央财政完善对省外流入的随迁子女教育经费的省级及流入地责任分担机制。完善城镇建设用地增加规模与吸纳农业转移人口落户数量挂钩政策。结合城镇新增常住人口规模和流向，合理安排城镇新增建设用地指标，重点向大都市区中心城市周边人口集聚的近郊城镇倾斜。

（三）高效的要素分配机制

结合前文对于浙江省大都市区尤其是中心城市在土地、经济、设施等要素配置情况的分析可知，目前仍然存在粗放开发、同质竞争、要素错配、统筹不足等问题，在区域竞争态势加剧、城乡区域联动发展态势形成背景下，如何从更宽视角构建区域内循环、突破传统县域经济发展模式，构建市域统筹乃至都市区一体化要素资源整合机制，是推动浙江省区域治理格局从分区离散到融合集聚的重要举措。具体可围绕土地、资金等要素配置展开。

（1）拓展大都市区中心城市发展空间，推动建设用地、用海资源向优势地区倾斜。以四大都市区空间规划为统领，建立市级发展规划对空间规划和县级发展规划的统筹机制，明确市域总体空间战略格局、空间结构优化方向以及重大生产力布局安排，积极开展跨市域一体化空间规划对接机制。优化大都市区重大基础设施和重大产业平台等布局，避免相邻地区各自为政导致矛盾和冲突。加强国土资源在都市区及市域层面的统筹力度，确保向都市区重大平台倾斜，逐步建立市域内调剂机制，发挥资源要素集聚效应。完善城乡建设用地增减挂钩指标统筹调剂机制、耕地占补平衡统筹落实机制以及农村集体经营性建设用地入市配套制度。推动集中新增建设用地指标向优质项目倾斜、城镇建设用地增量规模与农业转移人口数量挂钩等政策。

（2）统筹大都市区尤其是中心城市产业园区平台布局，推动产业招商项目链式合作。推动形成"研发孵化在中心、产业转化在周边"的垂直分工和围绕特色产业形成"中心核心主业＋周边细分领域"的横向分工格局。鼓励大都市区和中心城市统筹制定市域内各类平台建设标准指引、产业平台用地标准和高质量发展评价标准。探索建立各都市区统一产业地图，鼓励各市县聚焦主业，推动形成各具特色的横向分工，做深做实重点产业链规划，"一园一策"加大对头部企业、技术领先企业的招引力度。探索建立市域产业招商项目库，实行招商信息登记备案制度，强化信息首报的认定管理。建立重大项目向市级报备制度、重大项目首报首谈制度，加强重大项目市域统筹，提高项目谈判引进效率。对需要跨区域布局的重大项目、省市重点项目由市牵头主谈，建立投资项目审核机制，建立健全招商项目评价体系，实施招商项目论证，对重复建设、盲目竞争行为加以必要的干预和限制。鼓励自身承载能力不足或与产业定位不符的项目在市域统筹下合理流转，探索建立跨县（市、区）迁移企业、新上项目、招商信息共享落户项目和合作园区财税等利益分享机制。

（3）**在大都市区总体部署下，切实统筹市域重大交通、环保和公共服务设施规划布局。**在大都市区空间规划和行动纲要总体部署下，由设区市主导统筹编制市域重大综合交通规划，重点统筹市域轨道交通网络布局和开发制式，统一跨县（市、区）国省县（乡）道和城市快速路等骨干路网布局，建立市域统一的环境基础设施规划体系与审批机制，统筹建设跨区域、重大污水治理和固废处置基础设施。统筹设定市域环境准入标准体系、企业和项目准入门槛。统筹编制市域公共服务高水平发展规划，合理布局重大公共服务设施，增加公共产品供给，明确相关标准，促进公共服务更加均衡、优质、便利、高效、共享。探索制定设区市市区公共服务设施配置参考标准，对县（市、区）设置义务教育、高等院校、三甲医院、文化体育等公共服务设施提出最低配置要求，在市区形成高水平的市域公共服务中心。

（4）**探索建立有利于设区市在推动都市区经济发展中发挥主导作用的财政管理体制，深化各类要素市场化、差别化配置。**探索开展浙江省财政体制市域一体化改革试点，在保障省、市、县财力格局基本稳定的基础上，适当提升省对于市本级区财政转移支付比例。合理设定已撤县（市）设区县市财政权限的交接过渡机制，实现平稳过渡和扩区成果实质性落地。优化以"亩产论英雄"为代表的区域要素资源评判规则，提升综合绩效评价标准，深入实施土地使用权、排污权、用能权、产权、技术等的差别化措施，实现资源效用的最大化和效益的最优化。实施优化能源"双控"指标分配政策，贯彻执行能源"双控"制度，市级政府适量预留能源消耗总量指标，统筹保障市域内重大平台、重大项目建设，发挥资源要素优化配置的杠杆作用。统筹市域能源生产和消费发展，建立分布式能源系统，开发延伸微电网，提高市域能源综合利用效率。

（四）精明的结构优化策略

结合前文分析，当前浙江省四大都市区仍然处于从郊区向中心城区集聚的"强核"阶段，中心城区尤其是老城区人口密度较高，郊区次中心支撑不足，人口密度降幅较大，部分地区职住分离和钟摆式通勤问题突出，城市发展"摊大饼"路径仍在延续，总体空间结构绩效较差。优化大都市区要素资源配置，增强中心城市、大都市区区域整体经济和人口承载能力，需要进一步优化城市群内部空间结构，合理控制中心城区人口密度，推动城市组团式发展，形成多中心、多层级、多节点的网络型城市群结构，建设一批产城融合、职住平衡、生态宜居、交通便利的郊区新城，打造更健康、更安全、更宜居的高品质生活空间。

（1）**主城区层面，加快旧城存量挖潜和新区要素集聚，构建紧凑、高效的"多中心、网络化"空间结构。**未来大都市主城区依然是要素集聚的主承载区。一方面，加快老城区有机更新、功能疏解、人口疏散，着力推动宁波、温州、金华等主城区城中村、低效工业用地存量挖潜；另一方面，加快新城区人口导入和用地供给，加密轨道交通网络布局和站点覆盖率，推动重点交通走廊和沿线平台耦合建设。例如，杭州主导实施"一核九星""拥江发展"战略，宁波主导实施"一主两翼多点""拥江揽湖滨海"战略，金义主导实施"浙中科创大走廊、六城联动"战略，有力提升主城中心人口、产业、用地要素集聚能力，优化空间结构绩效。

（2）**近郊区层面，强化人口导入和用地供给，推动"环状＋放射"市郊骨干轨道布网，突出交通节点新城建设。**应进一步发挥近郊区经济集聚效应，引导人口、用地向近郊区集聚供给，围绕打造"一小时快速通勤圈"，重点推进都市圈轨道交通一期、二期建设，满足高强度、长距离通勤需求，并强化近郊环状、轴向连接，缓解主城区向心通勤压力。选取市郊铁路沿线站点着力建设一批产城融合型交通节点新城，围绕特色产业集群和人群需求，扩大住宅用地和租赁型住房供给，优化高品质特色化公共服务配置。

（3）**远郊区层面，优化山水田园生态网络，推动点状功能供给，加强郊野地区生态价值转化。**支持远郊区融入大都市功能组织体系，拓展都市区城际、市域（郊）铁路辐射半径，打通要素流通通道。注重保护大型湿地、湖泊、山体森林、公园、自然栖息地等开放空间，优化河道、绿带等廊道连接。适当推动"康养＋""文化＋""创新＋""商务＋"点状功能用地低冲击开发，放大生态空间波兹曼效应，鼓励风景地区催生高科技、文化旅游、康养运动等多元新兴经济。

（课题组成员：潘毅刚、柯敏、徐博文、胡淑芬、周璐、王艺）

浙江省内重点区域一体化合作先行区发展重点和政策体系研究[1]

一、现实需求

（一）已有基础

（1）一体化规划体系不断完善。一是省级层面顶层规划加快落实。根据《浙江省推进长江三角洲区域一体化发展行动方案》和2020年省政府工作报告"深化推进四大都市区建设，启动实施杭绍甬、甬舟、嘉湖一体化行动，加快推进城市群同城化"工作部署，落实《浙江省大都市区十大标志性工程建设方案》，杭绍甬、嘉湖一体化行动实施方案已由浙江省四大建设领导小组发布，甬舟一体化行动方案也将于近日发布。二是由中心城市牵头，各都市区共建行动计划发布，跨地市"十四五"谋划积极推进。杭、嘉、湖、绍四市共同制定《杭州湖州嘉兴绍兴共建杭州都市区行动计划》已于2021年6月发布，绍兴与杭州、宁波"十四五"规划基本思路共同谋划，聚焦杭绍、甬绍、甬舟、嘉湖、杭嘉五大一体化合作先行区建设方案正由中心城市牵头制定。

（2）一体化合作机制初步建立。一是市级、区级和镇级等层面，分别签订合作协议，两地之间的合作机制逐步从市级向区级转移，合作协议也从战略框架向

---

[1] 该项目由浙江省发展和改革委员会委托。

任务清单细化。杭绍一体化合作先行区的萧山－柯桥板块在市级、区级、镇级三个层面都相互签订了合作协议或框架协议；甬绍部分县区签订了战略合作协议；嘉湖在市级层面签订了战略合作框架协议和合作备忘录；杭嘉在市级层面签订了合作协议，区级层面完成了任务清单。二是少数合作区成立了合作机构，建立了常态化互访机制。海宁市成立了杭海新区管委会；嘉湖建立了练市－乌镇工作专班，2021年已召开两次地级市联席会议。

（3）交通领域"断头路"正在积极打通。跨区域的"断头路"正在逐渐被打通，其中杭绍和杭嘉进展较快，已基本实现主要通道连通。萧山－柯桥之间规划或在建的道路有17条，杭绍城际将于年底建成，接入杭州南站实现"通杭联甬"。《杭州绍兴城市轨道交通合作一揽子协议》正式签订，以期实现杭绍轨道交通运营管理"一张网"和票价"一票制"。海宁市长安镇（高新区）与杭州下沙之间的栋梁路、文海北路、之江北路、春澜路等4条主干路已全线打通，并实现与杭州同路名，杭海城际轻轨项目正在建设中。

（4）以产业合作为重点的空间板块逐渐形成。两地市场主体之间合作往来密切，跨区域产业链合作速度加快。一是构建创新协作联盟。绍兴科创大走廊与杭州城西、宁波甬江大走廊共建杭州湾科创联盟。全面启动绍兴国家级集成电路产业创新中心建设。二是发展"飞地"孵化模式。诸暨、上虞、嵊州、新昌在杭州滨江、余杭等地设立异地孵化器，已累计入驻企业150多家。三是开始共建产业合作平台。2002年11月海宁紧靠杭州下沙的3000亩土地作为杭州经济技术开发区、下沙高教园区的生活配套等用地委托杭州开发，但杭州积极性不高，一直没有动工，土地处于闲置状态。

（5）社会民生领域有一定合作基础。教育、医疗、政务服务等领域合作广泛。教育领域，周边区域借力杭州国际资源外溢，带动国际化发展。海宁与浙江大学全面战略合作不断深化，制定出台《海宁市推进浙江大学国际联合学院国际合作教育样板区建设实施方案》，浙江大学国际联合创新中心和国际科创城、浙江大学国家大学科技园（海宁分园）、浙江大学国际技术转移中心、浙江大学国际科创项目路演中心等项目推进加快。医疗领域，在杭嘉基本实现"双下沉、两提升"，海宁6家县级医院分别与省城9家三甲医院合作办医，其中省人民医院

托管海宁市中心医院，省妇幼保健院托管海宁妇幼保健院。社保领域合作力度加大，杭州市民卡可在海宁市中心医院、海宁市民卡可在包括杭州在内的省内200余家医院实现就医实时结算。政务服务方面，乌镇－练市两地设立"嘉湖一体化"通办专窗，开展审批结果互传互认、事项联办联审、异地通办可办等一系列政务合作，目前，已梳理首批通办事项80个，形成"两镇牵手、两城共赢，嘉湖一体化发展"的良好局面。诸暨实施与杭同城行动，开展公交班车一体化，率先试行与杭同城高速免费通行、杭州人免费游诸暨等政策。

（6）生态领域有一定合作基础。浦阳江流域上下游地区的诸暨市与萧山区签订水环境补偿协议，设立浦阳江流域水环境补偿资金，额度为每个交界断面每年1600万元。宁波的奉化区和绍兴的嵊州市、新昌县分别位于四明山的东、西两侧，甬绍两市严格保护四明山生态环境。新昌钦寸水库为宁波供水，杨浦水库为慈溪供水十余年，成为跨区域资源协同的典范。海宁与杭州开始谋划跨市域的生态海岸带工程。

（二）主要问题

（1）中心城市与周边城市对于毗邻板块的发展定位和战略方向不一致。由于不同行政主体的利益诉求不同，城市空间拓展的发展阶段不同，两地的空间发展方向也不一致，有时还背道而驰。例如，杭绍南部萧山－诸暨板块，萧山近期集中力量推动北部亚运村建设，对南部毗邻板块仅提出"南启"战略和"杭州南花园"定位，而诸暨北部融杭桥头堡店口－次坞则是制造业发展重镇；杭嘉一体化板块由于钱塘新区设立将原有下沙板块合并，拥有大江东大量的土地储备，对于杭海新区联合开发兴趣不大，而海宁把杭海新区作为融入杭州都市圈的桥头堡，是未来发展的重心所在。

（2）由于投资建设重心偏差，部分交通路网对接制约明显。受两地道路交通规划对接不力、土地和资金要素供给不统一、建设时序不同等因素影响，部分跨区域断头路项目难以推进，如嘉湖、杭嘉现状的断头路多为低等级道路，尚未形成层次分明、连贯畅通的跨区域道路交通网络。此外，受重要自然要素阻隔，甬绍奉化至嵊州、新昌受四明山隔断，跨区域交通干道较难连通，甬舟的六横大桥由于投资规模较大且回收效益较低，迟迟未落地。

(3) **属地经济格局尚难打破，优势产业共建不足，总体竞争大于合作。** 一方面，中心城市对于制造业的留存意愿仍然较大，如杭州近期发布新制造业计划希望壮大实业经济规模，产业对外转移的动力机制不足。另一方面，周边城市在毗邻地区未能形成较有竞争力的特色细分领域或产城互补优势，对于中心城市开展产业合作的话语权和吸引力不足，反而由于发展基础相近，产业同质化竞争比较严重。例如，杭州钱塘新区、绍兴滨海新区在纺织化纤产业链存在一定的上下游关系，但跨区域共建的创新机制尚未建立，跨地区人才和技术等创新资源未能实现高效流通和配置；海宁杭海新区尽管在半导体、生物医药领域有一定优势，可弥补杭州大产业环节短板，但总体竞争力较弱，对杭州吸引力有限。

(4) **跨区域协同共建高能级平台机制缺位，政策引导不足。** 一方面，省级高能级平台如四大新区、国家级临空经济示范区以及国家级城乡融合试点等政策覆盖未能打破行政边界，亟须在更高层次、更大范围加快资源整合和品牌共享。另一方面，缺乏省级层面对于一体化合作区发展合理引导的制度设计以及省市县紧密联动推进的合作机制，对于一体化合作先行区在公共服务共享、生态补偿、产业招商、资源协作和改革互惠等领域的政策统筹和利益协调不足。

（三）合作诉求

(1) **共享高能级平台政策覆盖。** 杭绍萧山－柯桥板块，柯桥区希望推动建设杭州临空经济示范区绍兴拓展区，享受关联产业和政策覆盖。嘉湖希望承接钱塘新区品牌，谋划设立钱塘新区海宁分片区、桐乡分片区，通过片区托管的形式，探索由杭州向海宁输出先进管理和技术经验，由海宁向杭州提供发展储备空间，共建杭州与海宁双向"飞地"的"总部+生产基地"。

(2) **推动产业互补联动发展。** 为避免产业同质竞争，毗邻区域希望在产业合作、产业链建设方面形成上下游或错位竞争关系。杭绍萧山－柯桥板块，萧山希望在益农板块建设绿色智造基地，与柯桥滨海工业区轻纺产业链形成上下游关系，为纤维新材料提供高端装备制造。甬绍在嵊州、新昌建设创业创新产业园，重点承接宁波溢出产业项目，并在新材料、新能源汽车零部件、石化－纺织原材料－服装链等方面联合打造产业链。嘉湖希望联动乌镇会展等生产性服务业和练市智能制造等制造业，提升产业发展能级。

（3）综合交通便利对接。在主干路通道建成的基础上，加强支路连通，提高区域支线道路通畅水平。嘉湖乌镇东西向道路向西延伸连接浔练公路，全力拓宽花乌线。甬绍提出交通先行，通过共建联动一体的轨道交通、高速通道、市际快速路、港航通道，有效提升两地交通通达水平，形成甬绍30分钟交通圈。甬舟要求启动六横大桥工程。

（4）公共服务同城共享。借助杭州、宁波都市圈的辐射外溢作用，提升周边区域优质公共基础设施服务水平，为城市发展营造良好氛围。海宁积极主动争取优质教育资源，如推动长安镇中心小学和杭州夏衍小学达成结对，争取与杭州采荷二小、杭二中等名校开展校际结对共建，促成宏达教育集团与英国圣彼得堡学校洽谈和框架协议签订等。

（5）生态共保品牌共享。合力打造生态环境保护屏障，以四明山森林公园等为重点，强化对运河、钱塘江、曹娥江、浦阳江等流域保护，突出山体、流域、湿地等绿色开敞空间生态保护。合力开展生态环境污染联防联治和协同监管，加强对两市边界区域污染防治，统一环保标准，对接信息平台，推动联合处理监测。

二、总体要求

（一）指导思想

坚持以习近平新时代中国特色主义思想为指导，全面贯彻党的十九大和十九届二中、三中、四中、五中全会精神，认真落实省委十四届六次全会决定部署，贯彻落实长三角区域一体化国家战略和浙江省大都市区建设部署，深入实施杭绍甬、甬舟、嘉湖一体化行动，聚焦甬舟、杭绍、绍甬、杭嘉、嘉湖等省内重点区域一体化合作先行区，注重发挥各地比较优势，省市联动、统分结合落实重点板块、合作模式和具体抓手，引导形成合理的体制机制和政策支撑体系，为推动城市群同城化、优化跨区域资源配置、促进要素自由流动、满足两地居民美好生活需求，加快都市区经济生产协同发展和社会公共服务同城共享，努力建设新时代全面展示中国特色社会主义制度优越性重要窗口提供支撑。

(二) 共建原则

(1) 顺应规律、顺势而为。充分遵循跨区域要素一体化发展的内在规律和阶段特征，注重发挥、放大各地特色优势，扬长补短、借势登高，由点及面、从易到难、次第推进两地要素对接、产业协同、空间联动、服务同城等一体化发展进程，切忌生拉硬套，尚不具备条件的空间板块待条件成熟后进一步推进。

(2) 聚焦重点，突出特色。充分尊重地方发展需求和基层首创精神，注重选取群众呼声强烈、两地有共识基础的跨市域板块开展先行探索，聚焦有限目标、抓住重点问题、围绕特色领域，落实常态化、规范化对接机制和清单式、表格化事项责任，有条件地创新政策供给，力争在重点领域和关键环节取得突破。

(3) 平等协商、权责一致。强化合作发展理念，从合作大局和长远利益出发，求同存异、趋利避害，着力扩大发展成果，结合各地发展实际，谋求切实可行的沟通协调机制和开发合作模式，充分调动合作各方积极性，消除阻力，增强合力，共同协商规划建设、运营管理、成本分担、利益分配等事项，实现权力责任对等。

(4) 省市联动、市场助力。加强省级政府组织领导和统筹协调，完善规划体系和顶层设计，健全议事协调机制和政策配套。发挥中心城市引领作用，联合相关市县完善组织管理架构、落实对接沟通机制和工作推进机制。积极引入市场主体、专业机构参与一体化合作先行区的开发建设和运营管理。

三、发展重点

(一) 空间板块

(1) 甬舟一体化先行合作区。按照"整体谋划，分步推进，三级联动，合力建设"的整体要求，以金塘、六横及周边海域为载体，谋划建设甬舟一体化合作先行区。六横岛区域包括小郭巨片区，首选发展新材料、高端装备等高技术、高附加值、便于招商集群的先进制造业以及仓储物流业等配套服务业，预留佛渡片区待谋划国家战略项目后实施推进；六横岛南部区域发展旅游休闲产业。金塘岛区域包括金塘岛北部围垦区域和木岙港区。北部围垦区待时机成熟发展新材料、高端装备制造业；木岙港区包括围垦区、原盐场区两部分，重点布局港口物流和加工贸易产业。

（2）杭绍一体化先行合作区。萧山－柯桥板块以杭绍临空经济一体化发展示范区为重点，考虑将柯桥区杨汛桥街道、钱清街道、安昌街道、齐贤街道、马鞍街道为重点，拓展纳入现有临空经济示范区规划范围，协同打造高质量临空产业集群、构建通达式交通互联网络、完善品质化现代城市功能，共同建设面向全球的"一带一路"枢纽、全国临空产业高地、长三角重要的对外开放门户、杭绍一体化合作先行区。先期重点推进绍兴柯西区块、杭州会展新城两大先导板块建设。萧山－诸暨板块考虑依托诸暨店口、次坞、应店街、山下湖、姚江镇等北部五镇作为研究范围，先行启动次坞东侧、新村民两个区块，谋划"创新孵化＋产业转化"协作平台，积极对接滨江电子装备和白马湖生命健康产业，重点参与产业链中的配套设备和产业应用两大环节，突出浦阳江上下游生态协同保护，加快建设浦阳江生态经济带。

（3）绍甬一体化先行合作区。突出全域联动主体，加强两地板块对接协同。一是联合打造宁波前湾新区－绍兴滨海新区高端产业协作区，在甬绍两市毗邻的宁波前湾新区西部（余姚西北片区）和绍兴滨海新区东部（杭州湾上虞经济开发区）划定特定片区打造高端产业协作联动区，加快两地在规划管理、产业招商、人才引进、项目谋划及城市功能配置等方面的对接合作，加强汽车、化工、新能源汽车、创意时尚等产业的上下游合作，并联合扩大与上海张江高科技园区、漕河泾新兴技术开发区等园区深度合作；二是联合打造义甬舟开放大通道甬绍合作创新创业园，依托义甬舟开放大通道建设，以"创新－孵化－产业基地"产业组团和链式布局模式，结合各县（市、区）平台整合工作谋划推进甬绍合作先行区，包括嵊州区块、新昌区块和奉化区块，推动战略性新兴产业、智慧物流产业、特色旅游业跨区域联合布局，打造县域产业合作示范地、义甬舟开放大通道中部枢纽地、国内国际双循环的实践地；三是联合打造四明山国家公园休闲体验区，加强余姚－上虞南部、嵊州东部、奉化西部、海曙西部等四明山国家森林公园生态共育，加强环山高速、旅游通道、自行车赛道等交通网络布局，强化对四明山水库、钦寸水库、沃洲湖、鄞江及曹娥江上游流域污染联合防治，推动新昌大佛寺、嵊州剡溪、余姚四明山、奉化雪窦山等特色旅游资源整体开发，连片保护，重点发展唐诗养心游、阳明心学游、红色经典体验游、水乡古镇游等精品线路，成为宁波都市区共建共保的后花园、生态绿肺、文旅高地。

（4）**杭嘉一体化先行合作区**。以杭海新区为主体，谋划建设钱塘新区（海宁分区），包含海宁长安镇、许村镇、盐官度假区，加强海宁－余杭两地联合开发，打造嘉兴融杭的桥头堡，合力构建一体化城镇体系、交通体系、生态体系，打造接轨杭州的科创新区、拥湾发展的产业高地、深度融杭的品质新城，争取成为省级平台。以长安滨江区块、海宁高新区以及许村胜利区块为重点，加快江滨老农发区块和海宁高新区原合作开发区块"退二进三""退二优二"，主导发展生物医药和半导体产业，实现与江东半导体合作园、杭州生物医药港的产业联动发展；加快许村胜利区块城中村改造，强化两地公共服务设施共建共享，加快启动杭海数字新城建设，重点发展区块链、智慧医疗、大健康等前沿数字产业。

（5）**嘉湖一体化先行合作区**。以桐乡乌镇和南浔练市两镇为载体谋划建设嘉湖一体化先行合作区，协同湖州南浔智能机电高新技术产业园区（练市片区）与乌镇互联网特色小镇，共同建设"产业制造＋研发会展"产业合作区，其中先行启动区面积约10平方千米，重点发展"互联网＋"数字经济等未来产业。合作先行区将以练市花林、洪塘等为平台，进一步放大乌镇－南浔古镇旅游溢出效应，强化文旅合作，发展乡村旅游，做大体验经济，打造江南水乡古镇一体化旅游品牌和城乡融合示范区。

此外，鼓励杭湖、甬台等其他跨市域一体化区域结合自身发展需求，就德清融入杭州城西科创大走廊、甬台协同宁海、三门共建三门湾一体化合作先行区开展先行先试。

（二）合作模式

借鉴国内外跨区域合作开发区建设经验和浙江省内重点区域一体化合作区的基础条件，按照合作开发机制的紧密程度，初步分为委托主导型、统筹合作型、协同对接型、飞地共享型等四种合作模式。

（1）**委托主导型**。借鉴深圳－汕尾特别合作区管理模式，主要应用于实力水平差异较大、资源互补性较强的两市，在不改变土地行政属地所有权的基础上，开发实力较弱的市将土地开发建设管理权整体让渡于开发实力较强的市，可由省派出机构协调两地开发建设管理，亦可由较强的市全面主导，保障其享有较为独立的人事、开发、管理权限，并建立有利于两地分享的统计计算、财税封闭运作机制。该模式有利于充分调动主导方建设的积极性开展全面建设和长期投入。建议甬舟一体化合作区（远期）可借鉴参考。

（2）**统筹合作型**。借鉴长三角生态绿色一体化示范区模式，通过双方或多方划定共建空间范围，联合成立管委会，共同组建开发投资公司，按照统一规划管理、统筹土地管理、创新财税分享机制、协同公共服务政策等一系列创新举措，建立成本共担利益共享机制，该模式旨在发挥属地积极性，协调多方利益，建立较为紧密的跨区域统筹开发机制。建议甬舟一体化合作先行区（近期）、嘉湖一体化合作先行区、杭绍一体化合作先行区可参考借鉴。

（3）**协同对接型**。借鉴广佛同城化发展经验，聚焦跨区域协同板块，以属地政府为主体，通过签订双方多领域合作协议框架，开展跨区域交通对接、生态共治、产业协同、服务共享等合作开发。该模式是在不改变属地管理权属前提下建立跨界政府沟通、协调和工作对接机制，全面开展交通、产业、民生、生态、市场等多领域规划协同编制和项目对接机制，达成区域开发共识。建议甬绍一体化先行合作区、杭嘉一体化合作先行区可参考该类合作模式。

（4）**飞地共享型**。借鉴杭州滨江诸暨岛等模式，通过购买、租赁或转让等市场化交易手段，鼓励周边县域在中心城市设立异地孵化器，中心城市在周边县域设立产业拓展飞地，共建"创新孵化在中心、产业转化在外部"区域整体产业链，增强两地资源要素优化配置和双向互动，在更大范围内实现强链补链、资源共享。甬绍一体化合作区嵊州、新昌、奉化创新创业园等相关板块可参考借鉴。

（三）具体抓手

根据甬舟、杭绍、绍甬、杭嘉、嘉湖、甬台等不同板块发展需求，深化各自建设重点任务，如交通对接、产业协同、生态共保、服务共享等，突出特色重点领域和重大项目实施带动。

（1）**基础设施互联互通**。区域一体化发轫于交通的一体化，尤其是综合交通系统的对接协同，是推动区域一体化的先导支撑。交通的互联互通有利于激活跨市际毗邻区域空间开发价值，有利于扩大服务范围、提高公共资源利用效率、降低摊销成本，从根本上推动两地一体化发展进程。一是加强毗邻区域城市主次干道交通对接，实施"断头路"畅通工程和"瓶颈路"拓宽工程，全面摸排、打通跨市域各类断头路，推动瓶颈路改造扩容，畅通交界地区公路联系，开通两地直达公交班车；二是加强跨市域高速连接线、国省道及城市快速路建设，推动取消高速公路市界收费站，重点推进六横大桥、杭州中环路、钱滨线接彩虹快速路、环四明山高速公路等项目建设；三是依据"1小时"通勤半径和跨市域实际人流规模，综合考虑建设运营成本，合理有序推进都市圈城际铁路、市郊铁路及城市地铁轨道网络向周边市镇延伸，科学谋划甬舟铁路、杭诸城际、嵊新联奉城际铁路、嘉兴至海宁市域铁路等通道线位和制式安排；四是统筹布局货运场站、物流中心等，鼓励不同类型枢纽协同或合并建设，支持城市间合作共建物流枢纽，鼓励空港型枢纽开展陆空联运、铁空联运、空空中转，重点推进杭绍临空经济一体化发展示范区，海宁京杭运河货运二通道、嵊新综合性物流园区等项目建设；五是统筹市政和信息网络建设，统筹垃圾处理厂、污水及污泥处理处置设施、变电站、危险品仓库等市政基础设施跨市域统一规划建设。推动供水、供电、供气、供热、排水等各类市政管网合理衔接，鼓励兼并重组、规模化市场化运营。推动跨市域信息网络一体化布局。

（2）**产业协同发展**。围绕构建长三角国际国内双循环布局，充分发挥各地科技研发、总部经济、港口交通、生产配套、旅游资源等比较优势，顺应各类要素资源梯次分布规律，突出强链补链，加强产业分工协作，优化生产力布局，形成联系紧密的产业链网络，实现产业协同发展。依托一体化合作先行区、产业合作园，围绕特定产业领域，构建跨市域一体化招商、迁移企业、新上项目、招商信息共享，以及落户项目和合作园区财税等利益分享机制。一是突出"补链"垂直分工，鼓励中心城市与周边市（镇）围绕"创新孵化＋产业转化"产业链垂直分工，做优中心城市高端服务业，夯实中小城市制造业基础，打造跨市域板块链式协同布局，重点建设杭绍临空经济一体化发展示范区、萧山－诸暨产业协作园、钱塘新区（海宁片区）、嘉湖合作产业园、甬绍合作创新创业园。二是突出"强链"横向协作，鼓励围绕特色产业领域开展两地关键共性技术攻关、公共创新平

台建设，加强两地共建专业化优势产业集群，重点建设甬舟一体化先进制造和新材料基地、甬绍上虞－余慈氢能源产业园、下沙－海宁现代医药产业基地等。三是协同共建高品质旅游协作区，推动旅游资源整合和景区免费开放。重点加快嵊州新昌唐诗之路文化带与奉化溪口、余姚四明山旅游协作，共建环四明山生态休闲国家公园；加快诸暨北部白塔湖、山下湖湿地与萧山南部湘湖、白马湖等开展杭州南部大花园建设，围绕海宁－下沙生态海岸带，推动盐官度假区等沿线景观节点串联开发；放大乌镇－南浔古镇旅游溢出效应，强化文旅合作，发展乡村旅游，做大体验经济，打造江南水乡古镇一体化旅游品牌。

(3) **公共服务共享**。由于地方行政分割，当前仍然存在大城市与中小城市、城镇与乡村之间资源配置不均等问题，尤其是教育、医疗卫生、社会保障、就业和社会治理等与老百姓密切相关的各项服务在区域内无法顺畅兼容。应积极探索跨区域一体化合作机制和标准体系，实现城市间公共服务的对接，提高共建共享水平。一是鼓励跨市域教育资源共享。通过成立教育集团、学校联盟，在先行区设立分校区、联合大学和研究机构，以及结合产业特点建设高水平职业院校等建立教育全方位合作机制，重点推进甬舟学校结对帮扶、树人大学绍兴校区二期建设、甬绍高职一体化等事项。二是鼓励优质医疗资源共享。通过医联体、合作共建、托管、建分院、专科联盟等模式建立分类系统的全面医疗合作机制，重点推进上虞与宁波第六医院、浙江省人民医院托管桐乡市第一人民医院、浙江省中医院和邵逸夫医院与桐乡市中医院和第二人民医院等合作。三是推动景点合作和精品线路打造。共建先行区全域旅游智慧平台，实现文化旅游一卡通、一网通、一站通，重点推进四明山生态文旅休闲体验区建设、杭嘉旅游休闲年卡和长三角PASS卡（杭嘉旅游版）开通、嘉湖江南水乡古镇一体化旅游品牌打造等。四是加快推进社会保障体系联建互认。共推养老服务申请异地通办和社会保险异地办理，打通两地医疗大数据，促进双向转诊、异地就医直接结算，建设统一社会保障信息平台，重点推进甬舟异地门诊直接结算全覆盖、甬绍医保"一卡通"、嘉湖医疗数据互通等。五是推动跨市域政务服务互办互认。借鉴"嘉湖一体化"通办专窗经验，实现线下"收受分离、异地可办"，对接两地电子政务服务平台，逐步实现两地线上"协同服务、一网通办"。六是加强社会治理协同联动。通过完善两地交界地区平安建设合作机制、跨区域应急救灾机制、社会治理信息整合以及统一的公共信用评价体系等，加强流动人口、社会治安、司法等协同治理。

(4) **生态环境共保联治。**跨行政边界地区由于远离中心城区，且管理较松懈，往往成为市域间藏污纳垢之所，亟须开展跨界区域生态环境协同治理，加强生态系统保护修复，合力保护重要生态空间和生态系统，推进环境协同防治和协同监管，从根本上突破以我为主、为我所用的狭隘发展思路。一是严格保护跨行政区重要生态空间，促进水源地和生物多样性保护、加强生态环境修复，同时加强区域生态廊道、绿道衔接，林地绿地湿地建设及河湖水系疏浚，构建绿色生态网络。重点建设钱塘江流域、大运河、浦阳江生态廊道，四明山生态大花园，加强嘉兴北部湿地片区、杭州西溪湿地、祥符荡湿地保护和修复。二是推动跨市域板块环境联防联治，强化生态环境信息共享及协同监管，建立统一标准，推进水体环境、大气污染、固废危废等跨界联防联治机制，联合开展环境污染隐患排查和环境执法。重点推进以大运河、东宗线等河流为重点的毗邻地区"五水共治""五废共治""五气共治"一体化。三是建立生态环境协同共治机制，市域间合力攻坚环境综合治理，进一步深化环境应急联动处置机制，建立生态产品价值实现机制，完善浦阳江等重要河流上下游市场化生态补偿机制、重要湿地生态效益补偿，构建区域生态环境协同保护治理体系。

(5) **市场统一高效。**加快废除跨市际要素配置市场化过程中的市场藩篱和地方本位保护主义等阻碍统一市场和公平竞争的规定和做法，完善准入开放的管理体系，建立人才、技术、资本、土地等要素自由流通的统一开放市场，推动两地相向融合发展。一是通过建立互认互通的人才招引政策，加快推动人才自由流动。放宽城市落户限制，统一人才认证和评价机制，协同人才引进奖励政策、人才教育培训政策，开展互派干部挂职锻炼等活动，重点关注甬舟人才一体化方案落地、"杭嘉人才卡"推广、嘉湖专业技术人员职业资格等跨区域同行业认证等。二是建立科技创新交流和共享机制，推动技术市场一体化。重点建设杭绍甬科技资源共享服务平台，推动三地创新券互认互通，鼓励相关地区建立科技创新券财政资金跨区域结算机制，统一技术标准，建立杭嘉多层次知识产权交易市场体系，探索"揭榜制"科研项目立项和组织机制。三是加快金融支撑体系一体化建设，重点推进同城化金融服务、金融机构协同布局、跨区域联合授信，加快推进异地存贷、信用担保、支付清算等业务同城化和金融风险联防联控等。四是建立统一的项目准入和退出标准，优化企业自由迁移服务机制，推动两地企业审批标准化和信息共享，探索"一照多址、一证多址"，简化企业在区域内开办经营，加快两地企业信用体系统一，畅通市场准入。

四、创新机制

（一）沟通协调机制

（1）共同制定顶层规划。坚持互尊互信互谅、协同协作协力，加快打造高质量发展共同体，推动两地共同研究制定一体化板块实施方案，协商明确空间范围，启动区块涉及产业发展、城镇建设、生态保护、社会治理、设施联通、政策保障等重点任务的一体化顶层设计路径。条件成熟地区，可同步推进一体化合作区先行启动板块规划工作，合力保障一体化合作区高质量发展。

（2）签订更多领域合作框架。在一体化合作先行区发展规划（实施方案）引领下，推动两地签署高质量推进一体化发展合作框架协议，从具体的重大事项、建设项目层面，实质性推进一体化发展规划。鼓励两地产业、教育、科技、生态环境、交通运输、水资源、商务、文旅、卫生健康、应急救援、市场监督管理、医疗保障等具体职能部门，签订专项合作协议，分领域细化落实一体化发展规划要求。

（3）落实议事协调机制。建立两地政府主要领导不定期会晤机制，系统总结上阶段两地一体化发展的经验，解决具有重大争议分歧的事项，共同明确下一阶段一体化发展方向。建立发展改革、经信、自然资源、生态环境、财政等相关职能部门的联席会议会商制度，主要解决一体化过程中出现的具体问题，包括重大项目的规划落地、指标要素的分配统筹、项目资金的财政支撑等。

（二）管理开发机制

（1）优化设立一体化领导小组。在两地领导会晤机制、部门联席会议决策机制的基础上，推进成立两地一体化发展领导小组，负责指导、协调和解决一体化合作区建设和管理中的重大问题。同时为保障全省一体化合作区长期稳定、可持续发展，建立健全合作建设协调机制，省级层面可明确大都市区领导小组中增设一体化合作区建设协调功能，负责全省一体化合作区统筹协调工作。

（2）**共建完善一体化管理机制**。形成两地常态化交流沟通机制，鼓励两市共同设立一体化发展办公室，工作人员由两地抽调，统筹推进两地公共服务共享、交通互联、产业协同、一体化合作区共建等工作。办公室可下设一体化合作区先行板块建设专班，具体负责先行板块规划建设。

（3）**适时研究组建合作区管委会**。抽调两地职能部门精干人员，成立合作区管委会并下设机构，管委会及其下设机构的管理范围和管理权限可以根据合作区开发情况适时进行调整，具体由两地政府协商而定，报省人民政府确定。两地政府及其部门根据合作区发展需要，可以委托、授权或者以其他方式交由合作区管委会及其下设机构行使发展改革、规划管理、财政管理、城市建设、产业发展、土地房产管理等管理权限。

（4）**谋划建立投资开发公司**。坚持"以资本为纽带、以企业为主体"的开发模式，加强多元复合投融资平台建设。由两地以现金或土地等形式共同出资，确定好股份占比，设立合作区开发投资公司，直接受管委会领导。投资开发公司既作为投融资平台，又作为开发建设实体，实行财务独立核算、自主经营，主要负责推进土地综合开发和区域基础设施建设。

（5）**共排一体化重点项目清单**。围绕标志性区块和重点合作领域，两地相关县市区共同谋划重大合作项目、重大合作事项，提出若干落地性、标志性强的抓手项目清单，排出时序，争取加快推进一批互联互通项目，同时将重点项目纳入两地"十四五"规划，真正对一体化合作区建设形成有力支撑。

（三）**要素创新机制**

（1）**重大指标统筹机制**。两地共同争取省级层面在财政资金、机构编制、用地用海、节能减排等方面政策支持。统筹安排保护与发展空间，并在本轮市国土空间总体规划中予以落实，重点保障会展新城（中心）、枢纽道路、产业承载平台等重点区块、重点项目。所涉及土地指标及占补平衡、能耗指标、排污指标分摊方式由两地协商，争取由省政府单列切块下达。在市级安排年度新增建设用地计划指标时，对一体化合作区重点项目予以倾斜支持。对合作区重大交通及基础设施项目，积极支持列入省市重点项目。对合作区重大产业合作项目，支持优先纳入省重大产业项目库、六个千亿项目库等。

(2) **财政税收共保机制。**为支持一体化合作区开发建设，建议合作区税收、土地出让金（海域使用金）按规定上缴中央、省后，省通过转移支付方式全额给予支持，市留成部分全额返还至合作区，用于合作区滚动开发。争取在省级工业发展专项资金、科技发展专项资金、就业创业专项资金、人才发展专项资金、旅游发展专项资金和现代农业发展专项资金等省级专项资金分配上，向一体化合作区倾斜。如合作区完全设立在一方范围内，则应按照权责共担原则，允许当地政府提取部分税收用于合作区内教育、医疗、文化、社会保障等社会事务。

(3) **统计数据共享机制。**合作区经济社会发展指标统计按国家相关规定执行。在对外公布时，如合作区建设范围仅在某地内，则合作区内生产总值等主要统计数据按在地原则依法报送给属地政府；如合作区建设范围跨两地，区内工业产值、投资、外贸进出口等统计数据则分别报送给两地政府。在政府内部考核时，允许合作区双方综合投资额、资源等因素，合理划分地区生产总值、工业总产值、固定资产投资额等主要统计数据比例，具体比例可由双方进一步协商。

(4) **优化公共资源配置。**探索搭建跨市域公共资源交易平台，加快一体化合作先行区公共要素资源信息共享、资源整合，促进排污权、用水权、碳排放权、用能权等环境权益交易场所的互联互通。降低土地交易成本，优化跨市域建设用地指标周转机制。

（四）市场准入机制

(1) **鼓励第三方机构参与合作园区开发建设管理。**鼓励两地政府合作方共同设立投融资公司，采取政府和社会资本合作等模式，吸引社会资本参与合作园区的开发建设和运营管理。提高园区专业化运行水平，支持通过特许经营、政府购买服务等方式，将先行区部分或全部事务委托给第三方运营管理，条件成熟地区可探索园区管理与日常运营相分离。

(2) **完善重大基础设施项目市场准入开发机制。**涉及在轨道交通、生态环境、平台开发等重大基础设施建设项目，建议在两地政府联合制定准入标准并审议批准前提下，采用以合同管理为核心的市场采购模式，鼓励符合条件的市场主体组建都市区发展建设公司，参与跨区域项目的建设、运营和资源经营委托管理，整体推动都市区资源一体化开发建设和运营管理。

(3) **探索构建跨界互动的公共服务混合供给体系。**积极发挥各类企业在都市区建设专业领域的特长优势，引导参与跨市域城市大脑、未来社区、海绵城市、智慧政务等公共服务设施建设运营与管理，鼓励企业组建跨地区跨行业的产业、技术、创新、人才等合作平台，扩大公共服务供给范围。

五、保障措施

(一) 加强组织领导

充分发挥浙江省推进"四大建设"工作联席会议办公室的统筹协调作用，研究制定省内重点区域一体化发展的重大政策、重大规划，统筹协调一体化发展的重大问题，落实省内重点区域一体化发展的顶层设计。充分发挥中心城市引领作用，由杭州市牵头推动杭绍板块、宁波市牵头推动甬舟板块、绍兴市牵头推动甬绍板块、嘉兴市牵头推动杭嘉板块、湖州市牵头推动嘉湖板块建设，相关城市积极参与配合，协同建立高层决策、专项推进、工作落实合作机制，落实由两市高层领衔、重点部门会商、常态化轮值的一体化发展联席会议制度，成立由两地发展改革部门牵头、实体化运作的一体化发展办公室，组建规划、交通、产业、环境、民生、市场等等相关部门组成的工作推进专班。涉及一体化合作先行区板块相关县（市、区）要承担主体责任，主动作为，研究建立产业合理布局、有序招商和错位发展等工作机制，鼓励围绕合作开发板块联合设立管委会开展实体化合作，承担统筹协调、资源配置和推进实施职责。

(二) 完善规划体系

建立完善以大都市区建设行动计划、四大都市区规划纲要为指导，以本意见为指导，深化开展甬舟、杭绍、绍甬、杭嘉、嘉湖五大省内一体化合作先行区建设方案编制工作，明确落实重点板块、合作模式、主要任务、重点事项、责任清单，确保各项措施落实到位、取得实效。围绕工作重点开展道路对接、产业协同、服务同城、民生共享、生态共保等专项规划编制，签订更多可操作可落地的合作框架。以省域国土空间规划编制为契机，将省内一体化先行区重点板块纳入城市开发边界管理范围，完善跨市域重要板块的空间管控、战略留白以及廊道对接机制，推动各项规划多规融合，引导两地合作开展市域总体规划编制。

（三）强化要素保障

（1）加大财政支持力度。建议省、市按一定比例共同出资设立一体化合作先行区财政专项资金和投资基金，用于先行启动区的建设发展和相关运行保障。加大对一体化先行示范区财政支持力度，积极争取中央转移支付和地方政府债务等方面的财政支持。对于一体化合作先行区范围内所产生的税收、土地出让收益等方面的省市级部分奖励留存于当地开发公司，滚动用于园区开发建设。

（2）加强土地要素保障。全省分解到各地的建设用地计划指标，要确保一定比例切块用于省内一体化合作先行区建设，对承接一体化合作先行区建设的市、县（市、区）要有一定的倾斜支持。一体化合作先行区内涉及区域规划的轨道、高速公路、国道、航道、通用机场等重大基础设施项目用地指标，由省统筹安排和优先保障。结合全域土地综合整治工作，优先将一体化合作先行区内项目申报列入永久基本农田规划调整试点。对于跨市域断头路等重大、急需的基础设施、生态治理项目建设占用耕地、林地的，由各市在完善占补平衡管理的基础上，探索建立承诺补充机制。

（四）加大政策支持力度

（1）**支持共建省级高能级平台。**鼓励跨县（市、区）行政区域的开发平台建立联合管理机构，支持一体化合作先行区联合申报纳入省级高能级平台，鼓励高能级平台品牌输出和分区分园建设。支持一体化合作先行区内复制推广既有高能级平台相关优惠政策。完善跨区域平台协同招商、携手开发政策配套机制，支持两地协商开展土地出让及税收分成、土地指标共享、重大项目、龙头企业培育等"一事一议"政策创新。

（2）**赋予开发主体相关管理权限。**赋予一体化合作先行区管委会相对独立的经济社会管理权限，财政和要素保障实行封闭运行，全面实行实体化运作，切实做到"审批不出区、办事不出门"。由中心城市牵头，相关市配合，赋予一体化合作先行区管委会跨区域项目审批、核准和备案管理权限，并联合相关县（市、区）政府行使本地控详规划的审批权。

(3) **落实跨区域人才同城化待遇。**建立一体化合作先行区内统一的人才一体化评价和互认机制，统一相关职业资格考试合格标准和职称评审标准。对于在一体化合作先行区内落户的高层次人才，建立享受跨市域同城化服务共享机制，推进就医就学、交通出行、旅游观光、疗养休养、人才购房等方面实现同城化待遇。

（课题组成员：周世锋、潘毅刚、柯敏、胡淑芬、胡思琪、毛翰宣、薛峰）

共同富裕重大问题研究[1]

高质量发展建设共同富裕示范区是国家赋予浙江的新使命、新期待。浙江作为全国经济最发达的省份之一,推进共同富裕的基础和优势明显。全省居民人均可支配收入稳居全国第三、省(区)第一,是全国平均水平的1.6倍;居民可支配收入最高市与最低市的收入倍差为1.64,是全国唯一所有设区市人均可支配收入都超过全国平均水平的省份;城镇和农村居民可支配收入分别连续20年和36年居全国各省区第一,城乡居民收入倍差1.96,小于全国(2.56),居全国第三位;收入公平走在前列,基尼系数为0.372,小于全国(0.465)及沿海发达省市。浙江省委十四届九次全会指出,共同富裕美好社会是社会结构更优化、体制机制更完善的社会形态,是一场以缩小地区差距、城乡差距、收入差距为标志的社会变革。本研究聚焦三个差距,分析差距现状,探讨内在问题,提出对策建议,供参考。

一、地区差距问题及对策建议

(一)地区差距现状

以设区市为研究对象,以人均GDP为核心指标,运用dagum基尼系数对2010—2020年浙江、江苏、广东三省以及浙江省各地市地区差距进行量化分析,

---

[1] 该项目由浙江省发展和改革委员会委托。

得到如下结论:

(1) 浙江省地区经济差距较江苏、广东小,且逐年缩小态势明显。用dagum基尼系数对浙江省、江苏省、广东省2010—2020年地区差距进行衡量,得出浙江省地区差距呈现逐年下降趋势,2020年较2010年下降了38.3%;在三个省中,浙江地区差距明显小于江苏和广东,且过去10年地区差距缩小速度也明显快于其他两省。

(2) 浙西南与浙东北地区经济差距仍在扩大。温州、金华占全省GDP比重由2010年的18.6%下降至2020年的17.9%。温州都市区和金义都市区发展较为滞后,核心城市的科研、教育、金融等高能级服务功能发育滞后,对区域由县域经济向都市区经济转型的辐射带动作用较小,区域发展较为分散,还未形成聚合发展态势,都市区建设还处于起步阶段。衢州、丽水占全省GDP由2010年的5.1%下降至2020年的4.9%。衢州、丽水所有县市区均属于山区26县,占26县总额的57.7%。衢州、丽水作为全省大花园核心区和老革命根据地,受制于区位交通、地形地貌等因素,发展速度不快,大量人口流失,农村空心化问题突出,生态产品价值转化仍处于探索阶段。

(3) 丽水、衢州、温州、金华是进一步缩小全省地区差距的关键区域。对地区差距按地市进行分解,杭州、宁波人均GDP高于全省平均值,对全省地区差距的贡献度最大,且杭州市贡献度呈现上升趋势,宁波市贡献度呈现下降趋势;丽水、衢州、温州人均GDP低于全省平均值,对全省地区差距的贡献度均超过10%,且丽水、衢州贡献度呈现整体下降趋势,温州贡献度呈现整体上升趋势;金华人均GDP低于全省平均值,对全省地区差异的贡献度变化大,2020年较2010年提升2.77个百分点。因此,丽水、衢州、温州、金华是进一步缩小全省地区差距的关键区域。

(二) 问题剖析

(1) 从开发条件看。浙江省域地形自西南向东北呈阶梯状倾斜,西南以山地为主,中部以丘陵为主,东北部是低平的冲积平原。全省建设用地主要集中在杭嘉湖平原、宁绍平原、金衢盆地和温黄平原等地区。其中,环杭州湾地区开发强度最大,基本形成连片开发态势,浙西南、浙西北丘陵山区开发强度较小,丽水地区开发强度仅为3.52%。天然的地形地貌条件，使得浙江省空间格局整体呈现经济重心在浙东沿海、生态重心在西部山区、两个区域高度互补的区域特征。从交通条件看，丽水当前还没有机场，离最近的温州机场2个小时车程，衢州机场是全省7个机场中年客货运量最小的一个；丽水市各县市区，莲都、缙云、青田通高铁，庆元、龙泉、松阳、遂昌、云和、景宁六县市通动车，云和、景宁两县没通火车；衢州、丽水2020年的公路密度分别为96.8千米／百平方千米和90.8千米／百平方千米，低于全省平均值115千米／百平方千米。

（2）从人口集聚看。根据第七次全国人口普查数据，2020年全省常住人口6468万人，其中杭州市占比为18.5%，其次为温州、宁波，分别占14.8%和14.6%，丽水、衢州、舟山三市常住人口最少，占比分别仅为3.9%、3.5%、1.8%。2010—2020年，全省新增常住人口1025.3万人，其中，杭州市新增常住人口占全省增量的31.85%，其次为宁波17.7%、金华16.6%，而衢州、丽水新增常住人口占全省增量分别仅为1.5%和3.8%。从常住人口城镇化率看，衢州常住人口城镇化率最低，不足60%，其次为丽水、台州、湖州、金华，均不足70%。

（3）从产业平台看。全省有21个国家级经济技术开发区、8个国家级高新技术产业开发区、82个省级经济技术开发区，覆盖了全省所有县市，并呈环杭州湾、温台沿海、金衢丽高速公路集聚的特征。其中，杭州湾地区集聚了16个国家级经济技术开发区、6个国家级高新技术产业开发区和8个产业集聚区。杭州湾地区还是全省上市公司、民营500强企业分布最为密集的地区。2019年，仅杭州就集聚了132家上市公司，同处杭州湾地区的宁波和绍兴紧随其后。而衢州、丽水上市公司分别仅为7家、3家，民营500强企业分别为0家、1家。

（4）从科技创新看。从全省创新城市综合评估情况来看，杭州湾地区是全省创新要素最为密集和创新生态体系最为健全的地区，且呈现以核心城市为引领的发展态势。杭州集聚了全省大部分的高校、国家重点实验室和之江实验室等新型科研机构，以及超过一半的省级创新服务子平台，已成为国家级创新创业中心。宁波的创新服务功能不断提升，继杭州之后，也获批国家级自主创新示范区，成为首个"中国制造2025"试点示范城市，其PCT国际专利申请量、发明专利授权量、每万人发明专利拥有量都紧随杭州之后。在高等教育方面，全省共有本科院校59所，衢州、丽水分别仅有1所，两市高等教育毛入学率也低于全省平均水平。

(5) **从区域协作看**。2002年4月，浙江省正式实施山海协作工程，截至2020年底，全省已经建成省级山海协作产业园9个，生态旅游文化产业园16个，各类产业、科创、"消薄"和其他类"飞地"园区达21个。虽然山海协作产业园、生态旅游文化产业园和各类"飞地"园区建设取得了一定成效，但仍然存在个别产业园建设速度不够快、大好高项目比较少、产业层次和亩均效益偏低等问题。如9个山海协作产业园中，最好的江山－柯桥工业产业园工业总产值达到45.98亿元，较差的只有3亿元左右。从16个生态旅游文化园招商引资情况看，最好的开化－桐乡生态旅游文化产业园引进资金7亿多元，较差的招商引资不足2000万元。全省9个山海协作产业园亩均税收约为15万元，远低于规模以上工业企业亩均税收的平均值28万元；亩均增加值约为69.4万元，低于规模以上工业平均值104.7万元。经济发达地区与加快发展地区联动协同不够紧密，"山热海冷"的现象较为普遍。

(三) 对策建议

(1) **积极推进浙中崛起、浙南振兴**。四大都市区是浙江省城市化的主体形态、空间战略安排的主要平台，但目前浙中和浙南片的金义和温州都市区发展明显弱于浙北片的杭州和宁波，导致区域非均衡发展有日趋加深的态势。从区域重要性看，温州和金义大都市区是浙江省中部以南区域的重要城市集聚中心，分别是沿海城市群和浙中城市群的主体，是海洋经济和对外开放的重要区域，具有联动南北、东西的重要枢纽作用，其综合能级相对偏低、提升乏力，影响了省域空间的总体均衡化发展，不利于山海协作与区域协调发展。因此，加快推进浙中崛起和浙南振兴是缩小地区差距的基本要求。浙中崛起，推动金华义乌聚合同城化发展，做强金义都市区核心。支持中国（浙江）自贸试验区金义片区建设，率先推进贸易自由、投资自由、资金自由、运输自由、人员进出自由等改革。支持金华、义乌两个国家级高新技术产业园区创建，金华国家消费品工业"三品"战略示范试点城市和省级数字经济创新发展试验区建设，引导传统制造业转型升级。支持金华义乌国际机场（义乌机场迁建）项目，推进金华－义乌港与宁波舟山港

一体化，打通"义新欧""义甬舟""网上丝绸之路"开放大通道。浙南振兴，支持温州深化民营经济发展综合改革，加快温州国家自主创新示范区和"两个健康"先行区建设，培育环大罗山科创走廊，争创国家要素市场化配置综合改革试点，打造先进制造标杆城市和民营经济高质量发展示范区。提升甬台温临港产业带，支持温州创建国家级临空经济示范区和国家海洋经济发展示范区。

（2）**加大衢丽大花园核心区发展支持力度**。衢州、丽水作为浙江重要的生态功能区，为生态保护牺牲了巨大的发展机遇，成为全省经济发展的洼地和缩小地区差距的关键区域。加强衢丽交通设施建设支持，突出丽水和衢州大城市核心节点，推进丽水机场、通用机场、浙西航空物流枢纽、杭衢高铁、衢丽铁路、金台铁路、杭丽铁路、金遂松龙铁路、横店至缙云铁路、丽水至云和铁路、合温高速等项目建设，打开浙西南航空通道，优化铁路网，提升高速网。聚焦衢丽"困在山上、散在路上"的现实问题，加大对衢州、丽水市内国省道建设支持，提高两市高等级公路密度，同时，结合高速和国省道改造扩容、钱塘江和瓯江航道通航能力提升等工程，建设美丽示范交通廊道，提高主要景区景点交通联系便利度。大力支持义甬舟大通道西延，促进衢州、丽水与宁波舟山港、义乌国际陆港协作联动，充分发挥宁波港口优势，带动浙西、浙南地区货物出口。加强衢丽产业发展支持，开展衢丽大花园核心区生态产品价值实现机制试点，率先建立两山银行，探索国家公园、农村闲置空间等价值转化路径。支持衢丽创建幸福产业先行区，大力发展旅游、文化、体育、健康、养老等产业。统筹全省职工疗休养市场，加强衢丽旅游消费导入。支持衢丽革命老区振兴，创新推进红绿融合发展。支持衢州、丽水打造"千亿级规模、百亿级税收"高能级战略平台，提质升级山区工业平台。支持衢州建设四省边际城市、丽水建设华侨经济文化合作试验区。

（3）**优化科技资源全省布局**。科技创新资源布局的不均衡是造成地区差距持续拉大的重要因素，因此，缩小地区差距必须对薄弱地区增强科技创新资源布局，增强其发展内生动力。推进G60科创走廊和沿海科创走廊建设，G60科创走廊以G60高速和沪苏湖高铁为纽带，以杭州为创新引擎、以嘉兴为副中心，串联沿线湖州、绍兴、金华和衢州等六市以及主要科创平台，重点加强杭州城西科创大走廊、嘉兴G60科创走廊、金华金义科创廊道、绍兴科创大走廊、湖州南太湖科创走廊（南太湖新区）、衢州绿色科创走廊（衢州绿色产业集聚区）六大高能级战略平台集聚，积极建设国家级科技基础设施集群，共建共享具有全球影响力的科研平台。沿海科创走廊，以甬莞高速、沈海高速为纽带，以宁波为创新引擎，以温州和台州为重点支撑，串联沿线县市主要科创平台，重点加强宁波甬江科创大走廊、台州环台州湾科创走廊、温州环大罗山科创走廊的建设。增加温州、金华、衢州、丽水科创资源布局，支持金华浙中实验室、温州瓯江实验室建设，在丽水、衢州谋划建设高能级科创平台。支持衢州、丽水在杭州建设科创"飞地"。支持浙江大学、之江实验室等在衢州、丽水、金华、温州等地建设研究中心。推动"双一流"院校、科研机构到衢州、丽水设立研究院或共建现代产业学院。支持衢州、丽水职业技能培训基地建设，引导省内外高校在衢丽建设产教融合基地和产学研基地。

（4）**创新山海协作机制**。山海协作是习近平同志在浙江工作期间亲自谋划推动的重点工程，是缩小区域差距的有效抓手。推动现有山海协作平台创新发展，高水平建设省级山海协作产业园，进一步完善省级山海协作产业园区共建机制和管理运营机制，强化与发达地区协作，以构建本地特色生态型现代产业集群为目标，借鉴发达地区在产业招商方面的先进经验，积极招引符合高质量发展要求的大项目好项目，打造山区生态工业发展的主平台；高水平建设生态旅游文化园，进一步探索山海协作生态旅游文化产业园共建机制和开发模式，依托山区良好的自然生态旅游资源和历史人文景观，引进沿海地区的资本、管理运营模式，推动"一园多点"建设；高水平推动结对市县建设共建园区，依托结对市县资源和产业基础，发挥结对市县双方的特色优势，鼓励和支持结对市县共建一批特色化的合作园区。探索发展"飞地经济"，针对淳安县、文成县、泰顺县等11个国家重点生态功能区，加强与杭州、宁波等中心城市的产业集聚区、工业园区等合作，探索建立若干生态补偿"飞地"园区；支持衢州和丽水在杭州、宁波、上海等中心城市谋划建设市级"科创飞地"；以楼宇经济为主要模式，建设杭丽、杭衢绿色产业园，明确合作共建机制和税收分成比例，为衢州、丽水导入优质产业资源提供平台。创新发达地区与加快发展地区"先富带后富"机制，经常性组织项目推介会，吸引杭州、宁波优质企业到衢州、丽水、金华等地投资。在杭州、宁波建设

消费扶贫综合体，集成衢州、丽水的农产品、旅游产品、康养产品等，以推出消费券等形式，促进杭州、宁波等地消费向衢州、丽水流动。

二、城乡差距问题及对策建议

(一) 城乡差距现状

对全省 11 个设区市和 56 个县市 2010—2020 年城镇居民人均可支配收入、农村居民人均可支配收入以及城乡居民收入比进行分析，得到如下结论：

(1) **金华、丽水城乡居民收入差距最大，丽水、衢州城乡居民收入差距缩小幅度最大。**从全省看，2010—2020 年间，城乡居民收入比从 2.421 降至 1.964，降幅为 18.9%，低于全国水平（2.56），居全国第三位。11 个设区市中，嘉兴、湖州城乡居民收入比最小，金华、丽水城乡居民收入比高于全省平均水平；衢州、丽水、绍兴 10 年内降幅超过 20%，其中丽水超过 30%。杭州、绍兴、衢州、台州四市城乡居民收入比小于全省平均水平，且降幅大于全省平均水平，为缩小城乡差距成效较好的市；金华城乡居民收入比大于全省平均水平，且降幅小于全省平均水平，为下一步缩小城乡差距需要加强的市。

(2) **56 个县市中岱山县城乡居民收入差距最小，山区 26 县城乡居民收入差距普遍较大。**56 个县市中岱山县城乡居民收入差距最小，为 1.444；遂昌县城乡居民收入差距最大，为 2.265。城乡居民收入差距最大的 10 个县市均属于山区 26 县，且城乡居民收入比均超过 2。将城镇居民人均可支配收入、农村居民人均可支配收入以及城乡居民人均收入比三个指标一起考虑，可以得出富阳、余姚、慈溪等 16 个县市城乡居民收入均高于全省平均水平，且城乡居民收入比小于全省平均水平，为高水平城乡均衡的县市；建德、永嘉、苍南等 12 个县市城乡居民收入均低于全省平均水平，且城乡居民收入比小于全省平均水平，为低水平城乡均衡的县市；淳安、平阳、文成等 11 个县市城乡居民收入均低于全省平均水平，且城乡居民收入比大于全省平均水平，为城乡较不均衡的县市，需要重点关注。从过去 10 年城乡居民收入差距降幅看，武义、开化两县降幅最低，丽水市辖县市降幅普遍较大，其中青田县城乡居民收入差距降幅最大。

（二）问题剖析

（1）从**农业发展**看。人均耕地面积少，碎片化问题突出，农业产出效率不高。根据第二次土地调查，浙江省人均耕地面积0.56亩，农户户均耕地面积约为全国的三分之一。户均耕地面积小，组织程度低，造成农业机械化推进困难，严重束缚了农村生产力的发展，影响了农产品的市场竞争力，制约了农民收入的进一步提高。根据国际经验，土地经营规模在60亩以上才能取得较高的生产效率。中共中央办公厅和国务院办公厅于2014年11月印发的《关于引导农村土地经营权有序流转发展农业适度规模经营的意见》，明确提出了对土地经营规模相当于当地户均承包地面积10～15倍、务农收入相当于当地第二、第三产业务工收入的，应当给予重点扶持。除此之外，浙江省中药材、茶叶等经济作物种植以及鱼虾养殖等是农民的重要收入来源，随着耕地"非农化""非粮化"整治，经济作物种植受限，农业产出效率有下降的风险，影响农民收入。

（2）从**农村发展**看。农村人口大量外流，农村闲置空间价值无法转化释放。全省从事农业人员占农村人口不足15%，大量农民离开乡村到城镇就业，造成规模庞大的空间和资源闲置，包括抛荒的农田、长期无人居住的农房等。另外，浙江省还存在较大体量的村庄留用地，普遍存在开发程度低的问题，多数仍为闲置用地。2003年以来，全省实施了"千村示范、万村整治"工程，造就了万千美丽乡村。这些乡村基础设施完善、环境风貌优美，但由于闲置空间和资源利用路径尚未打通，产业发展受到空间限制，集体经济薄弱，"空心化"问题日趋严重。农村"一户多宅"和超标准宅基地问题仍然较为普遍，历史遗留问题复杂。农村居民建房需求大，但受制于缺少宅基地，建房难问题突出。农村转移人口面临农村宅基地闲置与城镇住房困难并存问题。

（3）从**城镇化**看。国家下达给浙江的新增建设用地计划指标逐步收紧，使其土地利用规划空间不足的制约日趋突出。另一方面，浙江省土地集约节约利用水平不高，2020年全省单位建设用地GDP为31.28万元/亩，单位建设用地产出提升空间较大。人口加速向城镇集聚，医疗、教育、养老、托幼、家政等服务缺口不断扩大，特别是县城短板更为突出。农业转移人口进城，受自身知识和技能所限，大部分灵活就业，从事稳定性较差和抗风险能力较弱的工作，一旦遭遇重大突发事件，很可能面临失业风险。进城农民工既无法便捷地享受户籍地公共服务，又因部分社会公共服务依旧建立在户籍基础上，在居住地面临公共服务领域"差别化对待"。许多农村学龄儿童不能方便地一起流动到他们父母工作和居住的地方，接受更好的教育。现有住房保障体系更多面向新市民和青年人，与低收入农民工群体之间适配性较差。

（三）对策建议

（1）推进农业适度规模化经营。浙江作为人多地少的农业劳动力转移就业大省，积极稳妥推进土地流转，发展适度规模经营，优化土地资源配置，提高劳动生产率，对促进农民增收具有重要意义。深化农村承包地"三权分置"改革。落实集体土地所有权、完善稳定承包权、放活农村承包地经营权，探索推进进城落户农民依法自愿有偿退出土地承包权。全面推动有序流转、适度规模经营。鼓励农民将农地经营权流转给新型农业经营主体，引导农户实行以地入股，组建股份合作组织，采取自营或委托经营等方式发展农业适度规模经营。建立农村土地流转公开市场和信息平台，保障农村土地经营权流转交易公开、公正、规范运行。积极推广嘉兴农业经济开发区建设模式。大力推动农业机械化和农业服务社会化。推进高标准农田建设，改善宜机化生产条件。大力培育农机专业合作社、作业公司等农机服务组织，引导村集体经济组织发展农机服务，鼓励家庭农场、农业企业、农创客等农业经营主体从事农机作业服务，以农业机械化和农业服务社会化规模化弥补耕地规模的不足。积极推进农业领域一、二、三产业融合，推进稻鱼共生、稻虾共生等模式，推进农业种植、生产、加工、销售等产业链集成，以及农旅深度融合发展，提升农业综合效率。积极争取耕地"非粮化"政策突破，为富民经济作物种植保留空间。

（2）推进农村集体经营性建设用地入市。2020年新的《中华人民共和国土地管理法》实施，其中第六十三条为农村集体经营性建设用地入市提供了合法性基础，第四十五条明确了农村集体经营性建设用地的征收范围以及农村集体经营性建设用地入市实际过程中"非必要，不征收"的入市原则，最大限度保障集体和农民利益。稳步推进全省域开展农村集体经营性建设用地入市试点，赋予集体经营性建设用地完整权能，实现与国有土地同等入市、同权同价。制定农村集体经营性建设用地入市政策制度。制定出台农村集体经营性建设用地入市实施意见，完善入市程序、交易规则，推进入市土地抵押贷款、增值收益调节金征收使用等相关配套政策制定。依托国家城乡融合发展试验区浙江嘉湖片区，率先形成农村集体经营性建设用地入市制度体系。健全城乡统一的建设用地市场。总结推广德清全国试点经验，在全面完成集体土地所有权确权登记颁证的基础上，根据入市需求设计了自主入市、委托入市、合作入市三种实现形式。探索建立农村集体经营性建设用地使用权转让、出租、抵押二级市场。探索利用集体建设用地和企事业单位自有闲置土地建设租赁住房，稳妥推进杭州市开展农村集体经营性建设用地建设租赁住房试点。推进农村集体土地留用地高效开发利用。开展全省村级留用地整理，制定出台农村集体土地留用地高效开发利用实施方案，简化办理留用地规划许可手续，规范办理留用地土地供应手续，鼓励国有和集体留用地入市流转，鼓励引入市场主体合作开发壮大村集体经济。深化农村集体资产股份合作制改革。探索推进集体所有自然资源统一确权登记，积极完善省、市、县、镇四级农村交易中心。探索农村集体经营权资产股权向非集体经济组织人员开放。积极推进村级组织"政经分离"试点建设，建设完善农村"三资"监管平台，建立动态监管及风险预警机制。

(3) **多举措提升城乡土地利用效率。**持续推进乡村全域土地整治和"亩均论英雄"改革，促进城乡建设用地指标调剂合作，不断提高土地利用效率。提升城镇用地效率，深化"亩均论英雄"改革，支持在"亩均论英雄"评价基础上，加大落后产能淘汰力度改革，开展工业全域治理试点，腾出发展空间。强化批而未供土地消化、供而未用土地处置、城镇低效用地再开发。率先在有地铁城市开展试点，实施地下空间分层式、综合性开发，完善地下交通网络、步行系统、公共停车场、综合管廊、商业文体设施等，打造一批隐形城市样板。创新城乡建设用地指标调剂合作。推广"产业飞地"模式，允许将乡村全域土地整治出来的建设用地指标以参股等形式在经济发达地区合建飞地园区，建立完善分成机制，提高用地指标经济产出效益。加快政策研究，适时推动城乡建设用地增减挂钩节余指标在全省范围内调剂。探索保障乡村产业发展的规划"留白"和动态实施机制。鼓励各地积极利用整治出的建设用地大力发展村集体经济。允许以县域为单位预留10%规划空间,待乡村产业融合发展项目确定后落位实施,有效解决"两山转化"和三产融合发展空间保障问题。

(4) **深入推进县城新型城镇化补短板强弱项。**县城是我国新型城镇化的主战场,浙江的56个县城集聚了全省超过26%的人口。以县城为载体推进城镇化建设是国家今后一个时期的重要政策导向,县城将成为就地就近城镇化的重要载体。强化县城公共服务设施提标扩面,推进县级综合医院(含中医院)提标改造、县级疾控中心标准化建设,完善县级妇幼卫生健康服务机构,健全医疗卫生设施;建设公办幼儿园、改善义务教育学校设施、建设普通高中校园校舍设施等,完善教育设施;扩充护理型床位、建设县级特困人员供养服务设施(敬老院)、建设综合性托育服务机构和社区托育服务设施等,改善养老托育设施;推进市政公用设施提档升级,优化市政交通设施,完善市政管网设施,推进县城智慧化改造。持续加强就业服务和保障。完善农业转移人口职业教育及技能培训机制,重点针对新生代农民工等农业转移人口实施"金蓝领"职业技能提升行动。加强公共就业服务平台建设,对就业困难群体实施分类精准帮扶。构建社群帮扶机制,提高城市包容度,帮助农业转移人口及其随迁家属快速适应城市生产生活。创新实施城市"解困"工程,深化实施"春风行动"2.0版,关注城市生活困难人群。全面深化户籍制度改革和新型居住证制度。实施以经常居住地登记户口制度,允许进城落户的农业转移人口同时享受城镇基本公共服务和原有农村权益。深化"人地钱挂钩"的激励性配套政策,完善城镇新增建设用地规模与农业转移人口市民化挂钩政策,推动常住人口增长规模与城镇建设用地规模及公共服务设施用地保障相匹配,提高"人地"挂钩精准度。提高城市政府吸纳农业转移人口落户积极性,加大农业转移人口市民化奖励资金支持力度。统筹用好中央财政农业转移人口市民化奖励资金和省财政预算安排资金,完善省对下农业转移人口市民化奖补机制。探索居住证持有人积分入住保障房。继续加强义务教育经费保障,建立义务教育生均公用经费基准定额动态调整机制,完善积分入学政策,保障随迁子女受教育权利。

三、收入差距问题及对策建议

（一）收入差距现状

浙江是全国唯一所有设区市人均可支配收入都超过全国平均水平的省份，城镇居民和农村居民可支配收入已分别连续20年和36年居全国各省区首位。2020年，浙江省全体居民人均可支配收入52397元（江苏43390元、广东41029元），居民人均可支配收入稳居全国第三、省（区）第一，是全国平均水平的1.6倍。城镇常住居民人均可支配收入62699元（江苏53102元、广东50257元）；农村常住居民人均可支配收入31930元（江苏24198元、广东20143元）。从增长速度看，"十三五"期间，扣除价格上涨因素，全省城乡居民以及分类别的城镇居民、农村居民人均可支配收入平均实际增幅分别为5.6%、5.1%、6.1%，在绝对水平处于高位的前提下，依旧保持中高速增长态势。

（1）从收入结构看。工资性收入为居民收入的主要来源，占到57.4%；经营性收入受疫情影响较大，占比在2020年出现下降；财产性收入占比不大，特别是农村居民，占比不足3%；转移性收入占比不断增大，城乡居民以及分类别的城镇居民、农村居民收入中转移性收入占比2020年较2015年分别提高了0.6、0.5和1.3个百分点。

（2）从收入差距看。居民可支配收入最高市与最低市的收入倍差为1.64，基尼系数为0.372，小于全国（0.465）及沿海发达省份。2020年，全省非私营单位从业人员年平均工资为108645元，比上年增加8991元，扣除价格因素增长6.5%；私营单位从业人员年平均工资为60521元，比上年增加4138元，扣除价格因素增长4.9%。信息传输、软件和信息技术服务业，科学研究和技术服务业，金融业，卫生和社会工作，教育为平均工资较高的行业，建筑业、住宿和餐饮业、居民服务、修理和其他服务业为平均工资较低的行业。

（3）从收入群体看。根据省统计局测算，按国家统计局对中等收入群体的标准（家庭可支配收入10万～50万元），2020年全省中等收入群体4351.8万人（占比67.4%）；按浙江省标准（家庭可支配收入20万～60万元），全省中等收入群体1594.8万人（占比24.7%）。根据省民政厅测算，全省在册低收入群体（户籍

人口）共82.2万人，其中低保60.8万人、低边17.9万人、特困3.5万人。

(二) 问题剖析

（1）从居民增收情况看。城乡居民人均可支配收入增速低于同期GDP年均增速。在新冠肺炎疫情、中美经贸摩擦等多种因素的影响下，宏观经济进入了速度放缓、结构调整、动力转换的"新常态"。新常态下，企业发展减缓，导致居民工资性收入持续增长的动力不足。人力资源服务产业发展滞后，高质量就业岗位与优质人力资源配置过程中的市场信息不对称，导致就业市场出现结构性不匹配。高技能人才规模和比重偏小，截至2020年底，全省技能人才1013万人，其中高技能人才占比达31.7%。浙江技能人才总量、高技能人才数以及高技能人才占技能人才比重，均小于广东（技能人才总量达1357万人，其中高技能人才456万人，占比33.6%）和江苏（技能人才总量达1339.3万人，其中高技能人才455.1万人，占比34%），难以满足高质量就业岗位的需求。居民财富管理的意识和能力普遍不足，农村闲置资产盘活路径尚未打通，财产性收入占比增长幅度不大。

（2）从收入分配看。2020年，行业收入最高与最低的工资水平之比为3.04∶1。浙江省工资集体协商取得了较大成绩，但形式化问题仍然较为突出，主要表现为主体错位、程序简化、内容空洞、重签订轻履行，无法有效发挥保障劳动者群体劳动报酬权益的作用，不利于工资收入分配的规范化。人口老龄化，以及一次性养老保险补交政策导致的退休高峰的来临，使全省社保基金的支付压力和风险大大增加。以企业职工基本养老保险为例，职工养老保险制度抚养比已经由2012年的5.5∶1下降为2.6∶1，基金收支矛盾和政府"兜底"压力不断加剧，通过养老保险待遇的增长促进居民转移性收入增长的效应日益趋弱。另外，近年来，浙江省以互联网为基础平台的电子商务、快递物流、网络约车、网络直播等新业态蓬勃发展，从业人员达数百万。新业态用工关系灵活化、工作碎片化、工作安排去组织化，大部分就业人员未参加社保，不受劳动法关于工作时间、工作条件等限制，就业的稳定性和劳动权益难以得到有效保障。

(三) 对策建议

（1）多渠道促进居民增收。强化就业优先导向，全力推动创新创业创造，有效盘活居民财产，着力促进居民劳动性收入、经营性收入、财产性收入普遍较快增长。对劳动性收入，实施创新驱动发展战略，通过加快发展新经济，培育壮大新动能，推动新技术、新产业、新业态加速成长，着力振兴实体经济，创造新的就业岗位，确保居民收入稳定增长。大力发展人力资源服务产业，建立劳务对接信息平台，健全城乡一体化就业服务体系。突出保障重点群体就业，大力支持灵活就业，统筹做好零就业家庭成员以及妇女、退役军人、残疾人、农业转移人员等群体就业工作。不断激发全体劳动者的积极性、主动性和创造性，切实将提高收入建立在经济发展质量效益提升、劳动生产率提高的基础上，实现经济增长与收入增长互促共进。对经营性收入，推动"大众创业、万众创新"，进一步降低创业门槛，优化创业服务，强化创业教育培训。加大对小微企业和个体工商户的支持力度，以创业带动就业。深入推进乡村振兴"两进两回"，培育壮大强村公司，谋划共富产业园，创新农民参与村集体经济发展新机制。对财产性收入，大力发展财富管理产业，构建与城乡居民需求相适应的财富管理体系，丰富居民可投资金融产品。深化农村集体产权制度改革、农村承包地制度改革、农村宅基地制度改革，积极开展闲置宅基地和闲置农房盘活利用，增加农民财产性收入。

(2) 完善收入分配机制。深化工资收入分配，建立健全最低工资与经济增长及全社会平均工资增长的联动机制，通过最低工资政策的刚性作用，直接推动低收入群体工资收入增加，切实为弱势群体提供收入增长的保障。积极培育企业职工工资共决和正常增长机制，大力推行和强化工资集体协商，让职工在工资增长中充分享有更多的"话语权"。鼓励混合型所有制经济实行员工持股，形成资本所有者和劳动者利益共同体，进一步提高职工的收入水平。深化事业单位收入分配改革和国有企业工资决定机制改革。落实"浙江无欠薪"行动，保障劳动者所得。深化税收制度改革，全面落实提高个人所得税起征点、扩大中低档税率覆盖面、设立专项附加扣除、小微企业普惠性税收减免等税收支持政策，优化完善政策红利直达市场主体和居民个人机制。健全直接税体系，适当提高直接税比重。及时对阶段性小微企业税收减免政策开展评估，推动有效政策制度化，稳定市场主体预期和信心。完善社会保障体系，实施全民参保计划，督促和引导各类群体参加社会保险，完善居民、灵活就业人员和农民工等参保政策，尽快实现应保尽保。建立社会保险待遇正常调整机制，有序提高退休人员基本养老金和城乡居民基础养老金标准。进一步扩大失业保障范围，实施物价上涨临时补贴政策，充实完善失业保险金标准调整机制，适时适度提高待遇水平。积极筹集社保基金，委托全国社会保障基金理事会投资运营，提高基金收益率，确保基金的保值增值，增强社保基金的抗风险能力，促进社保基金可持续运行。大力发展慈善事业，畅通社会各方面参与慈善和社会救助的渠道，引导高收入群体和企业家向上向善。落实公益性捐赠税收优惠政策，大力发展慈善信托。

（3）强化九类重点群体增收激励。对技术工人，实施工匠培育工程和"金蓝领"职业技能提升行动，完善技能人才培养、引进、使用、评价、激励政策体系。对科研人员，完善科技成果转化长期激励和科研项目资金激励机制，创新科技要素参与分配机制，促进科技成果资本化、产业化。对个体工商户和小微创业者，大力培育市场主体，优化创业服务，完善促进小型企业、微型企业、家庭作坊式企业发展政策体系。对高校毕业生，引导鼓励高校毕业生在新兴领域、新兴业态就业创业，建设青年发展型城市。对高素质农民，实施科技强农、机械强农"双强行动"，推进农业适度规模化经营，推动农业领域一、二、三产业融合，提高农业产出效率。建立以新型职业农民为主体的农村实用人才队伍，深化"两进两回"机制，加速推进乡村振兴。对新业态从业人员，建立健全规范的用工管理制度，优化新业态就业和职业技能培训服务，完善新业态从业人员社会保障体系，维护从业人员合法权益，推动新经济快速、健康、高质量发展。对进城农民工，加大农村劳动力转移力度，着力稳定和扩大进城农民工就业创业，维护劳动保障权益，有序推进、逐步实现有条件有意愿的进城农民工市民化，平等享受城镇基本公共服务。对低收入农户，深入实施"大搬快聚富民安居"工程，壮大村集体经济，推进开发式扶贫，推进巩固拓展脱贫攻坚成果同乡村振兴有效衔接，健全"两不愁三保障"长效机制，促进低收入农户增收减支。对困难群体，强化政府兜底，实施低收入群体同步基本实现现代化行动，做好困难群体的精准救助，实现"弱有所扶"。

（课题组成员：潘晓栋、陈倪垚、林俐、章静波、吴思远）

浙江省省级医疗资源配置"十四五"规划研究[1]

医疗资源主要包括提供医疗服务的各类医疗机构、床位、人员、医学技术、信息资源和设施设备等生产要素。"十三五"以来，聚焦健康浙江建设，浙江省着力破解医疗资源配置不平衡不充分问题，人群主要健康指标位居全国前列。"十四五"是浙江省高水平全面建设社会主义现代化的第一个五年，也是开启率先实现卫生健康现代化新征程的第一个五年。为统筹协调好省级医院建设，促进优质医疗资源有效扩容和均衡布局，为人民群众提供更优质、更高效、更便捷的医疗服务，特开展本研究。规划研究期限为2021—2025年，展望至2035年。

一、研究背景

(一) 发展成效

省级医院作为全省最优质的医疗资源，是浙江省打造"医学高峰"的主力军、夯实公共卫生应急防控的排头兵、建设中医药强省的领头雁。截至2020年底，全省共有省级医院18家，其中，综合医院8家，中医医院（含中西医结合医院）4家，专科医院6家。"十三五"以来，浙江省坚决贯彻落实省委、省政府的重大决策部署，以全面建成卫生强省为目标，深入推进健康浙江建设，推动省级医院多

---

[1] 该项目由浙江省发展和改革委员会委托。

院区发展格局持续扩大，省级医疗资源的整体水平不断提高、活力优势不断激发。

——医疗服务能力持续增强。优质医疗资源规模优势明显。2020年，省级医院共有核定床位31030张（含重症床位621张），较2015年增长19.48%，实际开放床位33897张。省级医院共有卫生技术人员41074人，其中执业（助理）医师14514人，注册护士20520人，医护比为1∶1.41，远高于同期全省平均水平。优质医疗资源利用效率不断提高。2019年，省级医院门急诊3934.66万人次，出院158.41万人次，"十三五"前四年年均增速分别为6.92%、10.45%。省级医院平均床位周转次数52.09次，出院者平均住院日6.91天，与2015年相比，分别增加11.96次和减少1.98天。优质医疗资源下沉全面推进。"双下沉、两提升"持续深化，截至2020年底，15家省级医院通过全面托管、重点托管、专科托管等方式，与全省64家县级医院建立了合作办医关系，合作办医覆盖49个县（市、区），助力全省实现省市级优质医疗资源下沉县域全覆盖。

——"医学高峰"建设高水平起步，学科建设和科研创新水平不断提升。浙江大学医学院附属第一医院（以下简称"浙医一院"）、浙江大学医学院附属第二医院（以下简称"浙医二院"）和浙江大学医学院附属邵逸夫医院（以下简称"邵逸夫医院"）3家省级医院入选全国12所"A++"综合医院名单，"A++"医院数量与上海并列全国第二。浙医一院感染性疾病、浙江大学医学院附属儿童医院（以下简称"浙医儿院"）儿童健康与疾病、温州医科大学附属眼视光医院（以下简称"温医大眼视光医院"）眼耳鼻喉疾病三个学科获批国家临床医学研究中心，实现零的突破。温医大眼视光医院成为全国医疗机构唯一一家拥有三个"国字号"研究平台的单位。浙医一院、浙医二院等10家省级医院成功承担并启动委省共建1个国家医学中心、7个国家区域医疗中心和10个重点培育专科的建设任务，国家儿童区域医疗中心落地运行。浙医一院等7家单位进入全国科技实力百强医院名单，新增2家，全国百强学科数从153个增加至212个，引进高层次人才612人，国家级人才累计达285人。"互联网+医疗健康"实现快速发展。"十三五"期间，所有省级医院完成号源池整合，网上开放号源比例达80%以上，门诊和病区智慧结算率分别达84.73%和81.59%。浙医一院建立全国首个公立三甲线上院区"浙一互联网医院"；浙医二院打造全国首个全数据互联互通的互联网医疗体系，在全国首创"eICU"托管模式、"5G+智慧急救"体系；温医大眼视光医院开设全国首家5G眼科远程门诊，打造了全新的眼科就诊模式；邵逸夫医院探索"互联网+医疗服务"新模式获得国家卫健委肯定，并向全国推广。

——重大疫情处置能力显著提升。面对新冠肺炎疫情防控救治任务，充分发挥省级医院一线阵地作用，4家省级定点医院集中收治重症、危重症病人，助力浙江在确诊1000例以上的省份中死亡率最低。省级医院医务人员作为援鄂医疗队主力军参与武汉、荆门抗疫防疫斗争；浙医一院、浙医二院等省级医院通过视频连线累计向67个国家近700家医疗卫生机构分享抗疫经验；浙医二院编写的《新冠疫情暴发下的医院应对策略指南》被翻译成28种语言在全球发布；邵逸夫医院参与起草修订多个互联网助力疫情防控的国家政策文件。

——中医药传承创新卓有成效。中医药重点学科和创新平台建设纵深推进，浙江中医药大学附属第二医院（以下简称"省新华医院"）被列入第二批国家中医临床研究基地建设单位名单，4家省级医院被列入国家中医药传承创新工程建设单位，省中医院血液病科入选国家区域中医（专科）诊疗中心建设项目，省中医院牵头的胃癌、省立同德医院牵头的重度抑郁症、省新华医院牵头的系统性红斑狼疮3个项目获批国家重大疑难疾病中西医临床协作试点项目。

（二）存在问题

1. 省级医疗资源空间结构有待调整

一是区域发展尚显不均。82.50%的省级医院（含分院区）集中布局于杭州城区，浙中、浙西等地区受制于区位及基础条件劣势，优质医疗资源配置相对不足，山区海岛等偏远地区资源相对缺乏、发展不快。二是优质医疗资源供需矛盾尚待化解。省级医院床位数占全省医院床位总量的9.30%，出院人次却占到全省医院出院总人次的15.98%。

2. 不同层级医疗资源调配有待优化

一是省级医院仍承担了大量常见病、多发病的诊治工作，医生疲于应付低水平的重复性劳动，"基层首诊、双向转诊、急慢分治、上下联动"的分级诊疗格局尚未形成。二是"双下沉"的精准性、创新性、实效性不足，对基层医院诊疗水平、医院管理、人才梯队建设等方面带动提升作用有待进一步加强。三是总院与分院间协调管理、医疗资源统筹配置等问题凸显，多院区一体化、同质化发展亟待创新推进。

3. 医学高峰建设有待加速提效

一是学科建设亟待进一步优化。学科发展不平衡现象凸显，重大疾病和疑难病例外流比例较高，妇产儿科等学科建设缺乏显示度高、标志性强的成果，在国际国内尚未形成影响力、辐射力。二是人才队伍建设有待突破。领军人才、创新人才、高水平创新团队不足，卫生高层次人才整体质量、数量和投入与上海、江苏、广东等存在较大差距，人才引培留问题仍然凸显。三是科技创新和科研转化能力有待加强。截至2019年底，累计7家省级医院入选全国科技实力百强医院，虽助力浙江成功跻身全国医院科技量值第一方阵，但在百强医院总数、科技产出、学术影响力等各方面仍与北京、上海、四川等省（直辖市）存在较大差距。

（三）面临形势

"十四五"时期是浙江省高水平建设健康浙江、加快推进卫生健康现代化的关键时期。新时期省级医院发展形势发生了深刻变化，面临新的机遇和挑战。

（1）建设社会主义现代化先行省赋予省级医院新使命。推动浙江省人民健康水平走在前列，是打造"重要窗口"、建设社会主义现代化先行省的重要内容之一。省级医院作为优质医疗资源主力军，更需服务大局、融入大局，坚持以提升创新策源能力为"硬核"，聚力打造更多具有较高影响力的标志性成果，加快打造"医学高峰"。

（2）共同富裕示范区建设等重大战略部署对省级医疗资源优化布局提出新要求。共同富裕示范区建设要求优质医疗资源均衡布局、精准下沉，浙江省努力解决城乡医疗资源配置失衡、山区海岛县医疗卫生服务能力弱等问题，这需要省级医院主动担当作为，加大向县域，特别是山区海岛县扩容下沉力度。此外，当前优质医疗资源空间布局高度集中，导致省域病源向杭州集中，进一步加剧优质医疗资源的供需矛盾。与杭州相比，温州、宁波、金华等区域优质医疗资源规模效应尚未显现，无法有效满足群众对优质医疗服务的需求，城市能级提升和人才聚集难以持续，进而影响全省大都市区发展战略的实施。省级医院要进一步通过扩容和均衡布局，更好服务和助力四大都市区建设。

（3）新冠肺炎疫情迫使省级医院加快适应新时局。在新冠肺炎疫情防控中，浙江省交出了防控高分报表，但也暴露出一些短板和弱项，医防融合机制、平战结合机制等还未有效建立。对于省级医院，特别是省级综合医院来说，需要进一步加强以平战转换为重点的公共卫生防控救治能力建设，进一步增强疑难危重症诊治能力，在法定和政府指定的公共卫生服务、突发事件紧急医疗救援等任务中充分发挥骨干作用。

（4）长三角一体化对医疗资源区域竞合提出新挑战。长三角区域一体化加剧上海对优质医疗资源的虹吸效应，区位和交通的便捷，进一步降低了获得上海优质医疗服务的时间成本，一定程度上导致省内医学人才和病人的外流。在长三角区域一体化发展的总体要求下，省级医疗资源亟待进一步明确医疗服务定位，在打造医疗高地中主动探索，进一步做好疏堵、并轨、提升文章，把提供优质医疗卫生服务的空间向省外延伸、向长三角辐射，不断提升浙江医疗卫生的溢出效应。

（5）从以治病为中心向以健康为中心转变对省级医院医疗服务能力提出新需求。随着人民生活水平持续提升，个人健康投资和消费意愿不断加强，全民医疗卫生服务需求仍将处于较快增长期，将呈现出更多元化、个性化和精准化的要求。且生产生活方式、就业结构、人际关系变化等将引发新健康问题，出生人口率下降、人员流动分化加剧、老龄化加速等对人口分布带来影响，对省级医疗资源配置提出了新的要求。

（6）数字化改革与健康科技创新发展迎来智慧医疗新机遇。随着人工智能、大数据、物联网、5G等新一代信息技术加速发展，生物技术、基因技术、新型靶点等生物技术飞速革新，医疗卫生技术进步和变革迎来了新的机遇。在疫情的催生下，"互联网＋"医疗服务重塑了就医模式，省级医院理应加快推动跨机构、跨地域、跨专业的"互联网＋"医疗服务新模式形成，积极为基层医疗服务赋能，促进形成"双向互动"的医患沟通与交流方式。

二、总体要求

(一) 指导思想

坚持以习近平新时代中国特色社会主义思想为指导，深入贯彻党的十九大和十九届二中、三中、四中、五中全会精神，全面贯彻落实习近平总书记关于卫生健康和疫情防控工作系列重要论述精神，立足新发展阶段，贯彻新发展理念，构建新发展格局，忠实践行"八八战略"、奋力打造"重要窗口"，坚持以更好满足人民群众日益增长的优质医疗健康服务需要为目标，坚持系统观念，统筹推进优质医疗资源扩容和均衡布局，加快打造"医学高峰"，引领带动全省医疗服务质量持续增强，推动山区海岛卫生健康事业跨越式高质量发展，助力健康浙江基本建成，不断提升人民群众的健康获得感、幸福感、安全感，为争创社会主义现代化先行省、建设共同富裕示范区筑牢强有力的卫生健康支撑。

(二) 基本原则

——坚持系统观念、均衡布局。坚持控制总量、调整存量、优化增量、提高质量，统筹城乡、区域间省级医疗资源的优化配置；坚持医防融合、平疫结合、中西医并重，促进各类优质医疗服务在省域范围内的均衡布局。

——坚持以人为本、优质可及。坚持一切为了人民健康的宗旨，更加注重供需对接，加强梯次配置和智慧互联，让更多的省级医疗资源下沉，提高优质医疗服务可及性，不断增强人民群众健康获得感、幸福感和安全感。

——坚持对标对表、唯实惟先。瞄准国际医学前沿，对标国内外一流水平，聚力形成一批赋有浙江特色，具有核心创新力、技术竞争力和辐射带动力的"一流医院"、"一流团队"和"一流学科"，推动省级医院建设走在全国前列。

——坚持协同创新、战略支撑。充分发挥省级医疗资源在深入推进共同富裕示范区建设、"四大"建设、长三角一体化等重大战略实施方面的协同性和支撑力，强化对区域医疗服务能力与质量提升的引领作用。

(三) 总体目标

到 2025 年，省级医疗资源配置和布局不断优化，省级医院学科建设总体水平全国领先，公共卫生防控救治能力显著提升，中医药传承创新持续发力，优质医疗资源的高端性、引领性、前瞻性显著增强，疑难危重病例省域外转率持续降低，辐射带动医疗卫生薄弱地区能力较大提升，助力基本建成健康浙江。

到 2035 年，省级医疗资源配置和布局更为优质均衡，省级医院学科建设总体水平稳居全国前列，公共卫生防控救治水平进一步提高，中医药传承创新能力显著提升，高水平医院、高水平团队、高水平学科向"数一数二"迈进，实现优质医疗服务的高质量发展和全面覆盖，助力高质量建成健康浙江，率先实现卫生健康现代化。

三、优化资源配置，激发省级医院内生动力

（一）功能定位

省级医院负责向省域范围内提供急危重症、疑难病症诊疗和专科医疗服务，接受下级医院转诊，并承担人才培养、医学科研及相应公共卫生和突发事件紧急医疗救援任务。承担国家医学中心和区域医疗中心建设的省级医院需积极参加制定国家级疑难危重症诊疗规范、疾病诊疗指南和有关标准，在医疗技术、临床教学、人才培养、科研培训等方面形成国内或区域内竞争新优势，成为掌握核心竞争力、具有学术话语权、引领医学发展先进方向的龙头力量。

——省级综合医院。除具备省级医院一般功能定位外，浙医一院、浙医二院、邵逸夫医院和省人民医院承担相应的国家医学中心和国家区域医疗中心建设工作。浙医四院需积极推动与"一带一路"国际医学院、国际健康医学研究院"三院一体"建设，并承担为金义都市区人民提供更优质的卫生健康保障工作。浙江医院需重点强化老年医学、老年病科等学科能力，积极谋划国家老年病区域医疗中心建设工作。温州医科大学附属第一医院（以下简称"温医一院"）负责浙南公共卫生紧急医疗救援基地建成后的运行管理工作，并加强对衢州市的帮扶合作，争取打造四省边际医疗"桥头堡"。温州医科大学附属第二医院（以下简称"温医二院"）需重点推进儿科、骨科等学科建设，扩大在浙东南、闽北地区的专科辐射作用。

——省级中医医院（含省级中西医结合医院）。除具备省级医院一般功能定

位外，负责提供中医（中西医结合）特色医疗服务，引领推进全省中医药传承创新工作，并承担争创国家中医医学中心，推广中医药优势病种诊疗方案，指导市、县级中医医院开展中医药传承振兴等任务。

——省级专科医院。除具备省级医院一般功能定位外，负责提供各自特色专科医疗服务，并在相应学科（专科）建设中起引领带头作用。浙医儿院和浙江大学医学院附属妇产科医院（以下简称"浙医妇产科医院"）需负责相应的区域医疗中心建设工作，并引领承担全省辖区妇女、儿童的健康管理任务；浙江大学医学院附属口腔医院（以下简称"浙医口腔医院"）需承担积极争创国家口腔区域医疗中心任务；省肿瘤医院需负责国家癌症区域医疗中心建设工作；省皮肤病医院需承担促进皮肤病诊疗和研究等领域的任务；温医大眼视光医院需重点推进儿童眼病、疑难眼病临床诊疗技术提升，承担争创国家首批眼科区域医疗中心、打造世界一流水平眼视光医学中心等任务。

（二）床位规模

按照扶优扶强的原则，扩大优质医疗资源总体规模，适度放开高水平高质量公立医院的床位限制，床位增量主要向传染、急诊、重症、妇产、儿科、肿瘤等短缺领域倾斜。到"十四五"末，省级医院每千常住人口规划床位数达到0.6张左右。

（三）人才队伍建设

1. **加强高层次卫生人才引育**

深入实施"551卫生人才培养工程"，加大海内外一流医学人才引进力度，培育一批高峰高原建设引领者、学科学术带头人及临床骨干型人才，打造一批高素质创新型人才团队。积极储备优秀人才，鼓励临床教学（科研）双聘制，依托具备国际竞争力的待遇、平台、机制优化人才梯队。探索高校、科研院所、省级医院等联合培养机制，实施公共卫生人才培养计划、医工信融合人才培养计划，培养复合型高级人才。加强全科、急诊、儿科、老年医学科、麻醉、预防、重症、呼吸、病理、影像、护理、公共卫生等紧缺专业人才培养。

2. **强化中医药人才队伍建设**

加大中医药高层次人才引育，多渠道引进一批院士、国医大师、全国名中医等，深入实施"杏林工程""岐黄使者"培育项目，培育一流中医学科团队，培养一批高水平中医临床和中医药创新型领军人才，强化中医药国际化人才培养。围绕中医药人才培养需求，全面加强中医临床教学基地建设，到2025年，打造3～5个省级中医临床教学培训示范中心，争取入围1～2个国家级中医临床教学培训示范中心。加强中医药传承型人才培养，完善师承教育模式，加快国家级和省级名老中医药专家传承工作室建设，探索建立名老中医药专家学术经验传承及推广的有效方法和创新模式。

3. 优化卫生人才发展环境

改革卫生人才评价机制，建立健全不唯论文、不唯头衔，符合医疗卫生行业特点的卫生人才综合评价机制，完善职称评聘办法。加快公立医院薪酬制度改革，建立并完善激励相容、灵活高效、符合医疗卫生行业特点的人事薪酬制度，力争公立医院人员支出占业务支出的比例达到45%左右。鼓励和支持各类卫生人才组建医疗或科研学术团队，积极争取国家、省部级科研课题，大力开展新业务、新技术研究，实现学科发展与人才建设互促共进。建立健全柔性引才用才政策，推动完善长三角互认互联互通的人才发展机制。推动建设区域卫生人才共享信息服务平台、长三角卫生健康科技人才联盟与成果转化联盟，强化关于区域性多发疾病、肿瘤、心脑血管疾病等疑难重症致病机理、诊疗方法、药物研发等方面的联动科研创新，以及高层次人才的联合培养。

(四) 学科（专科）资源

1. 加快推进重点学科建设

加快推进"医学高峰"建设，省级医院围绕科技前沿领域、重大战略需求、重大疾病、重点薄弱领域，通过整合、优化、提升等举措，新建10～15个技术领先、特色明显、团队合理的重中之重学科，并与科研计划和人才计划相衔接。开展"四个一批"高峰学科计划，创建一批一流品牌学科、发展一批重点优势学科、培育一批特色学科、支持一批潜力学科，进入国内、国际第一方阵。优先发展人体器官移植、血液科、重症医学等10个医学重点培育专科（学科）。规划布局30～40个省级医学重点学科，进入全国前三的学科数量达10个以上、全国前十的学科数量达30个以上。

2. 积极谋划重大医学创新平台

打造生命健康重大医学创新平台,以凝聚大团队、承担大项目、培育大成果为目标,加快国家级医学研究中心、重点实验室、大动物生物安全等级三级(P3)实验室和新型研发机构等一流科创平台谋划、争取和建设,打造重大医学研究创新的策源地,提高承担国家重大项目、产出重大标志性成果的能力,有效解决重大医学难题。高水平建设中国(浙江)卫生健康科技研发转化平台,实现科技成果的高质高效转化。加大科研信息化投入力度,保证省级三甲医院年科教人才和信息化经费支出占比、专职科研人员占比、横向课题数量与经费占比均不低于10%。

(五)数字化资源

1. 推进智慧医疗平台建设

构建整合型医疗卫生服务体系集成应用,加强省级医院与下沉医院间的紧密合作,明确转诊标准,强化床位、专家、设备等资源共享,打造卫生健康线上协同体系。完善医联体远程医疗协作功能,不断向远程门诊、远程放疗、远程病理、远程影像、远程质控等方面延伸,实现区域内资源合理配置与下沉。实现"互联网+"肿瘤医疗健康服务功能应用,构建省级统一的肿瘤患者管理、监测和网络指导中心,制定统一的肿瘤临床诊治标准。

2. 推进智慧服务功能延展

稳步推进互联网医院建设,构建互联网医疗生态联盟,加快构建线下线上全方位的诊疗服务体系,争取到2025年,实现省级医院卫生健康服务和治理的全面数字化转型。加快提升"互联网+惠民服务""互联网+重点人群健康管理服务",开展基于四诊仪的远程中医协作、中医护理康复等线上健康服务,重点针对肿瘤疾病、老年慢病等病种开展智能辅助诊疗、一级预防与早期复发预警等服务。加快区域影像中心、检验中心、病理中心均质化协同发展,实现在全省医联体、医共体内的推广应用。

3. 推进智慧场景创新开发

联合相关企业和科研机构,在省级医院率先创新拓展以大数据、物联网、区块链等新技术为支撑的医学人工智能应用场景,打造"健康大脑+智慧医院"等特色应用场景。完善5G物联网医院建设,推进病人实时定位、移动报警求助等场景应用,保障医疗质量安全。基于5G等技术加快卫生业务专网建设,支持多路高清视频、医疗VR/AR应用,探索支持基于远程触觉传递的远程手术应用。推广使用人工智能辅助诊断、疾病咨询AI、基于AI算法的病历质控等方面创新应用,提高医院工作效率。

(六) 公共卫生医疗救治设施设备

1. 完善应急防控救援基础设施

深化省级医院医疗设施"平战结合"建设,对有条件的省级医院加快现有功能用房的改造和基础设施提升,满足疫情等重大公共卫生事件发生时"平战转换"的需要。完善省级医院实验室检测设施设备建设,适时改造提升浙医一院P3实验室。依托省级医院,加快构建全省航空、海上应急医疗救援体系,形成陆海空三位一体、协同联动的立体式、全方位省域公共卫生应急网络。加强移动手术室、直升机停机坪、移动CT等专业设施设备配置,提高省级医院快速转运救治能力。进一步加强应急医疗救援队伍建设,在建强省人民医院、省新华医院2支国家紧急医疗救援队的基础上,择优培育,新组建3支以省级医院为依托的国家紧急医疗救援队。

2. 加快重大公共卫生平台建设

加快3个省级重大疫情救治基地建设,承担危重症患者集中救治和医疗应急物资集中储备任务。依托浙医一院谋划建设集公共卫生、临床、科研、教学于一体的省公共卫生临床中心,并争创国家传染病防治基地。依托浙医二院谋划建设具有国际一流水平的省突发公共事件创伤危急重症立体救治中心,并争创国家紧急医学救援基地。依托省立同德医院精神医学学科优势,推进浙江省心理危机干预基地建设,建立健全突发公共卫生事件下心理危机干预工作协调机制和协同服务平台,强化重大突发事件下群众心理健康的综合管控能力。依托浙医儿院建设省儿童疑难危重传染病诊治中心。

(七) 中医药临床技术资源

1. 发挥中医药在疫病防治中的作用

发挥中医药在疫病防治中的优势,建立健全中医药系统分级分层疫病防治、

应急响应和应急指挥机制,完善中医药"关口前移、深度介入、全程参与"的救治制度。规范设置发热门诊和预检分诊点,支持省级中医医院组建一支中医疫病防治队伍,鼓励建设国家级中医疫病防治基地,布局建设一批省级中医疫病防治基地。以提高中医药疗效为目标,完善中医药临床评估机制。以常见病、多发病为重点,推行中医日间综合服务,推进中医经典病房建设。

2. 提升中西医结合诊治能力

加强对肿瘤、肾病、血液病、风湿免疫性疾病、呼吸和感染性疾病、骨科疾病、心脑血管和代谢性疾病、消化系统疾病、精神心理与心身疾病、急危重症救治等重大疑难疾病的中西医协同诊治,建设中西医协同"旗舰"医院,支持省级中医医院、综合医院、专科医院联合共建中西医结合、中西药并用的临床协同基地,完善中西医联合诊治制度。将中西医结合医疗情况纳入医院等级评审和绩效考核。倡导中医西医相互学习,支持非中医类别医师学习中医药理论和技能,鼓励中医师学习现代医学知识。至2025年,推广50个优势病种中医诊疗方案,探索形成50项重大疑难疾病中西医结合诊治技术。

3. 释放中医药康复保健潜能

充分发挥中医药康复服务作用,深入开展中医药康复医疗、康复护理和中西医结合康复诊疗等服务。依托省级医疗资源布局一批中医康复中心,加强中医康复科建设,在其他医院推广中医康复技术。充分发挥中医药预防保健作用,丰富中医药预防保健(治未病)内容,培育推广20项中医药预防保健(治未病)干预方案,促进中医治未病健康工程提档升级。规范中医养生保健服务,普及中医养生保健方法,鼓励省级中医医院为中医养生保健机构提供技术支持。

四、优化布局结构,增强省级医院辐射带动能力

(一)布局结构优化导向

加快优质医疗资源有效扩容,持续推进"医学高峰"建设计划,支持承担国家区域医学中心和国家区域医疗中心建设任务的省级医院提质扩容。以盘活存量、优化增量为目标,稳步推进省级医院多院区发展模式,引导资源丰富地区省级医

院调整布局，谨防规模化无序扩张。加快推动区域优质医疗资源均衡布局，重点引导省级医院发挥好辐射带动作用，推动省级医院更加突出急危重症、疑难病症诊疗，逐步压缩省级医院普通门诊就诊人次和一、二类手术比例，提高预约转诊比例，降低平均住院日。更加注重大型医疗设备、人才、学科建设、科研诊疗技术等领域的"精准下沉、靶向提升、量化考核"，加强省级医院对基层的业务指导和技术帮扶，加快补齐山区海岛县医疗服务能力短板。

（二）引导在杭省级医疗资源内疏外扩

1. 合理调整杭州城区医疗资源配置

全面加强杭州城区省级医疗资源的统筹和协同，紧密结合杭州新一轮发展规划和国土空间规划编制，优化杭州城区省级医院布局，推动杭州主城区功能疏解。老城区[1]以存量调整为主，限制新建、扩建医疗机构，适度疏解浙医一院庆春院区、城站院区，浙医二院解放路院区，浙医妇产科医院学士路院区等的部分床位至老城区外分院区，加快推动省新华医院改造提升，将潮王路院区整体搬迁至申花路院区。新城区[2]支持省级医院扩展发展空间，建设分院区，加快推进浙医一院余杭院区、浙医二院萧山院区、浙医妇产科医院钱江院区、省中医大一院富阳院区、省人民医院富阳院区和临安院区、省立同德青山湖院区建设，提升医疗服务水平，扩大优质医疗资源服务范围，满足人民群众对高质量医疗服务的需求。

2. 加快促进省内医疗服务协调发展

综合考虑"十四五"时期经济结构调整、产业发展方向等因素，积极推动省级医疗资源服务全省重大战略，支持并规范省级医院与地方政府合作建设一体化管理的分院（院区）；充分考虑"十四五"时期人口流动趋势，强化新城和大型居住区等医疗资源薄弱地区的省级医疗资源建设，实现省域内人人享有较高水平的危急重症、疑难病症诊疗和专科医疗服务。大都市区，围绕"四大都市区"建设，统筹建设浙东、浙南、浙中和浙北四大省级区域医疗中心，加强区域内疑难危重症的诊断与治疗能力，推进甬舟、温衢、杭绍、杭嘉等高水平医院组团式帮扶发

---

[1] "老城区"指根据《浙江省人民政府关于调整杭州市部分行政区划的通知》（浙政发〔2021〕7号）调整后的上城区、拱墅区和西湖区。

[2] "新城区"指根据行政区划调整文件调整后的滨江区、萧山区、钱塘区、余杭区、临平区、富阳区和临安区。

展，鼓励湖州、嘉兴、温州、衢州、丽水等地区建设成为省际边界医疗服务高地。产业新区，引导优质省级医疗资源向环杭州湾经济区、甬台温临港产业带和义甬舟开放大通道集聚，重点在杭州钱塘新区、宁波前湾新区、绍兴滨海新区、湖州南太湖新区、金华金义新区、台州湾新区等谋划布局一批省级优质医疗资源。山区海岛县，分级分类推进优质医疗资源重点向32个山区海岛县下沉，有效支援山区海岛县县级医院服务能力提升。

（三）畅通省级医疗资源下沉合作渠道

1. 规范引导优质医疗资源精准下沉

聚焦32个山区海岛县，强化基本医疗服务托底保障，综合实力较强的省级三甲医院至少负责1个山区海岛县下沉工作。根据当地疾病谱、转外就医较多的病种，结合本地需求、功能定位、发展实际，在每家县级医院共同确定不少于4个托管重点专科，围绕重点专科下派下沉专家及团队，帮扶县级医院精准提升服务能力。推广医疗专家"按需下沉"，通过开展巡回医疗、教学查房、急救培训及义诊等方式，提高省级医疗人才资源使用效率。建立完善监测评估制度，对优质医疗卫生资源下沉情况进行重点监测，持续促进医疗卫生资源整合、管理聚合和服务融合。

2. 聚力保障优质医疗资源有效下沉

完善以技术、品牌、人才、资金、管理、信息等为纽带的优质医疗资源下沉长效机制，带动县域医疗服务能力有效提升。制定未经转诊的基层首诊目录和地市级医院就诊病种，规范医疗机构基层首诊、分级诊疗以及双向转诊，结合医保支付方式改革，明确差别化的医保支付比例，引导患者有序就医。建立科学评价体系，突出省级医院及其合作办医双方绩效指标和协议指标管理，强化人员派驻力度和能力提升实效，围绕重点专科确定重点病种、重点手术等可量化绩效评价指标。对山区海岛县的合作办医进行定期省级绩效评估，并持续强化评估结果应用。

（四）推动长三角卫生健康一体化发展

1. 强化省级医院全面联沪发展

推动省级医疗资源在浙北地区以托管、分院等多种形式布局，支持浙医儿院与德清县共建高水平国家级儿童医疗中心项目，谋划一批长三角一体化示范区（嘉善片区）省级医疗资源布局项目，鼓励湖州、嘉兴等省际边界地区打造卫生健康区域高地，辐射带动周边服务能力提升。鼓励省级中医医院（含省级中西医结合医院）与在沪医院加快建设紧密型"中医医联体"，支持其积极参与探索设立长三角中医专科联盟和区域中医专科平台，在中医流派传承、医疗、教育等领域建立协作机制，共同挖掘、整理、传承地方特色学术流派。支持温医大眼视光医院建设上海国际眼视光眼科医学中心，推动长三角地区眼健康领域生态圈的整体联动发展。

2. 推进区域协同共享平台建设

推进长三角卫生健康政策、服务、治理、信息、保障等高质量一体化发展，探索建立跨区域医联体、专科联盟，加强优质医疗资源的可及性。积极协同完善长三角省际公共卫生、紧急医学救援、血液供应、重大会议活动医疗保障等联动机制，强化医疗质量同质化管理。积极构建高水平公共卫生区域联防联控应急体系，加快推进在湖州建设浙江省（长三角）突发公共卫生事件应急培训与演练基地。推动建设长三角地区科教人才共享信息服务平台、长三角卫生健康科技人才联盟，加强卫生高层次人才联合培养。建立健全柔性引才用才政策，推动完善长三角互认互联互通的人才发展机制。积极推动建设长三角卫生健康成果转化联盟，探索长三角医学前沿技术联合攻关，强化对区域性疑难重症诊断治疗的联动科研创新。

（五）深化国际医学医疗交流合作

1. 全面融入"一带一路"建设

依托浙医二院、邵逸夫医院等省级医院加入"一带一路"医学人才培养联盟的优势，搭建卫生人才国际合作交流的共享平台，以导师制、下沉式等方式助推沿线国家医学人才培养。开拓对"一带一路"沿线国家技术输出的合作模式，拓展与沿线国家高校、科研机构、医疗卫生机构间的合作深度，鼓励省级中医医院、中医医疗机构多方式融入，积极扩大省级医院海外技术辐射及国际声誉度。主动接轨"一带一路"沿线国家，建立长期联络机制，以实地观摩、研讨、培训等方式加强医疗技术交流，互通相关领域研究成果。构建"一带一路"卫生健康合作

平台，与沿线国家开展医学合作，推广浙江医学文化。

2.积极树立浙江医疗国际形象

推进博鳌超级医院国际眼科眼视光中心等项目建设，助力省级医院在专科建设和学科成果突破方面取得国际性成果。强化升级援外工作，发挥省级医院在国际舞台上的先锋队作用，积极参与国际国内重大卫生行动，提升中国在参与全球公共卫生治理中的话语权和显示度。加快推动中医药等优质医疗服务"走出去"，推动省级中医医院成为汇聚中医药特色和优秀诊断技术优势的国际医疗品牌。推进省级医院国际化程度，积极提升海外宣传层次，提高海外宣传质量，扩大省级医院在国际同行、学者和患者中的知名度和影响力。

五、保障措施

（一）加强组织领导

全面加强党对卫生健康事业的集中统一领导，有关部门和各省级医院要从战略和全局的高度加强优质医疗资源的有效扩容和均衡布局。有关部门和单位要准确把握规划提出的目标和重点任务，明确工作职责，健全工作机制，加强协同配合，形成工作合力，共同促进优质医疗资源的高效利用。

（二）加强要素保障

加强土地供应保障，各地在编制国土空间规划时，统筹考虑省级医疗资源布局，合理高效配置土地利用计划指标，优先保障重大项目建设用地需求。加强资金保障，结合规划提出的目标任务和财力可能，合理安排支出规模和结构，提高资金使用效能。强化人才支撑，积极探索卫生与健康领域人才队伍建设的新机制和新模式，坚持招才育才并举，实施更开放、更积极的人才政策，设立人才培养、柔性引才基金，推进人才保障房建设，完善人才评价激励和服务保障体系。

（三）深化综合医改

提升医院现代化管理水平，建立健全权责明确、政事分开、管办分离、管理科学的现代医院管理制度。强化医院精细化管理，以章程为统领，落实制度为核心的医院内部管理制度体系。深化医保支付方式改革，全面推进总额预算下门诊按人头支付付费改革，加强DRG[1]付费技术标准建设，统一全省分组和付费信息系统架构，进一步优化细分组方案，完善权重调整办法，做好数据来源质量控制。完善医疗服务价格动态调整机制，促进医疗收入结构性改革。完善"互联网+"医疗服务价格和医保支付政策，促进线上诊疗成为医疗服务重要组成部分。深化人事薪酬制度改革，加快推进省级医院薪酬分配制度改革。实行公立医院编制备案制管理，探索区域编制总量核定、行业统筹调剂使用的机制。加快审核新增医疗服务价格项目，简化对技术成熟、临床疗效确切的新诊疗手段、新项目收费价格的审批手续。

（四）强化监测评估

建立规划实施监测评估机制，实行规划年度监测、中期评估和终期检查制度，加强规划实施进度和实施效果评估，及时发现和解决规划实施中存在的问题。增强规划的引领性和实施刚性，各地各有关单位要加大项目前期谋划和推进实施力度，未纳入规划或年度政府投资项目计划的项目原则上不予审批，规划项目无法落地或实施进度慢的地方和医疗机构，原则上暂缓该地方或医疗机构申报中央资金补助等，确保规划顺利实施。

（课题组成员：潘瑜、林俐、吴思远、孙夏妮、戴雨欣）

---

[1] 疾病诊断相关分组（DRG），一种病例组合分类方案，即根据年龄、疾病诊断、合并症、并发症、治疗方式、病症严重程度及转归和资源消耗等因素，将患者分入若干诊断组进行管理的体系。是用于衡量医疗服务质量效率以及进行医保支付的重要工具之一。

浙江省"十四五"人才发展研究[1]

人才是发展的第一要素。大力促进人才发展不仅是"十四五"时期浙江省贯彻落实人才强省、创新强省首位战略的重要支点,也是充分发挥人才对高质量发展、竞争力提升和现代化先行引领作用的根本路径,还是有效扩大中等收入群体、持续打造共同富裕美好社会的关键举措。今后一个时期,如何充分发挥浙江省人才发展既有优势,加快建立健全与人才强省首位战略有效匹配、具备全球竞争力的人才发展制度,加快建立健全人才资源发展与高质量发展相协同的人才工作体系,是回应浙江省人才战略需求,推动人才发展再上新台阶首先要破解的现实课题。

一、"十四五"人才发展背景

(一)现实基础

(1)人才队伍量质齐升。截至2020年底,全省人才资源总量达到1410万人,比2015年增长31.2%;累计入选国家级人才工程2160人次,增长151.7%;每万名劳动力中研发人员为148人年,增长50.1%;高技能人才占技能人才比例为31.8%,增长31.4%;新引进各类外国人才25万人次,增长35%。

(2)人才平台加速发展。浙江大学、之江实验室、阿里巴巴达摩院、中科院

---

[1] 该项目由中共浙江省委组织部委托。

宁波材料所、浙江清华长三角研究院等重大平台影响力、吸附力持续上升；引进共建中科院浙江肿瘤与基础医学研究所、北航杭州创新研究院、天津大学浙江研究院、中电科南湖研究院、北理工长三角研究生院等一批高能级创新载体；开工建设超重力离心模拟与实验装置；杭州未来科技城、人才创业园等高端产业平台发展势头强劲，高新技术企业数从2015年的7905家增长到2020年的22232家。

（3）**人才效能有效发挥**。截至2020年底，每万人发明专利授权量从2015年的12.9件增长到2020年的32件；"盐酸埃克替尼"抗肺癌新药、解析新冠病毒细胞表面受体全长结构等一批硬核成果加快涌现；高新技术产业增加值占规模以上工业的比重从2015年的37.2%增长到2020年的59.6%；全员劳动生产率从11.7万元／人增长到16.6万元／人，年均增速7.2%。

（4）**人才政策不断创新**。形成以省"鲲鹏行动"计划为引领，覆盖引进和培养、塔尖和塔基、个人和团队、创业和创新，省市县政策叠加的高素质人才引进培育体系。人才新政全面落实，人才发展体制机制改革持续深化，向用人主体放权、为人才松绑有力推进，人才流动的身份壁垒、人才激励的平均主义、人才评价的"四唯"倾向不断破除，人才创新创业活力明显增强。

（5）**人才环境更加优良**。落实党管人才原则，人才工作目标责任制考核和述职评议持续深化，政府、市场、社会等各方面积极性有效调动，上下同欲抓人才的强大合力有效凝聚；"人才＋资本＋企业"联动发展格局基本形成，人才金融服务持续优化，人才"关键小事"加快破解，人才创业创新成本持续降低、进程不断加速，境内外上市人才企业累计达到50家。

在总结成绩的同时也要清醒看到，浙江省人才工作仍然存在一些突出问题：一是人才队伍结构有待优化。人才队伍大而不强，具有全球影响力的顶尖人才还较为缺乏，国际一流的科技领军人才和创新团队、高水平工程技术人才和高技能人才相对较少。二是人才政策体系有待完善。人才投入不足和结构不合理问题依然存在，资源碎片化问题比较突出，放权松绑还不到位，高校院所、国有企业人才队伍活力有待进一步释放。三是人才平台能级有待增强。一流高校、大院强所、头部企业、大国重器比较少，产业类平台多，基础研究平台、应用基础研究平台、共性技术供给平台比较缺乏。四是人才服务品质有待改进。人才服务供给与人才

日益增长的对优质服务的需求不匹配，子女教育、住房等方面的矛盾比较突出，高水平生产性服务业相对不足，人才服务国际化、一体化水平有待提升。五是人才工作系统集成有待提升。人才工作数字化改革还不到位，数据采集、统计分析、绩效评价等基础工作不够快捷高效。人才工作条块分割、交叉重叠、资源内耗等现象不同程度存在，市场和社会力量的内生动力有待进一步激活。针对这些问题，必须进一步深化改革创新，强化攻坚克难，采取有效措施加以解决。

（二）趋势研判

（1）**新发展阶段要求人才工作明确新使命。**当今世界正经历百年未有之大变局，新一轮科技革命和产业变革加速演进，人才尤其是高层次人才成为关键变量，人才竞争的激烈程度前所未有，高质量发展对人才供给结构提出新要求，人才改革进入"深水区"，人才标准多元化、人才流动高频化、人才分类融合化、人才归属模糊化、人才环境数字化等给传统人才工作模式带来巨大挑战。"十四五"时期，需要克服思维定式和路径依赖，准确把握人才发展阶段性特征，进行系统性谋划，采取突破性举措，激发创造性张力，实现整体性提升。

（2）**新发展目标要求人才事业锚定新定位。**人才是"重要窗口"的建设者、维护者、展示者，人才的集聚度、活跃度、贡献度决定着"重要窗口"的建设进度，也是衡量"重要窗口"成色的关键所在。"十四五"时期，需要站在作出浙江人才贡献、提供浙江制度方案、创造浙江治理样本的高度，跳出省域视角谋划人才建设。在积极参与人才竞争的同时，为全国人才发展大局扛起浙江担当；在服务经济社会发展的同时，为科技自立自强贡献浙江力量；在取得人才发展实践成果的同时，为丰富完善中国特色社会主义人才理论提供浙江思考。

（3）**新发展格局要求人才发展聚焦新任务。**世界进入动荡变革期，有利于形成国内"磁吸效应"，也降低了国际人才循环的可预期性。"十四五"时期，需要统筹国际国内两种人才资源，做大增量和优化存量两手抓。构建具有国际竞争力的人才制度体系，畅通国际人才循环，聚天下英才而用之；深化人才发展体制机制改革，畅通国内人才循环，激发人才创新活力；构建有利于整合创新资源的发展形态，畅通跨界人才循环，促进人才链和创新链、产业链深度融合；优化人才资源配置，畅通区域人才循环，促进全省人才协调发展。

(4) 新发展理念要求人才治理体现新思路。首位战略需要首善治理，人才新定位需要治理新思路。"十四五"时期，需要坚持系统观念系统方法，着眼于人才、着力于人才，对人才治理体系进行系统性重塑，适应人才发展新形态、回应人才发展新需求。坚持数字赋能、改革破题、创新制胜，把人才强省、创新强省首位战略贯穿发展各领域全过程，健全宏观工作架构，加强中观组织落实，激发微观主体活力，实现人才工作从"外在要求"向"内生动力"转化、人才治理从"条块分治"向"整体智治"跃迁，加快建设以人才为核心的创新创业生态系统。

二、"十四五"人才发展总体思路

(一) 指导思想

坚持以习近平新时代中国特色社会主义思想为指导，深入贯彻党的十九大和十九届二中、三中、四中、五中全会精神，落实省委十四届五次、六次、七次、八次、九次全会精神，忠实践行"八八战略"，奋力打造"重要窗口"，坚持党管人才原则，围绕把握新发展阶段、贯彻新发展理念、构建新发展格局、推动高质量发展，落实创新在现代化建设全局中的核心地位，以全面数字化改革为引领，以建设高素质强大人才队伍为主题，以全方位引进、培养、用好人才为主线，以引领发展、成就人才为根本目的，坚持系统观念，运用系统方法，聚焦聚力人才谱系丰富多彩、人才生态迭代升级、人才队伍集聚裂变，着力构建党建统领、整体智治、精准赋能、唯实唯先的人才工作新格局，加快打造具有影响力吸引力的全球人才蓄水池，率先建成人才强省，为争创社会主义现代化先行省提供人才支撑，为建设人才强国贡献浙江力量。

(二) 基本原则

——围绕中心、服务大局。坚持"四个面向"，紧紧围绕数字化改革重大战略和"一号工程""三大高地""四大建设"等重点任务，聚焦科技自立自强、建设全域创新体系，加快引进集聚高素质专业化人才队伍，不断提升人才链与创新链、产业链的匹配度、融合度。

——突出重点、统筹推进。充分发挥重点人才工程、重要人才政策、重大人才平台的辐射带动作用，以高层次高技能人才为重点，加强创新型、应用型、技能型人才引进培养，统筹推进各类人才队伍建设，不断完善人才谱系。

——深化改革、扩大开放。充分发挥市场在人才资源配置中的决定性作用，更好发挥政府作用，加强政策供给、要素供给和服务供给，实行更加开放的人才政策，更好激发人才、市场主体、社会力量的积极性，打造全球人才蓄水池。

——以人为本、整体智治。坚持系统观念，推进"产学研用金、才政介美云"高效协同，加快建立以人才为核心的创新创业生态系统，坚持数字赋能、综合集成，不断完善人才工作治理体系，提升治理能力，全力打造人才治理新高地。

三、"十四五"人才发展主要任务

聚焦高素质人才、高水平制度、高能级平台、高品质服务、高效能治理等五个方面，以超常规举措推进人才生态迭代升级，不断提升人才集聚力、平台吸附力、创新驱动力、生态影响力、制度竞争力，为高质量发展、竞争力提升、现代化建设贡献人才力量。

（一）以全球视野集聚高素质人才队伍

（1）**大力引进国际一流人才。**聚焦打造三大科创高地，抓住全球人才流动新机遇，大力实施"鲲鹏行动"计划，统筹推进各类引才项目，更大力度、更加精准引进海外高层次人才和创新团队。支持企业开展海外并购，布局海外人才飞地，实现全球引才、全球用才。吸引跨国公司在浙江设立或联合设立研发中心和创新基地，支持外资研发机构与本省单位共建实验室和人才培养基地。积极引导人才向高能级战略平台、开发区（园区）、"万亩千亿"新产业平台、农业产业平台、现代服务业创新发展区、特色小镇、人才创业园等重点人才平台集聚。

（2）**着力提升人才培养质量。**立足新发展阶段，重视培育和用好本土人才，优化政策激发本土人才创新创业积极性，实施本土人才培养工程，造就一批立足浙江主导产业、引领浙江高质量发展的国际化、专业化、门类齐全的本土人才队伍。加快推进高校分类发展，全面提高教育质量，积极争取扩大学位授权点和研究生培养规模，加强创新型、应用型、技能型等人才培养。支持高校和科研院所的领军人才组织或参与国际大科学工程以及在国际学术组织担任领导职务,培育造就一支在国际学术组织中发挥重要作用的科学家队伍。积极推荐和选派青年科技人才赴国际组织或国际学术机构任职。

(3) **全面建设人才成长梯队。**重点围绕自然科学和工程技术领域,优化支持政策,加大青年博士、博士后招引力度。推动国内知名高校、科研院所和企业共建博士后工作站,更大力度吸引出站博士后留浙。与海内外高校开展全方位就业合作,大规模开展大学生来浙实习活动,大力推进大学生见习基地和创业园建设,打造大学生实习应聘、就业创业全链支持体系,吸引更多高校毕业生在浙创业就业。

(4) **推进浙商队伍转型升级。**围绕构建新发展格局,打造国内大循环战略支点、国内国际双循环战略枢纽,大力实施"浙商青蓝接力工程"、新生代企业家"双传承"计划和"品质浙商提升工程",广泛开展企业家培训,全面拓展提升企业家的全球视野、战略思维和创新能力。推进高校院所、各类企业、创新人才、广大浙商深度融合、协同发展。鼓励支持科研人员兼职创新、在职或离岗创办企业,推动更多创新人才带专利、项目、团队创业,培育更多科技型企业家。

(5) **加快培养大批浙江工匠。**实施新时代工匠培育工程和"金蓝领"职业技能提升行动,构建产教训融合、政企社协同、育选用贯通的高技能人才培育体系,支持温台地区国家职业教育高地建设试点。推广"双元制"职业教育模式,加强重点学科专业群建设。构建中职、高职、应用型本科、专业学位研究生人才成长"阶梯",推动技能人才与专业技术人才职业发展贯通,拓宽高技能人才职业发展空间。

(二) 以前列意识创新高水平人才制度

(1) **推进人才评价的科学化市场化社会化。**健全以创新能力、质量、实效、贡献为导向的人才评价体系,推进科学化、市场化、社会化评价。在职称评审、岗位结构比例设置等方面进一步向用人主体放权。建立职称评审"直通车"机制,探索完善特殊优秀人才认定标准。支持重点领域龙头企业、行业协会承接人才评价职能,推动企业技能人才自主评价,扩大自主评价的职业资格范围。

(2) **畅通人才流动渠道。**在高校院所设立一定数量的流动岗,鼓励支持科研人员按规定保留人事关系离岗创业创新。探索"企业引才、高校留编、校企共享、政策叠加"等机制。支持企业、社会组织人才到高校院所兼职授课、担任导师。完善社保、医保转移接续政策，降低人才流动的制度性成本，在编制、工资总量、岗位结构比例、绩效考核等方面向用人单位适当倾斜，调动人才和用人单位两个方面的积极性。

（3）**充分发挥人才作用。**加大青年人才支持力度，确保各级各类人才计划、研发项目、基金项目支持40岁以下青年人才的比例明显提升。规范人才称号使用，健全信用机制、退出机制，破除"永久牌"标签，防止简单把人才称号和利益挂钩。对高层次人才、优秀青年人才建立以信任为前提、包容审慎的管理机制，减少考核频次，完善绩效标准，保障人才自由探索、潜心研究。建立健全高校院所人才优胜劣汰机制，激发人才活力。

（4）**进一步增加知识价值。**坚持以人为本的投入机制，构建充分体现知识、技术等创新要素价值的收益分配机制，进一步提高科研经费中人员经费的比例，完善收入分配制度，建立科学增长机制，提高用人单位分配自主权。探索对技术技能岗位人才和管理岗位人才的分类管理。完善科研人员职务科研成果权益分享机制，赋予科研人员职务成果所有权和不低于10年的长期使用权。全面加强知识产权保护工作，构建严保护、大保护、快保护、同保护工作格局。

（三）以超常举措建设高能级人才平台

（1）**加快构筑高能级平台体系。**加强全省人才发展平台统筹布局，强化差别化的政策激励，集中力量办大事，将杭州城西科创大走廊打造成为面向世界、引领未来、服务全国、带动全省的创新策源地。深化国家自主创新示范区建设，加快建设宁波甬江、G60（浙江段）、温州环大罗山、浙中和绍兴等科创大走廊。实施高新区高质量发展行动计划，建设世界一流的高科技园区。按照块状经济、现代产业集群"两个全覆盖"要求，打造标杆型创新服务综合体。

（2）**实施战略科技力量锻造工程。**加快构建新型实验室体系，全力支持之江实验室、西湖实验室打造国家实验室，推动国家重点实验室重组建设，加快建设甬江等省实验室。支持省重点实验室开展多学科协同研究，探索组建联合实验室和实验室联盟。完善国家产业创新中心、技术创新中心、工程研究中心、制造业创新中心、国防科技工业创新中心等重大创新载体布局。建成超重力离心模拟与实验装置,加快推进智能计算、新一代工业互联网系统信息安全、多维超级感知、超高灵敏量子极弱磁场和惯性测量、社会治理大数据与模拟推演实验等重大科技基础设施(装置)建设,打造大科学装置集群。

(3) **实施一流高校引育工程**。集中力量推进"双一流"建设,引进一批全球前100名的高校。发挥浙江民企民资优势,支持社会力量办大学。抓住新一轮"双一流"建设契机,加强高校学科专业布点的宏观调控,探索省内高校优势学科、领军人才整合机制,集中力量培育建设一批登峰学科、省优势特色学科、一流学科,争取更多高校和学科进入"双一流"行列。按照强强联合、优势互补、循序渐进、合作共赢的原则,促进高校与科研院所的资源整合,提升高校学科建设水平和综合实力。

(4) **建强人才科创特色平台**。围绕推进全省人才均衡发展,按照"品牌共塑、服务共享、合作共赢"理念,高水平建设浙江人才大厦、浙江创新中心、长三角人才大厦等平台,打造省内科创人才协同创新的重要平台。深化推进人才创业园建设,加强政策支持、资源整合、服务创新,提升对人才创新创业的支撑能力,打造"头部人才企业+中小微人才企业"科创生态圈。加强浙江院士之家系统集成,创新与顶尖人才、领军人才的合作对接、项目集聚模式,提升建设运营实效。

(四) 以用户思维提供高品质人才服务

(1) **推进人才服务的集成化**。深化人才创新创业全周期"一件事"改革,整合各级各部门人才服务事项,围绕人才引进、项目申报、政策兑现、生活保障、助力赋能、管理考核等创新创业服务链,重塑业务流程,为人才发展提供全周期、全方位服务。大力建设集引进人才、服务人才、赋能人才、引领人才等功能于一体的人才创新创业服务综合体,建立人才诉求"一窗受理"、人才服务"一站供给"、人才发展"一帮到底"的服务闭环,实现省市县全覆盖、成网络,打造展示形象、引进人才的重要门户,服务人才、成就人才的重要平台,团结人才、凝聚人才的重要阵地。

(2) **推进人才服务的市场化**。广泛调动国有企业、民营企业、社会力量等各方面的积极性，增加优质服务供给。围绕人才创业启动资金、信贷、上市、保险等全周期金融需求，深入推进"人才贷""人才投""人才保""人才险"等工作，探索打造人才科创银行，为人才提供全方位、立体化、闭环式的金融服务。支持高校、社会资本开办幼儿园、义务教育段学校。

(3) **推进人才服务的国际化**。积极为外籍人才落实教育、医保、社保等方面国民待遇。在全省各类国际性活动、论坛融入人才元素、嵌入人才内容，体现人才导向。突出高品质生活主轴、国际化服务主线，推进国际人才社区建设，增加外籍人员子女学校、国际医院配置，加大外籍服务业人才引进力度，从教育、医疗、文化等方面，全方位营造适合国际高端人才创新发展的"类海外"环境。

(4) **推进人才服务的一体化**。积极融入长三角一体化，推动人才信息联通、人才评价互认、人才活动联办、人才资源共享。全面落实省部属高校、企业、科研院所人才的同城待遇。探索支持户口不迁、关系不转的人才参照所在地人才分类目录，同等享受公共服务。建立健全人才公共服务成本结算分担机制。推广甬舟人才一体化发展经验，推进杭衢、温丽、嘉湖等人才一体化发展，形成联动城市人才共引、资源共享的协同发展格局，促进人才均衡发展。

（五）以系统方法推进高效能人才治理

(1) **突出数字赋能**。以数字化手段推进人才治理全方位、系统性、重塑性变革，运用大数据、云计算、区块链、人工智能等技术，全面推进人才工作数字化改革，建设人才工作数字化平台，建立健全即时感知、科学决策、主动服务、智能管理等功能，打造全省统一的人才流量入口、服务枢纽和数据中心，实现工作"一张网"、服务"一个码"、数据"一个库"。加强人才信息保护，切实保障人才信息安全。

(2) **突出全面推进**。坚持人才强市、人才强县、人才强校、人才强院、人才强企一体推进，强化行业主管部门抓行业人才队伍职责。把人才强省、创新强省首位战略落实情况作为评价党政领导干部和领导班子的重要内容，把人才密度、创新强度作为项目准入的重要参考，把人才绩效、创新实效作为资源配置的重要标准，推动人才发展全面进步、全域加强。

(3) **突出整体智治**。完善党管人才体制机制，改进党管人才方式方法，坚持整体政府理念，推进数据共享、业务协同、力量整合，构建完善省市县一体、部门间协作、全链条覆盖、制治智贯通的人才治理体系，提升主动适应新发展阶段的人才治理能力。

四、围绕重点领域建设八支人才队伍

聚焦浙江建设"重要窗口"的十个方面和十三项重大标志性成果，抓紧抓牢抓实"十四五"时期具有牵动性、创新性、突破性的"十三项战略抓手"，重点建设八支人才队伍。

（一）打造科技创新人才队伍

（1）**大力引进海内外高层次人才。**围绕打造经济高质量发展高地、三大科创高地，建立行业主建、全省集成、开放共享的"高精尖缺"人才引进目录库，优化"专班引才""揭榜引才"等引才模式，更好发挥以才引才作用，提升引才精准性和实效性。健全全球科技人才精准合作网络，巩固、拓展海内外引才渠道。深入实施省海外引才计划、万人计划、领军型团队计划、海外工程师、高端外国专家引进计划、高等学校学科创新引智计划等项目，进一步扩大世界青年科学家峰会、杭州国际人才交流与项目合作大会、"宁波人才科技周"、"海外学子浙江行"、"青年才俊浙江行"等活动的影响力，进一步凝练支持方向、扩大支持规模、优化支持结构。

（2）**实施基础科学研究人才引培行动。**围绕打造一支面向未来、能够引领新一轮科技革命和产业变革的基础研究人才队伍，聚焦前瞻性基础研究、引领性原创研究，依托浙江大学、之江实验室、阿里达摩院等重点平台和省重点建设高校，加快引进培育一批敢闯"无人区"、能闯"无人区"的人才和团队，在薪酬待遇、科研启动资金、研究生招生名额等方面给予长期稳定支持。大力推进基础学科拔尖学生培养计划，鼓励具备条件的高校加强数学、物理、化学、生物等基础学科建设，加大基础研究、交叉学科相关专业招生规模，探索基础学科本硕博连读培养模式，吸引最优秀的学生投身基础研究。

（3）**实施关键核心技术攻关人才引培行动。**聚焦技术安全自主可控，围绕专

用芯片、人工智能与融合应用、区块链、新一代网络通信与时空技术、空天信息技术、精准医学、新药创制、高端医疗器械、先进制造与智能装备、氢能与燃料电池、储能技术、新型柔性与磁性材料等重点领域，滚动编制关键核心技术攻关清单，每年实施300项重大科研攻关项目，推进科研院所、高校、企业人才科研力量优化配置、集成攻关。围绕网络强省建设，集聚一批在网络安全技术和产业发展前沿具有全球影响力的顶尖人才、领军人才，推动有条件的高校设置网络安全学院和网络安全专业，实施高校网络安全人才培养"十百千万"五年行动计划，突破一批网络安全核心技术。

（4）**实施高水平工程师引培行动**。依托浙江市场优势和产业优势，深入开展特色产业工程师协同创新中心建设，加快引进培育高水平工程技术人才，打造共性技术平台，创造有利于新技术快速大规模应用和迭代升级的优势，提升产业链供应链现代化水平。

（5）**实施科技创业人才引培行动**。发挥企业家在技术创新中的重要作用，推动民营企业二次创业、国有企业创新转型。引进培育一批具有国际视野、战略思维、创新精神、创业能力、科技赋能的科技企业家和职业经理人。畅通人才流动渠道，完善保障机制，支持拥有核心技术或自主知识产权的优秀科技人才创办科技型企业。深化"人才+资本"模式，引导国资、民资、金融等各方面资源投资人才。

（二）打造企业经营管理人才队伍

（1）**加强企业家教育培养**。健全企业家培训体系，重点面向"隐形冠军""专精特新""小巨人""单项冠军""雄鹰""链主型"企业，开展畅通高端要素、资源要素、人才要素、产业要素循环和参与"一带一路"、RCEP和自贸区建设等方面培养培训，积极培养提升企业家发现机会、整合资源、创造价值、服务社会等能力和意识。建立健全创业辅导制度，支持发展创客学院，发挥企业家组织的积极作用，培养年轻一代企业家。拓宽企业家培训渠道，利用党校（行政学院）、干部学院、高等院校以及各类优质教育培训资源，加大对企业家的培训力度。搭建企业家学习交流平台，开展"企业家活动日"等常态化交流活动，引导企业家之间，企业家与科学家、投资家、教育家、艺术家等各方面人才交流互动、优势互补、共同提高。

(2) **提升经营管理人才专业化水平**。统筹推进不同所有制、不同层次、不同专业领域经营管理人才培养培训，有针对性地开展战略规划、资本运作、人力资源管理、财务、法律等专业知识培训，不断提高经营管理人才的专业化水平。按照"市场化选聘、契约化管理、差异化薪酬、市场化退出"的要求，支持国有企业培养引进职业经理人。积极引进高层次经营管理人才，加大从知名院校招收优秀毕业生力度，支持企业优化经营管理人才队伍结构。

(3) **实施经营管理人才国际化行动**。围绕打造改革开放新高地，实施新一轮"万名国际化人才培养工程"，择优选派1万名企业经营管理人才、科学技术人才、高技能人才等出国（境）培训。加强企业经营管理人才素质提升培训基地建设，探索建立一批国际化人才培养海外基地，开发利用国际国内多种教育培训资源，加快培养通晓国际规则、善于处理涉外事务的人才队伍。支持行业协会（学会）、企业自主开展以科技人才为重点的本土人才国际化培训。围绕浙江全面参与"一带一路"、RCEP和自贸区建设需要，调整完善高等教育学科体系，加大国际化通识教育力度，加强跨文化、国际政法、国际贸易和金融、国际工程建设、互联网国际交流合作等方面的研究和人才培养。

(4) **实施海外浙江人才资源开发行动**。以企业家、科学家为重点，加强海外浙江人才资源梳理，在重点人才集聚地区搭建一批海外浙江人才交流平台，建强中外合作人才发展平台。聚焦"一带一路"沿线国家、RCEP成员国的浙江籍华裔华侨，积极开展"相聚长三角"海外博士浙江行"、海外华裔青少年"寻根之旅"夏令营、"一带一路"经济文化精英走进浙江、"留学浙江"等系列品牌活动，凝聚海外浙江人才资源，推动更多侨资、侨智回归。用好长三角高校院所侨（留）联联盟，探索建设"全球海智联盟"、海外浙籍专家校友会留学生联盟，借力海外华侨华人进一步畅通浙江国际人才交流合作渠道。

（三）打造高技能人才队伍

(1) **实施匠苗成长行动**。完善职业教育、技工教育体系，深化职普融通、产教融合、育训兼容，建设一批一流职业院校、技师学院。推进职业教育高水平学校和高水平专业建设，支持职业院校与海外高水平院校开展技能人才培养合作。

完善职业院校专业设置适应产业发展动态调整机制，以企业需求为导向，按照工学一体教学，强化理论教学和实习实训的有机结合，推行1+X证书制度，增强学生动手能力。大力推进应用型本科院校建设，优化专业结构和人才培养方案，完善教学质量评估，形成以实践能力培养为重点的人才培养模式。探索中国特色学徒制，进一步发挥技师学院办学特色，扩大办学规模。

（2）**实施匠才培养行动**。以金蓝领职业技能提升行动为抓手，强化企业主体责任，发挥行业主管部门的协调组织作用，聚焦数字安防、绿色石化、汽车及零部件、现代纺织和服装等产业集群，依托产教融合实训基地、高技能人才公共实训基地、企业培训中心和职业院校等，线上线下相结合，大规模开展职业技能培训。

（3）**实施竞赛锤炼行动**。以技能竞赛作为重要选拔途径，进一步完善以世界技能大赛和国家技能大赛为龙头，省级技能大赛为主体，市、县级技能大赛和企业岗位练兵技能比武为基础，全社会共同参与的职业技能竞赛体系。以省政府名义每两年举办一届浙江技能大赛，组织好省、市、县职业院校师生职业技能大赛，对符合条件的选手核发中级及以上技能等级证书。

（4）**实施工匠遴选行动**。以遴选评价引领示范，整合提升高技能人才培养支持项目，通过职业院校培养、岗位技能提升、技能大赛选拔等培育措施，遴选一支覆盖广泛、梯次衔接、上下联动的新时代工匠骨干队伍。

（5）**实施技能创新行动**。以鼓励技术技能创新为导向，发挥浙江大工匠、浙江杰出工匠的示范带头作用，依托单位、行业建设技能创新工作团队，联合本科高校、职业院校和专业科研机构共建创新平台，开展技术技能新标准研究，推进技术技能创新、工艺改革和成果转化。鼓励高技能人才在企业生产经营管理中发挥重要作用，进行带徒传艺、技能交流，鼓励规模以上企业设立技术技能总监或技能专家岗位。

（四）打造宣传思想文化人才队伍

（1）**扩大宣传思想文化人才规模**。围绕打造新时代文化高地，加强顶层设计，统筹推进新时代宣传思想文化人才培育工作，形成以宣传文化系统"五个一批"人才工程为龙头，以文艺人才孵化、之江社科学者、媒体融合优才、出版菁英锻造、文化传播鸿雁、网聚之江人才等六大培育项目为支撑的人才工程体系，培育储备一批具有较强引领力和创新力的复合型专业人才。加强优秀青年人才培育工作，培养具有未来竞争力的文化人才后备军。大力培养扎根基层的乡土文化能人、民族民间文化传承人和基层文化管理人才。加快培育网信人才，探索完善以创新能力、质量、实效、贡献为导向的网信人才评价体系。

(2) **加大宣传思想文化名家引育力度**。实施名家大师"引凤"计划，鼓励和支持浙江省宣传文化单位采取签约制、合同制、项目合作、技术入股、调动、聘请、兼职、讲学等多种方式，大力引进具有高深造诣、精湛业务、突出成就、广泛影响的国内外高层次宣传文化领域人才，推进浙江籍知名文化专家学者回归。实施名家发展"常青"计划，完善名家荣誉制度，按照省有关规定表彰奖励德艺双馨、成就卓著的宣传思想文化名家，探索设立"大师工作室""大师坊"，积极发挥名家大师品牌效应，开展"名家传戏""名师带徒"等传承项目。实施名家培养"点睛"计划，对宣传文化领域的拔尖人才进行再筛选、再支持、再提升，在开展研究创作、专著出版、展演交流等方面予以重点扶持。

(3) **加强哲学社会科学人才队伍建设**。深入实施英才荟萃计划，遵循哲学社会科学人才成长规律，完善哲学社会科学人才工作总体格局。加强高层次人才引育，实施之江社科学者人才培养项目，注重社科领军人才、优秀青年后备人才培育，优化人才发展平台，加大对国内外高层次哲学社会科学人才的引进和支持力度。建立规范的奖励体系，推进社科人才发展制度改革，形成培养哲学社会科学人才的良好激励机制。继续实施"之江青年社科学者行动计划"，加强对青年社科人才的科研项目扶持和优秀成果奖励，引导推动青年社科工作者加强省情调研，服务基层改革发展实践。

(4) **做强文化人才平台载体**。探索新形势下宣传思想文化人才建、管、用、育的有效载体，建立健全人才选拔管理、评价激励和宣传联系机制。深化中宣部文化名家暨"四个一批"人才、宣传思想文化青年英才等国家级人才选培育工作，力争部分界别入选人才实现量质齐升，走在全国前列。打通高校、科研院所、文化企事业单位的人才培养通道，建设一批文化人才培育基地。建设文化人才之家，打造文化人才会客厅。在"之江编剧村""中国网络作家村"等平台，探索实施个

性化机制和政策，加大服务保障和活动开展力度，增强平台吸引力和承载力，推动成果落地、项目合作、产品转化。

（五）打造法治人才队伍

（1）提高法治专门队伍职业素养和专业水平。围绕打造省域现代治理先行示范区，加强立法队伍、行政执法队伍、司法队伍等三支法治专门队伍的人才选拔和培养工作，推进法治专门队伍革命化、正规化、专业化、职业化。严格法律职业准入，全面落实法律职业人员统一职前培训制度。开展从符合条件的律师、法学专家中招录立法工作者、法官、检察官工作。加强立法工作队伍建设，进一步增加有法治实践经验的人大常委会委员比例。创新完善新时代公安人才发展机制，提升招录引进、教育培养、管理使用、激励保障全链条能级水平，打造一支门类齐全、结构合理、业务精湛、战力高超，具有全国引领性、浙江辨识度的公安专业人才队伍。组织开展法官、检察官逐级遴选，初任法官、检察官由省高级人民法院、省人民检察院统一招录，一律在基层法院、检察院任职。畅通立法、执法、司法部门干部和人才相互之间以及与其他部门具备条件的干部和人才交流渠道。加快完善符合职业特点的法治工作人员管理制度，健全职业保障体系。

（2）加强法律服务队伍建设。加强律师队伍思想政治建设，增强广大律师对中国特色社会主义法治建设的政治认同、理论认同和感情认同。提高律师队伍业务素质，加强律师职业操守和道德建设，完善律师执业权利保障机制和违法违规执业惩戒制度，强化准入、退出管理。构建社会律师、公职律师、公司律师等优势互补、结构合理的律师队伍。推动律师行业党建工作向纵深发展，进一步提高律师行业的党建工作质量。加强公证员、人民调解员、法律服务志愿者等为代表的基层法律服务队伍建设。建立法律服务人才跨区域流动的激励和保障机制。

（3）重视法治后备人才培养。着力推动马克思主义法学思想和中国特色社会主义法治理论进高校、进课堂、进教材、进头脑。加强法学教育和研究，强化法学学科和专业建设，将法治实务部门的优质实践教学资源引进高校，加强法学教育、法学研究工作者和法治实际工作者之间的交流。健全政法部门和法学院校、法学研究机构人员双向交流机制，推动高校和法治工作部门人员互聘。建设高素质法治领域学术带头人、骨干教师、专兼职教师队伍，发挥法学研究机构和法学人才在全面深化法治浙江建设中的作用。重视法治人才和后备力量的教育培养，造就一支政治立场坚定、理论功底深厚、既熟悉中国国情又通晓国际规则的涉外法治人才队伍。

（六）打造乡村振兴人才队伍

（1）**壮大新时代高素质农民队伍。**围绕实施乡村振兴战略，以"千万农民素质提升工程"为抓手，实施现代农民培育计划、农村实用人才培养计划、十万农创客培育计划，发展壮大农业产业生产人才、农村第二三产业经营人才和乡村治理人才队伍。紧密结合现代农业、农村电商、乡村旅游、乡村治理、美丽乡村建设，培养乡村产业领军人才和乡村治理人才。构建完善"省乡村振兴学院、市乡村振兴分院、县（市、区）乡村振兴学校、乡（镇）乡村振兴讲习所"四级联动人才培育体系，面向从事适度规模经营的农民，分层分类开展全产业链培训，大力推行农民职称评定和职业技能等级认定。

（2）**加强乡村科技人才培育。**实施乡村振兴领军人才引育计划，推进农业农村科研杰出人才培养，加快培育一批高科技领军人才和团队，选派一批农业科技、产业创新、金融服务等领域企业家、技术专家等领军人才"上山下乡"。实施农业农村科技创新人才培育工程，以家庭农场、农民专业合作社、农业龙头企业等新型农业经营主体负责人为重点，培养一批新时代科技型乡村企业家。加强农业农村科技推广人才培养，鼓励浙江大学、浙江农林大学等高校院所调整增设涉农专业，加大定向培养基层农技人员力度，支持职业院校加强涉农专业建设，培养基层急需专业技术人才。完善科技特派员制度。

（3）**深入推进青年和乡贤回乡。**实施农村"归雁计划"，鼓励乡贤回归，完善对返乡下乡人员创业补贴、融资、场地、培训等扶持政策，搭建人才回乡创业创新平台，吸引农创客、高校毕业生、农民工、退役士兵等返乡创业。开展"银龄行动"，鼓励离退休党员干部、知识分子和工商界人士到乡村发挥余热、施展才能。支持返乡大学生、农村青年依托电子商务平台和经营网络开展电子商务创业，推进"互联网+农村物流"，创造更大市场和更多就业岗位，引导农村劳动力返乡就业和就地就近就业。

(七)打造社会事业人才队伍

(1) **推进新时代教师队伍建设。**实施教师教育攀登计划,推进教师教育创新实验区建设,形成以师范院校为主体、高水平综合院校参与、层次分明特色凸显的教师培养体系。加强高校高层次教师队伍建设,实施省高校领军人才培养计划、省高校海外引才集聚计划、省高校院士结对培养青年英才计划。建设高素质专业化的中小学教师队伍,深化"一专多能"小学全科教师培养模式改革,开展硕士层次"双学科"复合型高中教师培养试点。加强师风师德建设,培育有理想信念、有道德情操、有扎实学识、有仁爱之心的新时代"四有"好老师。

(2) **推进卫生人才队伍建设。**不断完善医教协同的卫生人才培养体系,加大全科、儿科、产科、精神科、病理科等急需紧缺专业人才培养培训力度,依托住院医师规范化培训基地,为县域医共体建设打造合格的临床基础人才队伍。加大政策倾斜力度,加强公共卫生和中医药特色人才队伍建设。深化卫生专业技术人才职称评审制度改革,建立符合医疗卫生行业特点的人事薪酬制度,不断提升卫生人才的发展空间、薪酬待遇、执业环境。

(3) **推进社会工作人才队伍建设。**推进社会工作学科专业体系建设以及社会工作专业人才评价体系建设,开展社会工作领军人才培育,将高层次社会工作人才纳入急需紧缺和重点人才引进范围。加强社会工作专业岗位开发,推动以社会工作服务为主的事业单位将社会工作岗位明确为主体专业技术岗位,实现社会工作者职业资格与专业技术职务评聘相衔接。积极培育社会工作服务机构,完善政府购买社会工作服务成本核算制度,将社会工作专业人才人力成本作为重要核算依据。大力推进乡镇(街道)社会工作站建设,畅通社会工作人才参与基层社会治理的渠道。

(八)打造党政人才队伍

(1) **贯彻整体智治,建设数字化党政人才队伍。**加强政府数字化改革人才培养,加大对数字化专业人才的招录力度,建设数字化党政人才梯队。将数字化技能水平纳入公务员培训和考核体系,依托知名高校或社会组织,普遍开展数字化人才培养、技能培训。营造数字化组织文化氛围,落实各级政府业务部门在政府数字化改革中的主体责任,建立业务部门和数字化部门的合作、协同机制。开展政府数字化改革示范项目、标兵人物等多种形式的激励，鼓励数字化创新。

（2）**贯彻唯实惟先，强化干部能力培养。**高质量开展党政干部集中轮训，不断提高培训的覆盖面、精准度，办好"习近平新时代中国特色社会主义思想进修班"，提升干部队伍推进现代化建设新能力。有针对性地开展经济管理、科技创新、文化建设、法治建设、社会治理、生态文明等方面专题培训，帮助干部弥补知识弱项、能力短板、经验盲区，全面提高党政干部解决实际问题能力。优化干部成长路径，积极选派干部到国家战略举措实施地、重大工程项目和艰苦地区历练。积极推动干部跨地区跨部门制度性交流。健全落实农村工作指导员、第一书记制度。

（3）**大力发现培养，选拔优秀年轻干部。**完善干部成长选育管用全链条工作机制，切实抓好年轻干部培养，落实"两个15%"和"两个20%"配备目标。通过搭建重点工作专项考核等比拼平台、对口支援合作和东西部协作等考验平台、服务国家战略试点等成长平台，帮助优秀年轻干部脱颖而出、增长才干。及时提拔使用各方面表现突出的优秀年轻干部。抓好选调生源头工程，把更多优秀高校毕业生吸纳到党政干部队伍中来。

五、创新体制机制完善十类改革举措

落实党管人才原则，坚持问题导向、目标导向、效果导向，坚持放权松绑、加油赋能、精神引领一体推进，深化人才发展体制机制改革，充分调动人才的积极性、主动性、创造性。

（一）构建衔接有序、运转高效的人才管理机制

全面贯彻人才强省、创新强省首位战略，落实落细各地各部门人才工作责任，使人才成为各地各部门发展的逻辑起点、工作的主攻方向、评价的核心指标，使"抓发展必先抓人才、抓人才就是抓发展"成为普遍自觉。探索组建人才发展集团，以引进人才、投资人才、服务人才为主业，将政府从具体事务中解脱出来，更好履行管宏观、抓服务职能。建设一批人才管理改革试验区，对人才密集、管理规范、信誉良好的用人单位，按照"能放则放、应放尽放"原则，赋予

人才"引育留用管"等方面的充分自主权。大力培育专业社会组织和人才中介服务机构，有序承接政府转移的人才培养、评价、流动、激励等职能。

（二）构建近悦远来、包容大气的人才集聚机制

建立人才支持政策的定期调整机制，不断完善支持重点、资助额度、管理方式，保证政策比较优势。提升人才计划、科研项目开放度，积极引进海外人才主持重大科技项目、担纲重大创新平台。支持省重点建设高校、一流学科面向全球遴选学术校长、学术院长，实行聘期制管理。推进人才计划遴选方式的多元化，减少大规模集中评审。把工作履历、薪酬待遇、获得投资额度等作为确定支持对象的重要标准，优先支持地方和用人单位重点培育的人才。探索根据高水平大学、一流科研院所、领军企业的人才工作和创新工作绩效，给予相应的人才计划指标，由其自定标准、自主确定人选。提升顶尖人才举荐比例。建立高端人才"白名单"机制，在项目申报、职称评审、招生指标等方面实行审核认定制，不搞重复评审。坚持不求所有、但求所用，不求所在、但求所为，只要实质性发挥作用，申报人才计划、享受支持政策不以户籍、个税、社保等为限制条件，探索科研经费的境外使用。大力支持人才寻访、人才测评、管理咨询等高端人力资源服务业发展，加大政府对人才招聘、培训、测评等人力资源服务项目的购买力度，培养用人单位通过市场力量引进人才的习惯。细化永久居留、长期居留和创新创业等移民出入境政策，优化工作机制和服务流程。对银行、车站、宾馆等窗口单位进行国际化改造，提高永居证、护照等证件使用的便利化水平。

（三）构建充分信任、放手使用的人才支持机制

在关键核心技术攻关中推广"揭榜挂帅""赛马制""军令状"等竞争性人才使用机制，不搞论资排辈，谁有本事谁上。打破人才、设施、数据等创新资源的"单位所有制"，探索"揭榜点将""揭榜组团"等机制，支持帅才型科学家有效整合科研资源和组织实施重大科研任务。实行人才计划、科研项目查重机制，防止逆向申报、重复支持。探索设立基础研究人才基金，鼓励自主选题、开展长期研究。发挥重大科技基础设施、国家重点实验室和省重点实验室等研究基地的集聚作用，稳定支持一批优秀创新团队持续从事基础科学研究。扩大科研经费包干制改革试点。推行首席专家负责制，项目负责人可自主调整研究方案和技术路线、自主组建和调整研究团队、自主安排科研经费中的直接费用。进一步简化科研项目预算编制、设备采购和经费报销程序，对实施期3年以下的项目一般不开展过程检查。对科研项目实行审计、监督、检查结果互认，一个项目周期实行"最多查一次"。积极推广新型产业用地（M0）试点，为人才发展新产业、新业态提供更加灵活的空间支持。

（四）构建需求导向、质量导向的人才培养机制

坚持"从娃娃抓起"，建立面向未来的顶尖人才早期发现、培养和跟踪机制，实施阶梯式支持机制，对取得标志性成果或具备较大发展潜力的人才，给予持续支持。改革高等学校学科设置和学位管理制度，增强学科设置的针对性、自主权，加强基础学科拔尖人才培养。大力推进"新工科、新医科、新农科、新文科"建设，加强高水平创新型人才、复合型人才和应用型人才培养。提升研究生培养能力和质量，建设一批科教协同、产教融合的研究生培养基地，畅通产学研合作培养硕士、博士通道。推进技工院校初中段招生与职业高中、中等专业学校统一招生政策、统一招生计划、统一招生代码、统一招生平台。推动高校人才培养改革与新高考改革相衔接，探索不同知识结构学生的培养模式。打破高校空间壁垒，构建跨学校、跨区域的数字化学习共同体和混合式教学，创新资源共享和人才培养方式。

（五）构建分类科学、放管结合的人才评价机制

坚持谁用人谁评价、谁熟悉谁评价。对基础研究人才实行代表作评价，着重评价其提出和解决科学问题的原创能力、成果的科学价值、学术水平和影响等。对应用研究和技术开发人才，着重评价其技术创新与集成能力、取得的自主知识产权和重大技术突破、成果转化、对产业发展的贡献等。对科技管理服务和实验技术人才，着重评价其工作绩效及社会影响力或作用。科学设置评价周期，适当延长基础研究和青年人才评价周期，鼓励持续研究和长期积累。支持用人单位建立评价体系和监督机制，自主开展人才评价，促进人才评价与引进、培养、使用、激励等相衔接。管理部门不再进行自主人才评价资格审批，主要通过完善信用机制、第三方评估、检查抽查、督查复核等方式加强监管。进一步发挥行业协会、专业学会、优势企业、服务机构等作用，畅通非公有制经济组织、社会组织等人

才申报评价渠道，探索推动将两新组织党务工作人才纳入职称评聘体系。健全以职业能力为导向、以工作业绩为重点、注重职业道德和知识水平的技能人才评价体系。特别优秀的高技能人才可以直接认定为特级技师，待遇参照正高级专业技术职称执行。

（六）构建市场决定、名利双收的人才激励机制

合理分配职务科研成果转化收益，重要贡献人员和团队的收益比例不得低于70%。对创新创造、成果转化、社会服务等业绩突出的单位或团队，可适当增加绩效工资总量。事业单位对急需紧缺的高层次人才，经主管部门审核可单独制定收入分配倾斜政策，不纳入绩效工资总量。事业单位科研人员承担企业科研项目，经费纳入单位统一管理，用途由企业与人才自行约定。制定出台省属企业人才新政，国有企业高层次人才薪酬待遇实行清单式管理，纳入企业工资总额，工资分配向关键岗位、生产一线岗位和紧缺急需的高层次人才倾斜。支持国有企业探索股权出售、股权奖励、股票期权、项目收益分红、岗位分红、项目跟投等多种激励方式。各地可通过科学技术奖励、绩效奖励等途径增加高层次人才实质性收入。

（七）构建一体发展、顺畅有序的人才流动机制

鼓励党政机关、国有企事业单位人才向非公有制经济组织和社会组织流动，完善吸收非公有制经济组织和社会组织中的优秀人才进入党政机关、国有企业事业单位的途径。鼓励和引导优秀人才向企业集聚，高校、科研院所科研人员按规定程序报经同意，可以离岗或兼职创业并按规定获得报酬。积极融入长三角人才一体化，探索建立一体化人才保障服务标准，实行人才评价标准互认制度，制定相对统一的人才流动、吸引、创业等政策，完善公平竞争的人才发展环境，推动国际人才认定、服务监管部门信息互换互认，加快建立创新人才发展的共同体，打造人才创新活力走廊。深化人才培养开发"希望之光"计划，持续推进"校际结对帮扶"，医疗卫生资源"双下沉、两提升"。支持加快发展地区完善人才储备金等机制，鼓励引导人才向艰苦边远地区和基层一线流动。

（八）构建公平竞争、便利高效的人才创业机制

持续推进个人和企业全生命周期"一件事"全流程"最多跑一次"，推进"证照分离"改革全覆盖。推进一般企业投资项目审批竣工验收前"最多80天"

改革，开展低风险小型项目"最多20个工作日"试点，完善投资项目在线平台和工程建设项目审批管理系统功能。对未纳入负面清单的行业、领域、业务等，各类市场主体皆可依法平等进入。探索新经济领域产品项目实施企业承诺登记与随机抽查监管相结合的行政审批监管模式，加大事中事后监管力度，实现"双随机、一公开"监管全覆盖。进一步深化创新券制度，促进科研机构、实验室向社会开放。强化首台套推广应用机制，落实对首台套产品和浙江制造精品等创新产品的政府首购制度。

（九）构建保护知识、保护产权的人才权益保障机制

全面实施知识产权民事、刑事、行政案件"三合一"审判，完善跨区域审判协作机制。加强中国（浙江）知识产权保护中心建设，布局一批知识产权保护中心，建立投诉快速处置机制。健全重大案件联合查办和移交机制，完善案件移送要求和证据标准，顺畅行政执法和刑事司法衔接。明确行政执法过程中的商标、专利侵权判定标准，健全侵权假冒线索智能发现机制，通过大数据、人工智能、区块链等技术手段，探索创新线上线下一体化查处打击模式，实现全方位执法保护。完善知识产权纠纷多元化解决机制，加强知识产权仲裁、调解、公证存证工作，完善知识产权纠纷调解协议司法确认制度，各市及国家知识产权强县（市、区）等建立专业化知识产权调解社会组织。强化企业知识产权保护意识，提升行业协会（商会）自律水平。加强企业知识产权海外布局，完善企业海外知识产权纠纷应对指导与援助机制，建立知识产权海外风险预警机制。

（十）构建压实责任、容错免责的人才发展保障机制

完善党委（党组）书记抓人才工作述职评议制度，明确述职内容和评议标准，进一步提高针对性和实效性。探索党委（党组）书记领办重点人才招引、重大平台建设、重要政策创新等任务。推进人才工作目标责任制考核向部门、国有企业、高校、科研院所延伸，考核结果作为领导班子和领导干部综合考评实绩分析的重要内容。坚持招才引智与招商引资一体推进，对引进高水平研发机构、高层次人才项目，应当视同重大引资项目进行考核。探索将人才作为要素市场化配置的重要指标，企业人才工作情况作为享受工业经济、用地指标、科技项目等方面优惠政策的重要依据。加大财政人才发展投入，建立健全人才投入统计口径，完善政府、企业、社会多元化人才投入机制。创新财政人才投入方式，提高人才投入绩效，运用后补助、自主创新产品首购等方式，加大对人才创业创新支持。树立人才投资是风险投资的理念，合理界定和规范完善符合人才发展规律的容错尺度，允许一定的失败比例。对人才创新创业项目进行支持，符合规定条件、标准和程序，但项目未达到预期发展效果，相关领导干部在集体决策、勤勉尽职、未谋取非法利益、有效纠错的前提下，免除其决策责任。建立包容和支持"非共识"创新项目的制度，加大对自主创新技术和产品的支持力度。

六、营造优良生态办好八件人才实事

对标国际先进水平，按照打造具有影响力吸引力的全球人才蓄水池目标，办好八件重点人才实事，为人才提供全过程、全方位优质服务，加快建立以人才为核心的创新创业生态系统。

（一）打造"线上+线下"人才服务综合体

落实全面数字化改革，推进人才创新创业服务综合体建设，加强服务集成、资源集成、功能集成，整合打通各级各部门政务服务，积极引导金融、创投、法律、财务、税务、人力资源等方面的高端服务机构入驻，完善成果展示、项目对接、交流研讨、培训研修等功能，建立健全首问负责、限时办结、服务好差评等机制，打造"产学研用金、才政介美云"互动联通的重要枢纽。在保证人才属性、公益属性的基础上，积极引入专业化运营机构、探索市场化运行机制，实现可持续发展。推进人才服务云平台、人才码和引才云平台建设，打造"网上综合体""掌上综合体""码上综合体"。

（二）完善人才发展金融支持体系

推广"人才银行"特色服务模式，探索设立人才科创银行，创新深化"投债贷顾"人才信贷服务，支持人才银行拓宽贷款用途、加强融资创新、探索投贷联动，为高层次人才提供全方位金融服务。支持设立人才信贷风险补偿资金池，为人才信贷提供一定的风险代偿。继续做优做强"人才板"，升级建设浙江科创助力板，深化人才企业上市联盟、科创企业培育中心等建设，支持各类股权投资基金投向非上市人才企业,助力对接多层次资本市场。全面拓展"人才险""人才小贷"等服务范围,优化提升"人才担保"等服务模式,大力支持金融机构为人才企业融资、发债提供增信服务。进一步发挥区域性股权市场对人才企业的孵化支撑作用。

(三)建设人才住房保障体系

鼓励支持各设区市在编制住房发展规划、住房保障规划及年度建设和供应计划时,对人才住房进行统筹规划、重点保障。鼓励有条件的地区在居住用地中划定人才住房和保障性住房用地面积比例。对一般性房地产开发项目,可探索竞地价与竞人才住房配建量相结合的"招拍挂"方式,进一步提高人才住房配建比例。加快完善发展保障性租赁住房基础性制度和支持政策,支持通过单列租赁住房用地计划、利用集体建设用地和企事业单位自有闲置土地、利用存量工业用房和商业办公用房等方式筹集建设保障性人才租赁住房,鼓励有条件的城市探索发展共有产权住房。鼓励各地进一步完善货币化人才住房保障政策,形成"货币补贴+实物保障"有序衔接、互为补充的人才住房保障体系。

(四)构建学有优教的教育服务体系

高质量普及学前到高中段15年教育,进一步完善学前教育、义务教育、高中教育的规划布局,增加公办幼儿园、中小学校供给,提升入学服务水平,促进义务教育优质均衡发展。高水平建设外籍人员子女学校,高质量满足海外高层次人才子女教育需要,新建若干所涵盖各年龄层次、文凭能被全球性大学认可、课程体系注重全面发展与提升自主学习能力的外籍人员子女学校。探索高层次人才子女入学租售同权。

(五)构建全生命周期健康服务体系

实施"医学高峰"计划,共建国家医学中心和区域医疗中心,合理布局省级区域医疗中心、医学重点学科和临床重点专科。积极引进国际顶级医疗机构和优秀团队,建设若干家集医疗、教学、科研、体检、保健为一体的综合性国际医院。强化医联体建设,推动家庭医生发展,均衡布局建设社区卫生服务中心。以社区为基本单元,全面建设社区智慧养老与康复中心,加强"三医联动""六医统筹",加快建立现代医院管理制度和分级诊疗制度。推动分层分类实施个性化、

针对性的人才健康服务举措。

（六）创造无处不在的人才交往空间

以特色小镇和企业集群为依托，重点配置孵化用房、共享办公等"双创"空间设施，配套建设休闲广场、咖啡厅、共享餐厅等设施，着力形成高效、共享的创新服务圈。在重点人才聚集地布局各类零售商业、特色酒店、酒吧餐厅等服务业态，打造具有文化品位和创新韵味的商业街区，打造国际化多样化商业元素。以古城名镇名村、名山公园、海岛公园、遗址公园为点，以交通线路、人文水脉、森林古道为线，打造一批以人才思想碰撞、协同创新为重点的新型分时共享研发基地、第二创新空间。

（七）营造包容失败的创新文化

对人才引育投入绩效实行总体考核、中长期考核，不得以个别项目失败、短期亏损否定总体工作。将人才培育、学科建设、技术路线探索等纳入人才绩效评价体系，全面客观评价人才贡献，防止简单化。树立实干导向，不以短期成败论英雄，只要人才实实在在干事创业，即使未能实现预期目标，也不作负面评价，经专家评议可继续予以支持。政府支持人才的资金，可安排一定比例购买创业创新保险。

（八）加大人才精神激励

加强人才政治引领和政治吸纳，进一步弘扬科学家精神、企业家精神、工匠精神，加大科技奖励力度，每年重点奖励一批重大科技成果获得者、典型创新人才和创新企业，每年选树一批优秀人才典型，推广"人才日""人才公园""人才大道"等做法，不断提升人才的获得感、尊荣感。

（课题组成员：范玲、郎金焕、俞宁、陈达祎）

浙江省应对气候变化"十四五"规划研究[1]

一、现状与形势

(一) 气候特征及变化趋势

在全球气候变暖大背景下,近年来浙江省台风、暴雨洪涝、极端高温、干旱、寒潮等气象灾害呈现出发生频次高、影响范围广等新特征。

(1) **气温上升趋势明显。** 自 1961 年以来,平均气温每 10 年升高 0.28℃。其中 20 世纪 80 年代以后年平均气温上升显著,增温幅度为每 10 年 0.47℃,高于全国同期的 0.36℃,低温日数以每 10 年 3.3 天的速率递减。

(2) **降水季节分布不均衡加剧。** 自 1961 年以来,浙江省年平均降水量以每 10 年 39.1 毫米的速率增加。近年来,季节性降水分布不均的趋势进一步扩大,洪涝、干旱等极端气象灾害频繁发生,且强度和持续时间不断增加。

(3) **海平面上升速度加快。** 自 1980 年以来,浙江省沿海海平面以每年 3.5 毫米的速度上升,高于同期全国平均水平。进入 21 世纪,浙江省海平面总体处于历史高位。2019 年,海平面较常年平均高 93 毫米,为 1980 年以来第二高位。

---

[1] 该项目由浙江省生态环境厅委托,由浙江省发展规划研究院和浙江省生态环境低碳发展中心、浙江省经济信息中心共同起草。

(二)应对气候变化工作成效

(1) 产业数字化水平稳步提升。2020年,全省数字经济核心产业增加值达到7020亿元,占GDP比重较2015年提高3.2个百分点。以新产业、新业态、新模式为主要特征的"三新"经济增加值占GDP比重比2015年提高5.8个百分点。在全省规模以上工业中,战略性新兴产业、高新技术产业、装备制造业、高技术制造业增加值分别比2015年提高7.5个、22.4个、7.4个和4.9个百分点。

(2) 能源清洁化程度进一步提高。2019年煤炭消费占比较2015年下降7.1个百分点,天然气、非化石能源消费占比分别提高3.1个、3.8个百分点。2020年,清洁能源发电装机比较2015年提高11.7个百分点。全省累计建成光伏发电装机容量1517万千瓦,比2015年增长827%,其中分布式光伏装机1070万千瓦,装机规模连续多年位居全国第一。

(3) 绿色建筑交通全面较快发展。2020年,全省城镇绿色建筑面积占新建民用建筑的比重达到97%以上,可再生能源占建筑领域消费比重11%。全省设区市建成区面积25%、县级市建成区面积20%达到海绵城市要求。全省新能源公交车27395辆,清洁能源化公交车、出租车使用比例达到80%。全省公共交通分担率由2016年的34.3%上升至2020年的36.7%。

(4) 应对气候变化工作体系基本形成。发布实施应对气候变化统计制度,建立省市县三级全覆盖的温室气体清单报告机制。积极参与全国碳市场建设,建成浙江省气候变化研究交流平台,建立完善企业碳排放监测、报告、核查体系。积极推进省级低碳试点和近零碳排放试点,形成覆盖城市、城镇、园区、社区、企业的多层级低碳试点体系。

(三)发展机遇

(1) 合作共赢的气候治理新局面给全球多边合作带来新机遇。坚持加强协作,共同推进全球气候多边合作进程,落实《巴黎协定》以实现共赢共进,将成为各国气候治理的新常态。习近平总书记提出我国二氧化碳排放力争于2030年前达到峰值,努力争取2060年前实现碳中和,彰显了我国积极应对气候变化的雄心和决心,中国已经成为全球气候治理进程重要的参与者、贡献者和引领者。

(2) 各尽所能的气候治理新体系给我国构建新发展格局带来新机遇。强化气候治理是保障国家安全、促进可持续发展的系统性、全局性、长期性工作。全面深化应对气候变化、经济高质量发展、生态环境高水平保护工作统筹融合，全面加快各领域绿色低碳转型，将成为深入贯彻习近平生态文明思想，落实新发展理念的重要举措。

（3）碳达峰、碳中和的气候治理新目标给浙江打造"重要窗口"带来新机遇。浙江是习近平新时代中国特色社会主义思想的重要萌发地、绿水青山就是金山银山理念发源地和率先实践地。着力推进绿色低碳发展，构建现代化气候治理体系应当成为浙江省努力建设展示人与自然和谐共生、生态文明高度发达"重要窗口"的系统性突破性标志性成果，是打造美丽中国先行示范区的具体实践。

(四)面临挑战

（1）从发展阶段看。浙江省目前还处在经济社会快速发展、城镇化工业化尚未结束的发展阶段，人均GDP、城镇化率、居民收入等指标与发达国家相比仍有较大差距，未来随着经济社会发展，能源总需求将持续增长。

（2）从排放结构看。能源结构上，化石能源特别是煤炭占比仍然偏高，导致浙江省每吨标准煤的能源消费碳排放仍然较高。产业结构上，工业结构高碳化明显，七大"高碳行业"碳排放占比高达70%，仅创造30%的增加值。

（3）从工作基础看。全省在中长期低碳发展以及碳达峰、碳中和目标实现上缺乏战略性规划指引，政策体系、部门协同机制亟须完善，气候治理数字化转型、低碳科技创新、绿色低碳智库建设有待进一步加强。

二、总体要求

(一) 指导思想

坚持以习近平新时代中国特色社会主义思想为指导，深入贯彻党的十九大和十九届二中、三中、四中、五中全会精神，全面贯彻习近平生态文明思想，深入践行绿水青山就是金山银山理念，把握新发展阶段，贯彻新发展理念，构建新发展格局，坚持系统观念，把碳达峰、碳中和纳入生态文明建设整体布局，以推动产业和能源绿色低碳发展为关键，控制温室气体排放，以提升基础设施韧性和生态系统稳定性为重点，增强适应气候变化能力，以促进减污降碳协同和健全市场化机制为抓手，着力提升应对气候变化治理能力，推动经济社会系统性变革，率先实现经济社会发展全面绿色转型，努力建设人与自然和谐共生的现代化，为浙江省奋力打造"重要窗口"、争创社会主义现代化先行省和建设美丽中国先行示范区提供坚实支撑。

（二）基本原则

——**坚持系统观念，统筹推进**。以碳达峰、碳中和目标为引领，加强全局性谋划、战略性布局、整体性推进，处理好发展和减排、整体和局部、短期和中长期的关系，加快推动产业结构、能源结构变革，统筹推进重点领域、重点区域应对气候变化工作。

——**坚持科技引领，数字赋能**。强化应对气候变化的科技创新支撑，加快绿色低碳技术的研发与应用，发展各种气候适应性技术。以数字化手段助推应对气候变化工作，加强应对气候变化大数据应用，提升数字智治水平。

——**坚持制度创新，先行先试**。积极探索符合省情、兼具特色的应对气候变化制度改革和创新，充分发挥市场机制作用。发挥基层的主动性和创造性，创新和深化应对气候变化试点创建，探索绿色低碳发展新路径。

——**坚持政府主导，社会参与**。充分发挥政府在应对气候变化工作中的主导作用，强化减缓和适应工作推进力度。积极引导社会各界参与应对气候变化工作，发挥企业、公众在减缓工作的主体作用，挖掘适应工作潜力。

（三）目标指标

到 2025 年，初步形成与经济社会发展相协调、与生态文明建设相适应、与生态环境保护相融合的应对气候变化工作新局面，碳达峰基础进一步夯实，适应气候变化能力有效提升，气候变化治理能力有效增强。

——**碳排放总量和强度得到有效控制**。低碳发展水平显著提升，低碳生产和生活方式基本形成，生态系统碳汇明显增加。到 2025 年，非化石能源占一次能源消费比重达到 24%，单位地区生产总值二氧化碳排放完成国家下达目标，碳排放总量得到有效控制。

——**适应气候变化能力有效提升**。基础设施适应气候变化能力明显增强，江河湖库防洪减灾体系进一步完善，农业适应气候变化能力不断提高，沿海地区防洪防台能力明显增强，生态系统稳定性进一步提高，气候灾害预警和应对能力显著增强。

——应对气候变化治理能力有效增强。应对气候变化制度体系进一步完善，减污降碳协同推进，科技创新水平明显增强，数字赋能深入推进，市场机制有效建立，人才队伍进一步壮大。

——示范试点体系健全完善。低碳发展示范试点全面推进，适应气候变化示范试点有效开展，配套政策和评价指标体系逐步完善，建成一批具有典型示范意义的低碳工业园区、零碳示范试点等。

——低碳行动成为新时尚。绿色生产、绿色消费、绿色采购全面开展，全民践行简约适度、绿色低碳的生活理念基本形成。

到2035年，碳排放达峰后稳中有降，碳中和实现路径进一步明确，绿色生产生活方式广泛形成，适应气候变化能力显著增强。

三、着力控制温室气体排放

（一）促进经济高质低碳发展

（1）**推动经济体系数字化变革。**深入实施数字经济"一号工程2.0版"，突出数字化引领、撬动、赋能作用，加快数字经济与低碳化融合发展。实施数字经济五年倍增计划，大力建设国家数字经济创新发展试验区，建设数字技术创新中心，加快打造数字变革策源地。加强数字经济领域、新型基础设施建设等领域节能，提升数据中心、新型通信等信息化基础设施能效水平。2025年，数字经济核心产业增加值占地区生产总值比重达到15%左右。

（2）**发展战略性新兴产业和未来产业。**把握新兴产业发展机遇，加快培育生命健康、新材料、新能源及智能汽车、航空航天等战略性新兴产业成为新的支柱产业，积极布局储能、氢能等碳中和相关产业。结合"万亩千亿"平台建设，聚焦战略性新兴产业关键细分领域，培育形成一批在全国具有较强竞争力的战略性新兴产业集群。超前布局人工智能、生物工程、第三代半导体、类脑芯片、柔性电子、前沿新材料、量子信息等未来产业，加快建设未来产业先导区。

（3）**促进现代服务业提质增效**。加快发展现代服务业，推动生产性服务业向高端化、专业化发展，重点发展软件与信息服务、科技服务、现代物流、金融服务、创意设计、供应链管理等生产性服务业。推动生活性服务业向精细化、高品质发展，依托四条诗路文化带建设，大力发展文创产业和旅游产业。到 2025 年，全省服务业增加值占地区生产总值比重达到 60% 以上。

（4）**做强节能环保产业**。加大大气污染防治、水污染防治、固体废弃物处理、土壤污染修复等领域的节能环保技术装备研发、推广和产业化力度。推广节能环保产品，加强节能环保技术创新，深入推进循环经济发展。创新"互联网＋"再生资源回收利用模式，贯彻落实生产者责任延伸制度，完善回收网络体系，规范梯级利用、回收拆解、资源化利用和无害化处置，壮大资源回收利用市场主体实力，提高资源利用效率。大力发展节能环保第三方服务，引进、培育一批重点节能环保服务企业，推动节能环保服务业发展。到 2025 年，节能环保产业总产值达到 15000 亿元。

（5）**打造一批低碳发展重要平台载体**。以发展现代产业体系为核心，突出低碳实践，高标准建设舟山群岛新区和省级新区，重点推进杭州钱塘新区、宁波前湾新区、湖州南太湖新区等建设，打造产业低碳发展的重要载体。推进杭州城西、宁波甬江、G60（浙江段）、温州环大罗山、浙中等科创大走廊建设，打造低碳技术研发和低碳产品推广应用的重要载体。

（二）推动能源低碳变革

（1）**大力发展非化石能源**。深入推进国家清洁能源示范省创建，大力发展非化石能源。安全发展核电，建成三澳核电一期，力争建成三门核电二期。合理开发水能，加快推动长龙山、宁海、缙云等抽水蓄能项目建设，到 2025 年新增抽水蓄能 340 万千瓦。大力发展光伏发电，继续推进分布式光伏发电应用，积极开发建筑一体化光伏发电系统。高质量创新发展生态友好型"光伏＋农渔业"模式。有序发展风电，重点推进海上风电项目建设，打造"海上风电百万千瓦级应用基地＋海洋牧场"发展新模式，适度兼顾发展陆上分散式风电。多渠道拓展区外来电，推动跨区域电力通道建设，建成白鹤滩水电至浙江特高压直流工程。因地制宜发展生物质（含垃圾）发电，积极探索海洋能综合开发利用新模式。到2025年，非化石能源发电装机容量达到6300万千瓦以上。

(2) **清洁高效使用化石能源。** 强化煤炭总量控制，建立深度"控煤"机制，制定分区域分行业煤炭消费减量替代工作方案。积极推进煤炭低碳化利用，鼓励使用洁净煤以及高热值煤，提高煤电用煤效率，降低电厂自用电率和碳排放量，实现火电平均供电标煤耗不断下降。持续实施煤改气工程，提高天然气覆盖率和气化率，积极推进天然气分布式能源发展，扩大天然气利用。稳步推进油品低碳化利用，推广使用生物质燃料。

(3) **着力推进能效提升。** 开展能效创新引领国家试点，修订产业能效技术指南，建立重点行业和项目能效准入标准。完善能源消费总量和强度"双控"制度，建立能源"双控"与区域规划、产业规划、重大项目前期计划联动机制。坚决遏制新上高耗能项目，严格执行高耗能行业产能和能耗等量减量替代制度，到2025年，单位工业增加值能耗较2020年下降16%以上。推进能源资源向重大平台、重点行业和重点项目倾斜，优先支持产业链供应链补短的高质量重大项目，完善"区域能评+产业能效技术标准"机制，加大节能服务业培育力度，提高能源资源市场化配置和制度化建设水平。研究制定《浙江省产业能效领跑专项行动》。实施能效领跑者计划，建立节能激励导向机制，树立行业标杆，推动重点企业开展能效对标。

(三) 加快工业低碳转型

(1) **严格控制高耗能、高排放项目盲目发展。** 控制高耗能、高排放行业产能扩张，对在建、拟建和存量高耗能、高排放项目开展分类处置，将已建成高耗能、高排放项目全部纳入重点用能单位在线监测系统，强化常态化监管。对钢铁、水泥、平板玻璃等重点行业，探索建立平均先进碳排放对标机制，发布重点碳排放行业和主要产品平均碳排放强度，引导平均线以下的企业对标排放。提高新建项目准入门槛，审慎引入高耗能大项目，已立项项目要严格按照最先进的能效标准建设，并强化后续节能技改。到2025年，单位工业增加值二氧化碳排放显著下降，工业领域碳排放总量趋于稳定。

(2) **推动传统产业低碳转型。** 持续推动工业领域节能提效，推进传统产业绿

色低碳省级改造,严格落实《节约能源法》《环境保护法》《产品质量法》《安全生产法》和《产业结构调整指导目录》,依法依规有序推动落后产能退出。积极开展绿色低碳园区、工厂创建,到 2025 年建成绿色低碳园区 50 个、绿色低碳工厂 500 个。结合"未来工厂"建设工作,将数字化技术应用于产业改造提升,深入推进绿色化制造、数字化设计、智能化技改、"企业上云"、数字化管理、"互联网+"新模式等在产业中的应用,加快建立快捷柔性化生产新模式,加快提升产业低碳高效发展水平。全面推行绿色制造,利用科技和信息化手段来推动制造业低碳提升。

(3)推进工业绿色循环发展。实施循环经济"991"行动计划升级版,实施园区绿色升级改造,着力提升资源循环利用示范城市(基地)建设水平。推行园区综合能源资源一体化解决方案,推动新建园区循环式建设。引导工业绿色循环发展,加快推动电力、建材、石油化工等行业的循环化改造。到 2025 年,主要资源产出率提高 15%。推动建材、有色金属、化工、印染等重点行业企业实施清洁生产改造,从源头削减废气、废水及固体废物产生量。

(四)强化建筑全过程低碳管理

(1)全面实施新建建筑绿色设计。进一步加大绿色低碳建筑推广力度,全面执行绿色建筑标准,大力推广装配式等新兴建造方式,扩大建筑节能技术和绿色建材应用范围,推广可再生能源建筑一体化应用,提高可再生能源在建筑领域的消费比重。到 2025 年,城镇新建建筑中绿色建筑实现全覆盖,二星级以上绿色建筑占比进一步提升,国家机关办公建筑和政府投资或者以政府投资为主的其他公共建筑,按二星级及以上绿色建筑强制性标准建设,城镇新建建筑中装配式建筑比例达到 35%。

(2)着力推进既有建筑节能改造。以大型公共建筑场馆和机关办公建筑为重点,结合未来社区建设、老旧小区改造、美丽城镇建设等工作,开展外墙外保温、地源热泵应用等节能改造,鼓励"光伏建筑一体化+储能"、集中供冷供热能源站、立体绿化在未来社区率先应用,力争在"十四五"期间完成既有公共建筑节能改造面积 500 万平方米。

(3)加强建筑领域低碳管理。实施建筑电气化工程,推广高效电气化应用技术与设备，提升建筑电气化水平。因地制宜推广可再生能源、分布式能源、绿色建材等在建筑领域的应用。推进建筑节能低碳管理，逐步将公共建筑纳入碳核查范围，推广合同能源管理，推进公共建筑能耗统计、能源审计及能效公示，强化宾馆、办公楼、商场等商业和公共建筑低碳化运营管理，研究制定建筑节能低碳管理条例。

（五）构建低碳交通体系

（1）加快形成绿色低碳的现代化综合交通体系。深入推进高水平交通强省建设，打造现代综合交通枢纽，发展智慧交通。推进长三角交通基础设施互联互通，打造轨道上的长三角。加快建设都市区城际铁路网、大湾区通勤铁路网，推动市域（郊）铁路向周边延伸。加密城市轨道交通网，有效衔接各功能组团和枢纽节点。推进环杭州湾、环南太湖、沿钱塘江、沿瓯江及沿海等骑行、休闲绿道建设。

（2）**推进交通运输结构调整**。全面落实公交优先战略，积极推动长三角公共交通一体化发展，加快推进省内城市、长三角区域城市轨道交通乘车二维码和城市交通卡互联互通，到2025年，全省城市公共交通出行分担率达到35%及以上。调整优化运力结构，结合大通道建设，提升铁路货运比例，拓展绿色水路运输优势。推动以"四港联动"为核心的多式联运，大力推进大宗货物"公转水"示范工程。发展低碳物流，建设城市绿色物流体系。加快老旧高排放车辆淘汰更新，进一步强化高排放船舶管控。

（3）**优化交通运输能源结构**。推进新能源或清洁能源汽车使用，实施公共领域车辆、私人小汽车新能源行动，鼓励新增和更新的公交、出租、作业车辆使用新能源或清洁能源汽车，加快实现新采购公务车辆100%新能源化，提升社会车辆新能源比例。推广使用电、天然气等新能源或清洁能源的船舶。加大充电桩建设力度，到2025年，全省建成公共领域充电桩8万个以上（其中智能公用充电桩5万个以上），自用充电桩35万个以上。加快研究推广氢燃料电池汽车、智能网联等技术。应用城市大脑等信息技术提升交通组织智能化水平。逐步扩大交通运输企业碳核查范围，加强能耗监测统计。

（六）践行低碳生活方式

（1）**增加绿色低碳产品供给**。引导和支持企业加大对绿色低碳产品研发、设计和制造的投入，鼓励大型商超优先引入绿色低碳产品，增加绿色低碳产品和服务的有效供给，进一步加强国家重点节能低碳技术推广目录、节能减排与低碳技术成果转化推广清单的宣介力度，强化落地应用。推广应用绿色包装和节能环保新材料，推行减量化、复用化的包装产品，大力推广循环快递物料设备。引导企业开展绿色（低碳）产品认证，淘汰高能耗产品和技术，支持省内企业取得节能低碳产品认证和标识，探索开展碳标签建设。

（2）**推进绿色采购**。严格执行政府对节能环保产品的优先采购和强制采购制度，进一步提高政府采购中再生产品和再制造产品的比重，优先采购节能节水的能效水效标识目录产品，推动政府采购云平台商品目录中增加低碳产品种类。探索进一步提高政府低碳产品采购要求，提高政府低碳产品采购比例要求，扩大政府绿色采购规模。

（3）**倡导低碳生活**。开展全民节能型消费和绿色低碳消费理念，将绿色低碳理念纳入教育体系，开展低碳校园建设，以教育带动全社会践行绿色低碳。利用浙江省数字经济、互联网优势，探索碳普惠制度，推动践行绿色低碳理念。大力实施"光盘行动"，鼓励适量点餐，公务接待简约化，遏制食品浪费。倡导绿色低碳出行方式，鼓励民众采用步行、自行车、公共交通、拼车等低碳方式出行，到2025年，公共交通机动化出行分担率达到40%，大中城市中心城区绿色出行比例达到80%。鼓励居民购买使用绿色低碳产品，加强能效水效标识推广，引导民众选购节能节水产品。倡导节水、节电、节气等低碳生活方式，强化阶梯水价、电价、气价的运用，引导居民自觉减少能源和资源浪费。全面深入推进垃圾分类回收，鼓励通过"互联网+"等形式开展废旧物品交易，进一步减少一次性消费用品使用。

（七）控制非二氧化碳温室气体排放

（1）**控制工业生产过程中的非二氧化碳温室气体排放**。强化工业生产过程温室气体排放管控，通过工艺技术改进、末端治理等手段，减少工业生产过程温室气体排放。进一步强化氢氟碳化物等温室气体排放控制，对工业生产过程产生的HFC-23等含氟气体进行销毁处理。积极推广增温潜势值较低的氢氟碳化物制冷剂替代产品生产和使用。继续强化硝酸生产过程中氧化亚氮的排放控制，积极推广实施氧化亚氮末端处理技术。

（2）**控制农业活动中的甲烷和氧化亚氮排放**。继续实施化肥农药减量增效，加快推进有机环保农药替代、测土配方施肥、新型肥料应用，减少农田氧化亚氮排放。选育高产低排放良种，改善水分和肥料管理，有效控制甲烷排放。深化畜禽养殖污染治理，实现畜禽养殖污染物全收集、全利用或全达标；严格落实生态畜牧业发展规划和畜禽禁限养区，调整畜禽养殖种类、规模和总量，畜牧业区域布局与资源环境承载力相匹配，农牧结合，形成"种养加"一体的绿色发展模式。加大商品有机肥施用、秸秆还田、绿肥种植等技术推广，改善耕地地力。到2025年，化肥施用强度（折纯）降到15千克/亩。

（3）**控制废弃物处理中的甲烷和氧化亚氮排放**。全域打好生态环境巩固提升持久战，推进"无废城市"建设，加快实现废弃物低碳化处理。推进生活垃圾、工业垃圾等各类固废分类处理，加强再生资源回收利用，探索建立各类固废处理收费制度，从源头减少各类固废产生量，到2025年，全省生活垃圾回收利用率达到70%。按照焚烧为主、填埋补充原则，加快城镇生活垃圾焚烧厂建设，推进生活垃圾填埋场生态修复，加快实现县城以上城市生活垃圾焚烧处理能力基本覆盖。积极推广使用甲烷发电等规模化垃圾填埋气回收利用技术，减少垃圾填埋场甲烷排放。合理规划布局资源循环利用基地，实现废弃物的协同处置。加大城镇生活污水再生利用力度，逐步提高农村生活污水处理水平，积极利用再生水，到2025年，全省再生水利用率不低于20%。研究并推广适合浙江省实际情况的废水处理、甲烷排放回收利用技术，重点加强造纸、化工、食品等行业污水处理、甲烷排放的回收利用。

（八）增加生态系统碳汇

（1）**增加林业碳汇**。深入实施新增百万亩国土绿化行动，持续推进国土绿化美化，增强国土绿化系统碳汇能力。按照山水林田湖草系统治理的思路，充分挖掘潜力，大力实施山地、坡地、城市、乡村、通道、沿海"六大森林"建设，着力提升森林生态系统质量和稳定性。全面实施千万亩森林质量精准提升工程，加强木材储备，串联美丽生态廊道，建设珍贵彩色健康森林，提高森林质量和效益，持续推进碳汇计量监测体系建设，全面掌握全省林业碳汇现状、变化、分布和潜力，推动新一轮"一村万树"示范村建设，提高乡村绿化质量。加大城市森林建设力度，以森林城市（城镇）、园林城市（城镇）建设为载体，扩大城市建成区核心片林规模，提高公共设施绿地中乔木林比重。到2025年，全省森林覆盖率达到61.5%，森林质量明显提升。

（2）增加海洋、湿地、农业碳汇。结合蓝色海湾综合治理、银色沙滩岸滩修复，提升海洋碳汇能力。推进水产健康养殖，加快建设海洋牧场，提高海洋渔业固碳能力。加大湿地保护修复力度，坚持自然恢复与人工修复相结合的方式，对集中连片、破碎化严重、功能退化的自然湿地进行修复和综合整治。推进南红北柳湿地修复，逐步恢复湿地生态功能，增强湿地固碳能力。深入挖掘农业碳汇潜力，通过农业技术改进、种植模式调整等措施，增强农业生态系统碳汇能力。

四、开展二氧化碳排放达峰行动

（一）研究制定二氧化碳排放达峰行动方案

研究制定全省二氧化碳排放达峰行动方案，明确达峰目标、路线图、实施路径。推动能源、工业、交通、建筑、农业、居民生活和科技创新等领域制定达峰专项行动方案。指导各设区市制定市级达峰行动方案。深化省、市、县温室气体清单编制工作，强化清单数据应用，为全省重点地区、重点行业二氧化碳排放达峰提供数据支撑。

（二）推动重点区域二氧化碳排放达峰

（1）推动有条件的地区率先达到碳排放峰值。分批推进各地区实现二氧化碳排放达峰，推动有条件的低碳试点城市、重点地区率先达峰。推进长三角生态绿色一体化发展示范区2025年前实现二氧化碳排放达峰。

（2）鼓励重点产业平台推进碳排放达峰行动。鼓励国家级经济技术开发区、省级开发区、"万亩千亿"平台等产业平台研究制定园区二氧化碳排放达峰行动方案，通过落后产能淘汰、"腾笼换鸟""亩均论英雄"改革、推广可再生能源应用等手段，深入推进园区低碳发展，鼓励省级低碳工业园区率先开展二氧化碳排放达峰行动。

（三）推进重点行业企业二氧化碳排放达峰

（1）推进重点行业达峰行动。识别全省二氧化碳排放达峰重点行业，研究制定钢铁、建材、石化、化工、造纸、化纤、纺织等七大高碳排放行业二氧化碳排放达峰行动方案，明确达峰重点任务，严格执行国家产能减量置换政策。鼓励建材、钢铁、造纸等行业率先实现二氧化碳排放达峰。积极引导重点行业低碳发展，严格控制高碳排放产业盲目扩张。

（2）引导重点企业开展碳达峰、碳中和行动。鼓励省内重点能源生产企业、高碳排放企业开展二氧化碳排放达峰行动，指导企业制定达峰行动计划，鼓励省内大型国有企业率先实现达峰。鼓励行业龙头企业积极开展碳中和行动，明确碳中和目标及路径，引导产业链上下游协同实现碳中和目标。

（四）重视碳排放达峰目标落实

（1）落实碳排放达峰目标责任。各地根据省级碳排放达峰行动方案和市级碳排放达峰行动方案，严格落实相关工作任务，制定达峰年度工作计划。加强达峰目标过程管理，加强对地方的指导，强化形势分析与激励督导，确保达峰目标如期实现。

（2）强化碳排放达峰跟踪评价考核。将碳排放达峰行动列入领导干部自然资源资产离任审计范围，将碳排放达峰行动落实情况纳入省级生态环境保护督察。建立省级碳排放达峰目标评价考核制度，对各地碳排放达峰行动落实情况开展年度评估，评估结果作为地方政府考核评价的重要依据之一。

五、加强适应气候变化行动

（一）增强基础设施气候适应能力

（1）增强市政基础设施适应能力。在城乡建设规划中充分考虑气候变化影响，在新城选址、城区扩建、乡镇建设前探索开展气候可行性论证。积极应对热岛效应和城市内涝，适当提高城市防洪治涝标准，保留并逐步修复城市河网水系，鼓励城市广场、停车场等公共场地建设采用渗水设计。逐步提升供电、排水、燃气、通信等城市生命线系统建设运行标准，保障基础设施在极端天气气候条件下平稳安全运行。深入推进海绵城市建设，采取"渗、滞、蓄、净、用、排"等措施，最大限度减少城市开发建设对生态环境的影响，就地消纳和利用 70%以上的降雨。

（2）增强水利设施适应能力。深入推进"五水共治"，实施海塘安澜千亿、百项千亿等重大水利工程，提升防洪御潮能力；实施水资源优化配置工程，提高供水韧性和应对极端干旱能力。加强水利基础设施监测预测数字化、信息化建设，提升设施应对气候变化能力。探索开展水库等基础设施气候风险动态评估，优化调整大型水利设施建设运行标准，保障设施安全运营。

（3）增强交通基础设施适应能力。加强交通运输设施安全运行的气候风险评估，针对滑坡、泥石流等地质灾害高发地区，研究制定应急机制，提高应对极端气候事件的能力，确保交通设施平稳安全运行。新建交通基础设施规划设计要充分考虑气候变化因素，对气候变化相应敏感的路段采用强化设计。

（4）增强能源设施适应能力。在核电、风电、水电、光伏发电项目建设运行过程中，充分考虑气候变化因素，探索开展气候变化风险评估。适当调整输变电设施抗风、抗压、抗冰冻标准，完善应急预案。加强对电网安全运行、采矿、海上油气生产等的气象服务。

（二）提升重点领域气候适应水平

（1）增加农业气候适应能力。充分考虑气候变化因素，优化现代种植业、渔业生产力布局。探索开展农田气候适应性评估，摸清干旱、洪涝等气象灾害的发生规律。加快发展现代种业，培育优选耐高温、抗寒冷、抗旱、抗涝等适应能力强的作物品种。适当调整播栽期，增强作物抗旱、抗涝能力。因地制宜推广应用旱作农业、抗旱保墒等各类农业适应性技术，增加设施农业的高质量供给。推动营造农田防护林带，改善农田小气候环境。完善农业灾害预警和防治体系，积极推进农业气候灾害保险。继续实施高标准农田建设工程，到 2025 年，累计新建或改造提升高标准农田 300 万亩。

（2）增强林业气候适应能力。强化森林资源有效保护和生态公益林建设，加大森林及天然林资源保护力度，增加耐火、耐旱（湿）、抗病虫、抗极温等树种的造林比例，加强火灾、有害生物入侵等森林灾害的监测防控力度，提升森林生态系统适应气候变化能力。在不损害森林气候适应能力的前提下发展森林康养、森林旅游等新型业态。

(3) 加大其他生态系统保护修复力度。坚持基于自然的解决方案理念，进一步加大生态系统保护修复力度，健全耕地、森林、河流、湖泊休养生息制度，建立市场化、多元化生态补偿机制。进一步完善湿地保护制度，加强湿地恢复与综合治理，强化湿地保护。继续完善海洋伏季休渔制度，有效恢复海洋生态功能。

(三) 推动重点区域适应气候变化

(1) 开展海岸带适应气候变化行动。新编或修编各类涉海规划时，充分考虑气候变化因素。依托全省海岛大花园建设，系统推进海岛生态保护与修复。实施红树林修复和滨海湿地修复项目，保护红树林、海草床和盐沼等生态系统。积极运用浅海湾外养殖、深水海域底部养殖等先进的海水养殖技术，加快标准化设施渔业基地建设，合理调整水产养殖品种、密度、周期，发展多元化的海水养殖产品。强化"蓝色海湾"整治行动实施，全面实施入海污染物总量控制和海洋生态红线制度，开展海洋塑料废弃物处置专项行动，进一步从源头上减少海洋废弃物。加强气候变化对海岸带的影响分析，开展气候变化风险评估。到2025年，大陆自然岸线保有率不低于35%，海岛自然岸线保有率不低于78%。

(2) 提高脆弱地区气候适应水平。针对浙南山区等脆弱地区，探索建立气候变化脆弱性指标体系，开展气候变化脆弱性评估。建立气候变化影响监测体系，强化高温热浪、泥石流、山体滑坡等灾害对经济社会发展和生态环境的影响监测。推动浙南地区打造美丽浙江建设重要生态屏障，编制实施国土空间生态修复规划。

(四) 建立健全气候防灾减灾体系

(1) 加强气候灾害的监测评估和预测预警。依托信息化建设和大数据应用，加强气候灾害基础信息收集和数据分析，探索开展关键部门和重点领域气候灾害监测评估。推动建设覆盖全省的气候灾害监测网，提升干旱、低温、雨雪冰冻、暴雨、台风等极端天气与森林火灾、山体崩塌、滑坡、泥石流等自然灾害的预测预警水平和应对能力。适时开展气候变化适应性评估研究，扩大评估成果应用范围。

(2) 完善气候灾害应急预案体系和响应工作机制。完善应对极端气候事件的

应急预案和配套制度,健全应急联动和社会响应体系,加强应急通道、救灾物资储备中心等建设,提高救援响应速度、应急救援覆盖率等应急管理水平,增强对极端气候事件的应对能力。到2025年,气象灾害损失占地区生产总值的平均比例不超过2%。

六、提高应对气候变化治理能力

(一)建立健全应对气候变化制度

(1)完善碳排放目标控制制度。将碳排放强度降低目标纳入经济社会发展综合评价和绩效考核体系,强化指标约束。探索建立碳排放总量和强度"双控"制度,制定碳排放"双控"目标责任评价考核办法,鼓励各地探索创新碳排放"双控"管理制度和模式。加快建立全省碳排放总量分解落实机制,合理确定各地区和重点领域及行业碳排放总量控制目标及任务。

(2)研究建立温室气体排放许可制度与碳排放评价制度。探索构建与碳排放总量控制制度相匹配的碳排放许可制度,规范和约束排放单位的行为,形成归属清晰、权责明确、监管有效的碳排放权产权制度。开展重大建设项目碳排放评价制度,将碳排放评价纳入生态环境影响评价体系,严格控制重大固定资产投资项目的碳排放增量。鼓励支持各地各行业积极开展碳排放评价应用场景创新,推动碳排放评价应用不断扩面。探索形成全省统一的碳排放评价数据库,培育碳排放评价第三方机构,建立碳排放评价的监督监管机制。开展碳排放量、碳减排量计量技术联合攻关,提高碳排放核算量的准确性。

(3)完善应对气候变化统计制度。进一步完善碳排放基础数据统计、核算、报告和核查体系。持续完善涵盖能源活动、工业生产过程、农业、土地利用变化与林业、废弃物处理等领域的统计体系。提升温室气体清单编制数字化、智能化水平,强化经济社会活动、生态环保大数据、高时效遥感数据、高空间分辨率土地利用数据等多源大数据应用,加快研发分区域、分部门的碳排放快速核算和评估体系,提高碳排放核算时效性。

(4)推动建立温室气体排放信息披露制度。推动将碳排放权交易市场重点排放单位数据报送、配额清缴履约等实施情况作为企业环境信息依法披露内容，有关违法违规信息记入企业环保信用信息。引导国有企业、上市公司、纳入全国碳排放权交易市场的企业率先公布温室气体排放信息和控制排放行动措施。

（二）构建减污降碳协同治理体系

（1）**建立协同减排管理机制**。完善"一证式"环境综合管理体系，将温室气体减排统一纳入排污许可"一证式"管理。深化温室气体清单报告、重点企业温室气体排放报告与排污许可执行情况报告等工作的融合应用，建立减污降碳协同治理工作机制，推动碳排放权交易和排污权交易的协同管理。整合温室气体和大气污染物管理工作举措，重点突出源头控制，开展固废、废水处置设施的温室气体排放协同治理。

（2）**夯实协同减排工作基础**。选择典型城市和区域，开展空气质量达标与碳排放达峰"双达"试点，打造一批"双达"典范城市。在钢铁、建材、有色等行业推动排污许可制度、碳减排措施融合，将碳排放重点企业纳入污染源日常监管。推进碳排放报告、监测、核查制度与排污许可制度融合，推动企（事）业单位污染物和温室气体排放相关数据的统一采集、相互补充、交叉校核。探索开展大气污染物和温室气体协同减排管控试点示范，优选出温室气体和大气污染物协同减排技术和协同治理策略，建立技术应用工具箱。

（3）**探索建立长三角协同减排联动体系**。积极参与长三角一体化国家战略，共同探索生态友好型高质量发展模式，扎实推进"一市三省"应对气候变化领域的交流合作。共同研发应对气候变化新技术，共同探索建立区域减污降碳联动机制，为实现区域高质量发展和美丽长三角建设提供坚实支撑。

（三）强化气候领域科技创新水平

（1）**组织开展重点领域技术攻关**。加大气候变化领域基础研究、技术研发和战略政策研究支持力度，为应对气候变化决策提供技术支撑。立足浙江发展实际，深入实施"双尖双领"计划，围绕零碳电力、零碳非电能源、零碳流程重塑、零碳系统、碳捕集利用与封存（CCUS）和碳汇等五大方向，创新科研攻关机制。积极融入长三角区域创新合作，搭建国际科技合作载体，构建协同发展生态圈。加强数据整合和数据推广，深入挖掘大数据、云计算等互联网技术在应对气候变化领域的应用价值，加强"互联网+"与低碳发展技术的深度融合。

（2）**加强高能级创新平台建设。**以氢能利用、太阳能利用和能源清洁低碳研究为主攻方向，谋划建设能源领域省实验室，加强能源清洁利用、含氟温室气体替代及控制处理等国家重点实验室建设。积极争取国家级科技创新基地，推动龙头企业牵头创建省技术创新中心，组建创新联合体，加快建设碳中和技术高端创新动态体系，打造国内领先的低碳技术创新型基地。到2025年，建设低碳、负碳领域省级创新载体10家，国家级创新载体2家。

推进科技成果的转移转化。深入实施首台（套）提升工程，定期发布绿色技术推广目录，充分发挥创新引导基金支持作用，支持绿色技术应用。落实国家绿色技术创新示范先行行动，实施低碳先进技术成功转化，创新创建主体培育和可持续发展示范引领。以设立国家绿色技术交流中心为契机，推动碳达峰、碳中和技术转换力度，大力培育绿色低碳技术创新企业。到2025年，新增绿色低碳技术领域高新技术企业1000家，省级企业研究院50家，创建省级可持续发展创新示范区10家。

（四）发挥气候治理数字智治优势

（1）**加快建设综合应用场景。**按照跨领域、场景化、大场景小切口的要求，集成全省多领域多元数据，打造碳达峰、碳中和数智平台，建立碳达峰、碳中和数智体系，绘就碳达峰、碳中和数智地图。以数字化手段推进业务流程再造和工作机制重塑，实现监测、预警、评估、考核、数据回流的全面闭环式管理，引导和约束各地按照碳承载力谋划产业发展，强化碳生产力布局，实现数字控碳。

（2）**建立重点企业碳账户管理体系。**积极利用数智平台，构建清晰准确的企业碳账户，建立多部门数据协同机制，有效甄别低能耗、低污染、低排放的绿色企业，实现一企一档，精准管理。为碳排放总量控制、产业转型升级、能源结构调整、能效提升、企业分类监管和金融支持等精准控碳工作夯实数据基础。

（五）完善应对气候变化市场机制

（1）**夯实碳交易工作基础。**健全企业碳报告制度，完善碳排放监测、报告、核查、复查工作体系，引导企业逐步建立碳排放台账制度。鼓励企业做好计量器具检定、煤炭元素检测等工作，进一步夯实数据基础。开展多层次的能力培训，提高市县生态环境部门温室气体排放管理水平和技术能力，提升企业参与全国碳交易的能力。

（2）**全面参与全国碳市场建设。** 明确碳排放交易责任目标，完善工作体系。建立全省碳排放配额分配管理机制，积极做好重点排放单位碳排放配额分配、履约管理，健全碳排放配额市场调节和抵消机制，指导全省企业做好配额履约和清缴。

（3）**推进碳资产管理和开发。** 鼓励企业开展碳资产管理，建立碳资产管理部门，配套信息化管理系统，主动开发林业碳汇项目碳减排量、节能项目碳减排量等国家核证减排量（CCER）和其他机制下的碳减排量项目。积极探索开发海洋、湿地等碳汇方法学，开发相关自愿减排项目。培育碳交易咨询、碳资产管理、碳金融服务等碳交易服务机构，推动碳市场服务业发展。

（六）加强气候领域人才队伍建设

（1）**健全气候领域专家委员会和专家库。** 结合浙江省气候领域工作实际，进一步吸纳相关领域专家，完善气候变化专家委员会和专家库成员结构，形成涵盖大气、海洋、水文、地质、生态、林业、能源、交通、建筑、经济等诸多领域的决策支撑机构，发挥多学科集成优势和专家在本领域学术的带头优势，广泛组织科技工作者为浙江省应对气候变化工作出谋划策。

（2）**加强气候领域专业队伍建设。** 加快应对气候变化人才培养和引进，扩大应对气候变化工作专业支撑队伍，发挥好咨询参谋作用。鼓励科研人员参与国际研究计划，夯实应对气候变化基础研究、技术研发及战略政策研究基地建设，健全长期研究支撑机制。积极培育第三方服务机构和市场中介组织，组建低碳产业联盟，加强应对气候变化研究后备队伍建设。推动应对气候变化人才政策体系建设，建立规范化、制度化的技能认定机制。

（3）**加强气候领域基础队伍建设。** 紧紧围绕气候领域重点难点工作，面向基层队伍组织开展形式多样的能力建设活动，提高应对气候变化基层队伍的业务能力水平。依托浙江省生态环境低碳发展中心等技术支撑机构，加强对基层队伍的业务指导。提高监管能力，确保监管工作全覆盖，打造一支政治强、本领高，作风硬、敢担当，特别能吃苦、特别能战斗、特别能奉献的基层应对气候变化铁军。

七、推进试点示范建设

（一）打造低碳试点升级版

（1）**深化国家级低碳试点。** 加强国家级低碳城市试点建设经验的总结和推广，进一步明确试点地区碳排放达峰行动方案和时间表。在目标倒逼机制、温室气体排放总量控制、"互联网＋低碳城市"等领域实施探索。

全面升级省级低碳试点。 深化省级低碳城市、县（市、区）、城（镇）、园区、企业等低碳试点建设，在全省推广复制典型经验和模式。进一步打造一批在碳排放总量控制、碳排放数字智治、碳汇能力建设等领域深入探索的试点城市、县（市），将低碳理念融入试点园区和企业的规划、建设、运营和管理过程。

（2）**建立低碳试点评估机制和动态调整机制。** 建立试点实施年度监测、中期评估、期末总结评价的推进机制，及时掌握试点实施进展，总结试点成效，推广先进经验。设立试点动态调整机制，对评估存在问题的试点主体采取整改淘汰等措施，规范试点建设。

（二）创建零碳示范试点工程

（1）**开展零碳体系建设顶层设计。** 优先面向城镇、平台、社区、公共机构、交通、工厂和科技创新等领域，制定零碳示范试点建设指导意见，强化政策支持。加快制定产品、服务、活动等碳中和核算标准和抵消机制，对碳中和项目的核算、认可、购买、抵消等流程规范化管理。

（2）**打造多点多级零碳示范试点。** 鼓励各地结合自身实际，有序实施多层级零碳示范试点工程建设，优先支持在山区26县及杭州市三江汇等区域开展零碳示范区建设。支持零碳试点通过植树造林，购买自愿减排量、绿色电力证书等方式实现自身温室气体排放达到零碳，到2025年，建成10个零碳示范县（市、区），100个零碳示范乡镇（街道），1000个零碳示范村（社区），形成"十百千"零碳示范体系。鼓励和引导大型活动按照《大型活动碳中和实施指南（试行）》率先开展碳中和实践，重点支持杭州市谋划推进亚运会等具有国际影响力的赛事活动碳中和，并加强典型案例的经验交流和宣传推广。

（3）**推进零碳技术创新研发与应用。** 聚焦可再生能源、储能、氢能、生态系统碳汇等领域开展技术攻关。有序推动规模化、全链条碳捕集利用与封存(CCUS)技术的引进、研发、产业化和应用推广,选择有条件的区域和行业开展试点示范。

(三)建设适应气候变化试点

(1) **建立健全试点协调机制**。健全多部门联防联动的常态化管理体系。根据交通、农林、海洋等领域适应气候变化重点任务,按照气候风险管理的要求,探索制定相关领域和区域适应气候变化试点建设标准。

(2) **开展适应气候变化试点建设**。深化丽水国家气候适应型城市试点建设,总结提炼试点经验。综合考虑气候类型、地域特征、发展阶段和工作基础,选择合适的城市开展气候适应型城市建设试点,探索符合各地实际的城市适应气候变化建设管理模式。聚焦生态功能区、沿海岸带和海岛等重点区域,在能源、交通、建筑、基础设施安全,农业林业生产,海洋经济发展等重点领域开展试点工作。

(3) **推进各类气候适应技术的研发与应用**。梳理不同区域与领域的适应气候变化技术清单,建立气候适应技术选择框架,对各领域适应技术进行归类集成,构建合理有效的气候适应技术体系。选择合适的城市和领域,开展各类型适应技术试点建设。

(四)推进气候投融资试点

(1) **健全气候投融资机制**。争取国家气候投融资政策在浙江落地实施。完善气候融资配套政策体系,制定投资负面清单抑制高碳投资,探索运用投资补助、贷款贴息等多种手段,创新激励约束机制推动企业减排,发挥碳排放标准预期引领和倒逼促进作用,做好气候项目的储备。

(2) **完善气候投融资标准体系**。以应对气候变化效益为衡量指标,与现有相关技术标准体系和《绿色产业指导目录》等相衔接,研究制定符合低碳发展要求的产品和服务标准体系建设指南。推动气候投融资统计指标研究,鼓励建立气候投融资统计监测平台。加快制定气候投融资项目、主体和资金的信息披露标准。建立气候绩效评价标准,鼓励信用评级机构将环境、社会和治理等因素纳入评级方法。

(3) **推动碳金融产品服务创新**。以促进实现碳达峰、碳中和为目标,完善绿色金融体系,引导金融资源向绿色低碳发展领域倾斜;探索推进碳排放权资产的抵质押、回购业务以及碳租赁、碳资产证券化等创新业务。围绕"企业碳账户""个人碳账户"体系,建立完善金融激励约束机制。鼓励金融机构探索差异化投融资模式。

(五)开展"碳标签"试点

(1) 开展"碳标签"方法学研究。选取具有代表性的行业、产品开展碳标签、碳足迹方法学和标准体系等技术规范研究,探索建立完整的区域碳足迹标签核算、认证、标准体系。

(2) 推进"碳标签"应用推广。支持和鼓励有基础、有能力、有意愿的地区和企业率先开展碳标签实践,积累经验和数据,逐步推动"碳标签"制度落地实施和全面应用推广。加大政府采购支持力度,提升"碳标签"产品在政府采购中的比例。引导外贸企业推行碳标签制度,积极应对"碳边境调节机制"等绿色贸易规则。

八、加强组织实施

(一)加强统筹协调

更好发挥应对气候变化及节能减排工作联席会议的牵头作用和统筹协调职能,强化归口管理,积极落实责任、完善常态化协作机制,推动资源整合利用和信息数据共享。加强市级应对气候变化专项规划与本规划的衔接,做好本规划与省级有关专项规划之间的衔接,确保各相关规划目标一致、各有侧重、协调互补。

(二)强化监督考核

强化目标任务分解,综合考虑各地经济发展水平、产业结构、节能潜力、环境容量等因素,合理确定各地区温室气体排放控制目标,将应对气候变化相关工作存在的突出问题、目标任务落实情况等纳入各地区、各部门综合评价和绩效考核体系。建立规划实施年度、中期、期末监测评估体系,及时掌握规划实施进展,确保规划目标和任务全面完成。强化控制温室气体排放目标责任制,并把评估结果作为改进政府工作和绩效考核的重要依据。

(三)增加财政支持

充分发挥财政资金引导作用,切实加大应对气候变化工作的资金支持,落实资金保障。对推进温室气体减排真抓实干、成效明显的地市,在安排省级生态环保专项资金上予以适当倾斜。拓展多元化投融资渠道,推动和引导金融机构积极创新,为应对气候变化工作提供灵活多样的产品和服务。

(四)注重低碳宣传

定期总结应对气候变化和零碳发展的先进典型及成功案例,形成可供宣传和参考的浙江经验,充分利用国家"一带一路"政府合作、气候变化南南合作等平台,广泛动员省内政府部门、相关企业、社会组织和研究机构等共同参与,主动传播和分享经济社会低碳转型的浙江经验。做好世界环境日、全国低碳日、节能宣传周等宣传活动,营造良好的社会舆论环境。充分发挥社会组织的作用,组织形式多样的科普活动,弘扬绿色低碳、勤俭节约之风。

(课题组成员:林成淼、吴君宏、高轶、陈丽君、何恒、吴洁珍、徐清琳)

浙江劳动生产率的总体形势与提升策略研究[1]

一、提升劳动生产率是浙江省实现高质量发展、推进共同富裕的关键之举

(一)回顾发展历程,浙江省已进入由劳动生产率为主拉动经济增长的阶段

改革开放以来,浙江省人均GDP总体保持较快增长,这既有劳动生产率拉动因素,也有人口红利因素。其中,1980—1992年和2001—2009年两个时期,劳动生产率和人口红利对人均GDP增长均呈现正向拉动作用。1993—2000年间,由于1980年开始的计划生育政策,使得就业人数在这一时期甚至出现绝对下降,但劳动生产率增长较快,拉动人均GDP快速增长。2010年以来,虽然就业人口绝对规模还在增加,但人口老龄化加剧、人口红利相对减弱,浙江省再次进入以劳动生产率为主拉动增长的阶段,且劳动生产率的增速降至8%以下的中速增长平台。未来时期,在浙江进入"刘易斯拐点"下行区间、就业人口相对规模难以逆转的形势下,依靠劳动生产率提升已成为保持经济增长的最主要动力,也已成为经济高质量发展的要义所在。

---

[1] 该项目由浙江省人民政府办公厅交办。

(二)遵循国家部署,浙江亟须扭转劳动生产率与GDP增速的分化态势

党的十九届五中全会通过的《国民经济和社会发展第十四个五年规划和2035年远景目标纲要》首次提出全员劳动生产率增长高于GDP增长的发展目标。从全国层面看,2011年后"两率"差距已经很小,2019年劳动生产率增速甚至高于GDP增速,完成目标基础较好。而浙江省同期劳动生产率增速一直低于GDP,且近年随着人口快速流入,"两率"差距还有扩大态势。对标国家层面的部署要求,浙江省必须尽快扭转这一态势,使劳动生产率增速接近甚至快于GDP增速,避免经济潜在增长率过快下滑。

(三)对标"重要窗口",提升劳动生产率是推进共同富裕的内在要求

居民收入提升的最关键动力是提高劳动生产率。浙江省40年来的发展实际表明,城乡居民收入增长与劳动生产率增速是基本一致的,这也解释了近年居民收入增速下降,根本上源于劳动生产率增速的下降。当前,浙江省正谋划推进共同富裕示范区建设。虽然共同富裕的着力点是居民收入结构的调整,但内中要义是居民收入的持续稳定增长。可以说,没有劳动生产率的提升,实现共同富裕就是"无源之水、无本之木"。未来较长一段时间,有必要将劳动生产率稳定在一定的增长区间。

综上分析可见,提升劳动生产率是浙江省在新阶段注入经济增长新动力所需、是展示发展质量效益新面貌所需、是持续推进居民收入稳定增长所需,是实现更高质量发展、推进共同富裕示范区建设的关键之举,必须针对劳动生产率形势变化,补短板、锻长板,久久为功,着力施策。

二、"四个维度"看浙江劳动生产率形势

(一)从国际看,浙江与发达国家劳动生产率差距较大,但仍处于赶超的机会窗口

发达国家劳动生产率处于上升区间,浙江差距仍较大。以1970—2019年的近50年作为观察期,分析美、德、英、日、韩五个发达国家劳动生产率演变态势可知,得益于技术进步和全球化,这些国家劳动生产率总体呈现上升态势。其

中，美、德、英、日作为传统发达国家和"技术前沿"国家，2019年劳动生产率比1970年增长了约1.5倍，年均增长1.9%；韩国是后发追赶国家，同期劳动生产率增长了15倍，年均增长达5.8%，2019年已与日、英水平接近。我国改革开放以来，浙江全员劳动生产率呈现快速增长态势，按2010年可比价美元（购买力平价）计算，2019年已接近美国的一半，但尚未达到"技术前沿"状态，差距依然不小。但也要看到，除去经济周期影响，传统发达国家劳动生产率增速呈现阶梯式下滑，浙江仍有追赶机会。美、英、德、日1970—1988年劳动生产率年均增速为3%左右，1994—2007年下降到约2%，2008年金融危机后年均增速再次降至1.3%。韩国增速总体高于传统发达国家，20世纪七八十年代还一度高达10%以上，但亚洲金融危机后处于下滑区间并向传统发达国家收敛。浙江劳动生产率在2008年金融危机之前保持高速增长，多数年份增速在10%以上，之后稳定在5%～8%的中速增长区间。参照韩国轨迹，浙江可能会在这一区间内保持较长时间。假设未来美、日劳动生产率增速为1%，若浙江保持5%的增速，按购买力平价计算约10年后有望赶超日本，20年后达到美国水平。当然，这个过程取决于我们是否能够持续推进改革创新，使劳动生产率稳步增长。

（二）从产业看，第二、第三产业是拉动浙江全员劳动生产率的主要领域，石油化工、化学、废弃资源等制造行业和金融、房地产、信息服务等服务行业生产率较高

分三次产业看，浙江省劳动生产率增长主要来自第二产业和第三产业的增长。2019年，第二、第三产业劳动生产率分别达到15.7万元/人年和14.6万元/人年，而第一产业仅有3.8万元/人年。制造业中，石油加工业劳动生产率高达230万元/人年，超过30万元/人年的还有化学、废弃资源、医药、饮料和非金属矿物等行业。皮革和制鞋、其他、纺织服装等10个行业劳动生产率低于第二产业平均值，它们主要是劳动密集行业。第三产业中，金融业和房地产业劳动生产率远高于其他服务业，且前者近年仍呈现增长态势，后者趋于下降；信息传输、软件和信息技术服务业劳动生产率位居第三。另值得关注的是，交通运输、仓储及邮政业劳动生产率在2011年之前不断下滑，但之后随着电子商务的繁荣，逐步呈现上升态势。

(三)从省际看,浙江位居全国前列,第二产业差距较大

浙江全员劳动生产率水平位于全国前列,仅次于北京、上海和江苏,居第4位。就三次产业而言,浙江的第一产业和第三产业较强,第二产业较弱。第一产业仅次于江苏;第二产业短板最为突出,居全国第19位,较全国平均水平也低了16%;第三产业低于上海、北京和江苏,居第4位。

为考察浙江第二产业细分行业(规模以上企业)劳动生产率在全国的情况,我们以本行业规模以上企业从业人员人均销售收入计算,进行省际对比。结果表明,38个细分行业中,浙江有8个行业劳动生产率进入了全国前三,但有16个行业劳动生产率位于全国15名之后,且其中9个行业就业人数在20万人以上,是拉低浙江省劳动生产率的"短中之短"。

(四)从区域看,省内劳动生产率分为三个梯队,杭甬最高,金衢丽和温台区域较低

浙江省内11个设区市中,全员劳动生产率最高的是杭州和宁波,分别达到21.7万元/人年和21.2万元/人年。舟山、绍兴、湖州和嘉兴位于第二梯队,全员劳动生产率位于16万~18.2万元/人年之间。第三梯队是金华、台州、衢州、温州和丽水,劳动生产率水平与全省平均值16.2万元/人年有较大差距。具体到各地区三次产业劳动生产率来看:第一产业劳动生产率最高的是宁波市和舟山市,金衢丽地区最低;第二产业劳动生产率最高的是宁波和杭州,均超过19万元/人年,湖州、舟山和嘉兴次之,温州、金华和台州最低;第三产业劳动生产率杭州和宁波最高,绍兴和金华次之,丽水、温州和台州最低。具体到县市区来看,排名靠前的主要有三类,一是宁波、杭州两大中心城市的城区,二是慈溪、海宁、柯桥、平湖等传统强县(市、区),三是嵊泗、洞头等就业量较小但特色产业发展较好的小县区。值得注意的是,排名靠后的主要是传统弱县,在后16位中更是有15个是加快发展县。

综合以上分析及经济发展现状,我们认为浙江劳动生产率呈现三个特征。一是有长有短:长在金融、房地产、信息等服务业,短在一批制造业细分领域。二是有强有弱:强在杭州和宁波两大中心城市,弱在浙南和浙西南地区,特别是加快发展县。三是有喜有忧:喜在数字经济引领的省域经济势头正盛,为产业高质

量发展、生产率提升注入了新动能，忧在还有不少行业特别是劳动密集型行业转型升级不够快，亟待精准推进结构调整，实现生产率的系统性提升。

三、浙江省提升劳动生产率的着力点

劳动生产率的提升，主要源于两方面因素，一是劳动力等要素在产业部门间的优化配置，二是产业内部生产效率的提高。从劳动力配置来看，2019年浙江省第一产业从业人员占比已下降到10.5%，远低于全国水平的25.1%，农业人员向第二、第三产业转移的空间有限，第二、第三产业近两年占比也趋于稳定。可以判断，浙江省未来提升劳动生产率的关键在于产业效率的提升。特别是第二产业作为支撑高质量发展的关键部门，应成为提升劳动生产率的重中之重。建议今后一段时间，以制造业转型升级为重点引领全员劳动生产率提升，全面优化路径、平台、人力、品质和制度，加快推进质量变革、效率变革、动力变革。

（一）优路径，全力推进产业数字化转型

产业数字化转型是生产过程降本、提质、增效最有力的手段，也是应对劳动力短缺的关键举措。2020年浙江省产业数字化指数蝉联全国第一，企业智能制造就绪率（17.9%）也位居第一，但大量企业处于单项覆盖和集成提升阶段，创新突破的少，"1+N"工业互联网平台体系还呈点状发展态势、互联互通能力不足，缺乏卓有成效的解决方案和商业模式。要加力推进产业数字化转型尤其是制造业数字化转型，形成以数字基础设施为基底、大中小企业全面参与、智能制造场景涌现的新局面。在数字基础设施建设方面，需要进一步界定优化基础性平台supET的功能、框架和运营模式，加快推进supET平台基础、共性、通用服务在N个其他层级工业互联网平台的广泛应用，聚焦强化工业互联网平台间"+"效果，加快构建各层级工业互联网平台的接口标准，尽快实现数据、业务和功能上的互联互通。在深化推进大中小企业数字化转型方面，要积极推动头部企业打造"未来工厂"模板、建立新智造标准，抢占行业先进制造的变革高地；发挥地方政府、行业协会、头部企业的引领作用，以行业和区域为切入口推进协同数字化改造，提高中小企业单项覆盖率（如生产设备自动化数字化、管理过程数字化精细

化)。在智能制造场景塑造方面,要基于浙江省数字化改革契机,重塑产业数字化转型的"服""管"机制和流程,以产业大脑为依托,扩大推广局部范围已应用的产业场景(如集中采购、信用贷、共享制造),积极探索数据驱动的产业应用新场景。

(二)优平台,加快促进产业集群创新发展

劳动生产率高的地区,一般拥有标志性的产业集群,特别是技术密集型集群,如杭州市区的安防监控,宁波市区的石化、汽车制造及零部件产业,余姚的智慧视觉,乐清的智能电器等。然而不可否认,浙江省不少产业集群尤其是传统块状经济仍未改变低小散状态,技术水平不高,亩均效益较差,成为制约劳动生产率提升的关键症结。浙江省需将打造新兴产业集群和推动传统集群转型升级有机融合,推进产业平台高质化、专业化。一是聚焦战略性新兴产业,加快打造专业化产业平台。聚焦绿色石化、现代纺织、新材料、汽车及关键零部件等四大万亿级产业和数字安防等八大千亿级产业,加快打造"万亩千亿"等重大产业平台,加快形成新兴产业集群。建设新的产业平台,要避免"捡到篮子都是菜"、走粗放发展道路,而要强调"专业化"导向,推进产业导入专业化、管理主体专业化和招商运营专业化。二是以大中小企业融通发展为路径培育创新型产业集群。以技术相对密集的块状集群为基础,在全省形成一批攻克产业链关键核心技术、产学研协同创新、大中小企业融通发展、在国际国内价值链分工中承担枢纽作用的创新型产业集群。支持集群头部企业开放创新体系,牵头整合高校院所和行业优质创新资源,组建产业创新联合体。引导中小企业聚焦主业,投入技术、产品和服务创新,走专业化发展道路,高水平培育"隐形冠军"。三是以大中小企业融通发展为路径培育创新型产业集群。引导省实验室、重点实验室及高校科研平台面向产业集群技术升级开展应用基础研究,持续推动产业基础高级化。深化推进产业创新服务综合体建设,强化综合体在关键共性技术攻关中的服务作用。推进资本要素向集群市场化配置,推动产业链金融创新,综合运用信用融资、股权融资、知识产权质押融资、股权质押融资等工具,提高小微创新型企业融资便利度。

(三)优人力,全面提升产业人员能力素养

在人口红利相对减弱、产业变革加快推进的双重压力下,提升劳动生产率关

键在于人力资本水平的提高。必须加快将人力规模优势转变为人力资本优势，造就一支规模较大的知识型、技能型、创新型产业人才队伍。目前，浙江省技能人才相对不足，每万从业人员中高技能人数859人，远少于江苏的1076人，并存在技能素质与产业需求不相适应、培养发展体系不够完善、主动提升技能积极性待提高等问题。解决这些问题，要从培训端和激励端协同发力。一方面，贴合产业实际提高技能培训质量。按照产业结构变化需求，优化调整专业，并引导企业深度参与高职院校、技工学校课程设置和教学过程，深化"校企共同体"建设。发挥企业主体作用，鼓励企业结合发展需要制定技术工人培养规划和培训制度。积极推进现代学徒制，大力推广首席技师工作室、技能大师工作室等载体，对成果优异的工作室，要通过资金补贴、授予荣誉等形式加以激励。支持职业院校在重点产业平台建立产业学院，深化与产业链龙头企业的联训合作，围绕产业需要定向培育人才。积极引导"互联网+培训"等新培训形式，开发"直播""慕课"等数字化培训资源，为产业工人提供便利化培训途径。另一方面，健全产业人员主动提升技能的激励机制。要优化对个人参加技能培训的补贴方式，多采用"事前补贴"或培训机构补贴，减少个人"先垫后支"。对高技能人才加大岗位补贴力度，既减轻企业用人成本，又提高技能人才待遇。完善产业工人技能水平、创新能力与落户政策相挂钩的制度办法，提高高技能人才在大城市积分落户、积分入学中的比重，使高技能人才获得更高品质的城市公共服务和社会地位。

（四）优品质，推动质量革命和品牌建设

强质量、强品牌是提升产品附加值的关键之举，也是提高劳动生产率的必由之路。近年来，浙江省大力推进质量品牌建设，产品和服务质量总体有显著提升，形成了一系列"品字标"浙江品牌，累计有效商标注册量居全国第二位。但与更高水平的要求相比仍有一定差距，例如，中国质量奖设立以来浙江尚未实现"零"的突破，适应国内大循环、具有全球影响力的品牌还不多。浙江省应进一步对标先进，重点在标准制定、品牌培育、质量提升方面再加力。一是着力增强浙江产品和服务的标准话语权。坚持以领先标准引领质量提升和品牌培育，鼓励和支持头部企业抢占国际国内标准高地，持续壮大企业标准领跑者队伍。聚焦重点产业链，发挥"雄鹰""凤凰""雏鹰"企业领衔作用，组建一批产业技术标准创新联盟，加快推动"浙江制造"标准体系向国内领先、国际先进目标跃迁。围绕平台经济、共享经济、体验经济等服务业新业态新模式新领域开展标准研制，全力推动新兴服务业领域的企业标准、浙江标准上升为国家标准、国际标准。二是切实提升浙江企业和区域的品牌培育力。实施内外销产品"同线同质同标"工程，挖掘培育一批具有潜力的企业知名品牌。进一步提升商标品牌指导服务站服务能级，探索建设一批"一站式"品牌培育服务综合体，引导和支撑更多企业实施以质量为核心的品牌发展战略。对标中国质量奖，进一步优化浙江省政府质量奖设置，积极营造各行各业崇尚质量发展、争创知名品牌的文化氛围。加快完善"品字标浙江制造""品字标浙江农产""品字标浙江服务"区域品牌建设制度体系，持续扩大在国内外的影响力和认可度。三是以数字化改革完善质量治理体系。积极打造覆盖制造、服务、工程、环境"四大领域"，实现质量、标准、品牌"三位一体"的整体智治场景，集成优化"放心消费在浙江"智慧管理平台、食品安全综合治理数字化平台、全国互联网广告监测平台、全国网络交易监测平台等重大应用与治理模块，以数字化、智能化方式创新升级质量品牌领域建设和管理方法，切实增强重点领域的质量监管和服务能力。

（五）优制度，营造有利于持续增效的制度环境

充分发挥政府和市场两方面作用，优化制度环境，激发地方和企业提升劳动生产率的积极性。在政府侧，要聚焦全员劳动生产率完善政策体系。在"十四五"时期相关专项规划以及重点行业、重大平台发展规划中，体现全员劳动生产率目标指引。在具体抓手上，目前浙江省已将全员劳动生产率作为"亩均论英雄"的构成指标，要进一步形成政策预期，对劳动效率高的企业加大支持力度，引导企业提高生产技术水平、经营管理水平、职工技能水平和劳动积极性；在对"万亩千亿"平台、高新区、经开区、小微企业园等产业平台的评价上，也要体现这一目标导向。同时，要加强对企业用工合规性的监测，避免地方及企业过度追求指标达成，损害员工劳动权益。要引导劳动生产率较低的地区特别是加快发展县，以质量效益作为发展产业的主要原则，深度打造产业特色，避免贪大求全。在市场侧，要营造有利于企业提质发展的竞争环境。深化法治化营商环境建设，加强现行政策与国际规则的接轨，特别是加大对恶性竞争的惩戒，推进法制化市场出

清,避免"劣币驱逐良币"。在产业政策制定上要更加普惠,强化反垄断执法,纠正滥用行政权力排除和限制公平竞争的行为。促进政府采购公平竞争,严格执行公平竞争审查制度,构建统一开放、竞争有序的政府采购市场体系。鼓励民营企业依法进入更多领域,推动国有企业和民营企业多样化合作,共同推进行业高质量发展。

(课题组成员:周华富、傅金龙、周世锋、范玲、郎金焕、郑晓峰、俞宁、张武杰)

2021年浙江省人工智能产业发展报告

一、人工智能产业发展趋势与动向

(一) 引领新一轮科技革命和产业变革加速发展

作为引领新一轮科技革命和产业变革的战略性技术和重要驱动力量之一,人工智能正在重塑生产方式、优化产业结构、提升生产效率、赋能千行百业,推动经济社会各领域向着智能化方向加速跃升。当前,人工智能持续向强化学习、神经形态硬件、知识图谱、智能机器人、可解释性AI等方向发展,各类前沿技术不断突破,应用场景也进一步拓展。2020年,Open AI发布了迄今为止全球规模最大的预训练语言模型GPT-3,在许多自然语言处理数据集上均具有出色的性能,已在很多实际任务上大幅接近人类水平;Google旗下DeepMind公司的AlphaFold 2人工智能系统在第14届国际蛋白质结构预测竞赛(CASP)中夺得桂冠,有史以来首次把蛋白质结构预测任务做到了基本接近实用的水平。未来,人工智能技术将与5G、云计算、大数据、工业互联网、物联网、混合现实(MR)、量子计算、区块链、边缘计算等新一代信息技术加速融合,为数字经济的发展和产业数字化转型提供底层支撑,持续引领生产生活方式和社会治理方式智能化变革,推动人类社会迎来人机协同、跨界融合、共创分享的智能时代。

(二) 人工智能技术与实体经济进一步深度融合

新冠肺炎疫情是未来一段时间影响全球化发展的重要因素,而人工智能技术

可以在应对疫情防控、复苏经济发展中发挥重大作用。利用人工智能和大数据技术，我国进行疫情趋势研判，开展流行病学调查，努力找到每一个感染者、穷尽式地追踪密切接触者并进行隔离，并可直接应用于新冠病毒序列分析和基因药物研发。未来，随着经济社会创新发展和转型升级不断推进以及人工智能算法创新、算力增强、数据累积，人工智能技术有望推动经济发展颠覆性变革。人工智能不仅将持续深化智能制造、智能物流、智能农业、智慧旅游、智能医疗、智慧城市等模式和业态创新，还带动智能运营、智能软件、智能硬件、智能机器人等新产品发展，使工具具备逻辑思考能力，进行自主化生产或控制管理。人工智能技术与实体经济各领域的深度融合，将使任何人、任何单位在任何时间、任何地点都能使用的泛在智能得以实现，泛在化的智能经济将初具雏形。

（三）典型场景驱动人工智能技术突破和应用创新

"场景决定应用、应用决定市场、市场决定企业发展前景"的人工智能投融资逻辑进一步获得各界认可。人工智能广泛应用的商业化落地阶段即将到来，政府和市场重点关注人工智能技术与具体应用，特别是与实体经济紧密结合的场景。以智能汽车、智慧城市、智能家居为代表的人工智能产业发展进一步提速，智能芯片、智能无人机、智能网联汽车、智能机器人等产业领域将得到更多的投融资机会，各地将面向医疗健康、金融、交通、制造、家居、轨道交通等重点应用领域构建符合本地优势和发展特点的人工智能深度应用场景，其中，智能零售、智能医疗和智能教育等易落地的应用场景将率先得到发展。未来，人工智能发展更加强调应用性，各大企业将扎根场景深挖落地应用，使得人工智能产品更加"落地"和"有用"。

（四）"新基建"不断夯实人工智能发展支撑能力

2020年3月4日，中共中央政治局常务委员会召开会议，提出加快5G网络、数据中心等新型基础设施建设进度，引发更大关注。"新基建"具有新时代的丰富内涵，既符合未来经济社会发展趋势，又适应中国当前社会经济发展阶段和转型需求，在补短板的同时将成为社会经济发展的新引擎，人工智能"新基建"对人工智能产业发展具有重大意义。预计2021年，围绕算法、数据和计算力等人工智能新基建的"三驾马车"将进一步发力，人工智能产业链建设力度将继续增大，接入物联网的设备将大大增加，数据的增长速度将越来越快，人工智能训练所需的计算量将进一步呈现指数增长。相关行业对算力的需求将更为庞大，互联网公司大数据量将达到上千PB，传统行业龙头型企业数据量将达到PB级，个人产生数据达到TB级，海量数据对于人工智能发展的支撑能力将进一步提升，不断涌现的新兴学习算法将在主流机器学习算法模型库中得到更高效的实现。

二、浙江省人工智能产业成效显著

(一) 产业规模和效益进一步提升

浙江省人工智能产业紧跟全球发展步伐，保持较快增长态式。据IDC预测，2020年全球人工智能市场规模为1565亿美元，同比增长12.3%。据中国信息通信研究院测算，我国人工智能产业规模为3031亿元，同比增长15.1%，人工智能产业规模、核心企业数量均仅次于美国。在医疗影像辅助、智能语音、智能翻译、自动驾驶、智能安防、消费无人机等领域具备全球竞争优势，已初步形成京津冀、长三角、粤港澳、成渝等地区集聚发展格局。根据浙江省统计局、科技厅企业统计监测，2020年，浙江省人工智能产业纳入人工智能统计目录的企业共有721家，较上年增加239家。其中，行业内和行业外分别为305家、416家，较上年分别增加54家、185家；实现总营业收入2693.43亿元，同比增长11.99%；利润总额为337.41亿元，同比增长14.84%。行业内实现营业收入827.41亿元，利润总额44.00亿元，研发投入43.75亿元，研发费用占营业总收入比重的5.3%。行业外实现营业收入1866.02亿元，实现利润总额293.41亿元，研发投入180.17亿元，研发费用占营业总收入的比重为9.6%。

浙江省人工智能产业基本覆盖了基础层、技术层和应用层三个层面，形成了从核心技术研发、智能终端制造到行业智能化应用的完整产业链。中国新一代人工智能发展战略研究院发布的《中国新一代人工智能科技产业区域竞争力评价指数（2020）》显示，浙江省人工智能产业区域发展竞争力位居全国第一梯队，评价指数位居北京市、广东省、上海市之后，排名全国第四。在人工智能科技产业城市竞争力评价指数排名中，杭州市位居全国第四，排在北京市、上海市、深圳市之后，明显高于其他城市。2020年，浙江省人工智能产业化应用明显加速，在电商、社交、资讯等消费互联网平台和电子终端中得到深度应用。特别在新冠肺炎疫情防控期间，人工智能技术产品有力支撑了疫情防控和复工复产，涌现出CT影像AI辅助诊断设备、"智能测温＋识别系统"、智能机器人、人工智能支撑药物筛选等一批抗疫产品。

（二）杭州引领全省特色化发展

浙江省人工智能产业已形成以杭州为核心，宁波、嘉兴、绍兴、温州、湖州、金华等地为区域中心快速发展的态势。根据浙江省统计局、科技厅2020年度人工智能产业统计，杭州市人工智能企业占全省企业总数的43.6%，营业收入占比达到57.8%，集聚了全省人工智能核心企业和高层次人才资源。宁波、嘉兴、温州、绍兴分别位居第二至第五位，企业数量占全省比重分别为17.6%、14.0%、6.7%和6.0%。根据浙江省发展规划研究院开发的企业大数据分析系统，基于技术专利、经营范围等指标，利用大数据搜索技术泛化统计的浙江省内人工智能相关企业区域分布和行业分布情况显示，2020年浙江省泛人工智能企业主要集中在环杭州湾地区。

浙江省人工智能产业区域化、特色化、集群化发展。杭州人工智能产业综合实力位居全国前列，2020年营业收入达1557.57亿元，占全省的57.8%，被工信部列入国家人工智能创新应用先导区。德勤发布的《中国人工智能产业白皮书》显示，杭州人工智能算力和专利数分别居全国第一、第二，在智能芯片、智能机器人、智能医疗、智能教育、智能金融、智能制造、智能商业、智能安防等领域具有较强的竞争力，正积极建设国家新一代人工智能创新发展试验区。宁波2020年人工智能产业营业收入达377.83亿元，形成了以智能网联汽车、智能家电、智能信息产品、智能机器人等终端产业和自然语言处理、智能芯片、集成电路、工业物联网等核心产业为主的产业体系，在人机物智能协同、技术应用、生态构建等形成示范效应。温州国家高新区、浙南科技城、乐清智能电气小镇等，以数字革命、智能革命重塑生产生活方式，以发展智能装备创新型产业集群为方向，搭建高能级创新平台体系、高质量现代产业体系，发展具有温州特色的人工智能产业，打造"最聪明"的城市。嘉兴依托嘉兴科技城、桃园数字小镇、中新嘉善智能传感产业平台等平台，明确嘉兴人工智能发展的"路线图"，聚焦人脸识别、大数据分析等技术突破，推动智能终端、智能传感器等产业发展，促进全市经济社会智能化升级。绍兴引进了中芯绍兴、长电科技、韦豪科技等一批龙头企业，围绕关键技术攻关、产业集群培育、智能应用示范、企业主体建设、创新生态营造"五位一体"发展路径，大力发展智能安防、智能机器人、智能汽车、智能软硬件等领域，形成了创新链和产业链协同发展的创新生态。湖州以智慧物流、智能驾驶为突破口发展人工智能产业，以德清为载体积极打造新一代人工智能创新发展试验区和国家人工智能应用先导区。金华聚焦智能化改造融合和产业链基础再造，推进以"龙头企业培育""智能化改造"和"强链补链延链"为核心的智能制造计划，力争全市制造业高质量发展水平居全省前列。

三、创新发展引领力量持续提升

（一）自主可控关键技术取得突破

浙江省围绕集成电路、智能计算等重点领域，组织实施"尖峰""尖兵""领雁""领航"计划，部署132个技术攻关项目，一批自主可控关键核心技术取得突破。在智能安防领域，视频监控专用芯片、固态存储控制器芯片、高性能非制焦平面红外探测器等核心零部件技术研发取得有效突破，阿里云研发的"EB级大数据计算平台——MaxCompute 2.0"不断刷新纪录，已连续四年蝉联TPCx-BigBench全球冠军。在智能网联汽车领域，实现了毫米波雷达、摄像头等部分核心部件的研发及产业化，成功实现L2级自动驾驶技术的产业化应用；浙江大学突破了面向成熟商用车辆平台的长距离L4级自主无人泊车（AVP）关键技术。在前沿技术领域，阿里巴巴达摩院建设了国际先进的超导量子计算硬件实验室"Lab-2"，并在量子计算的经典模拟（"太章2.0"及阿里云量子开发平台）、新型比特fluxonium的制备和双比特操作精度等方面国际领先；浙江大学成功开发出新一代达尔文系列类脑芯片，填补了国内10万以上神经元规模类脑芯片的空白。浙江省人工智能技术创新成果持续增加，截至2020年底有效发明专利达39646件，主要分布在制造业、软件与信息技术服务业、科学研究和技术服务业等行业，区域主要集中在杭州。

(二) 高能级创新平台加快建设

浙江省加快高能级创新平台建设，积极构建以高校、科研院所、领军型企业为核心的创新生态。浙江大学、之江实验室等科研院校和阿里巴巴、海康威视、网易等企业均确立了人工智能的重点发展方向，设立高水平的实验室和重大计划，形成领先科研和教育优势。依托杭州城西科创大走廊、杭州高新区（滨江）等重点平台，浙江省推进中国（杭州）人工智能小镇、青山湖微纳智造小镇、西湖云栖小镇、萧山机器人小镇等一批人工智能相关特色小镇建设。加快推进之江实验室（智能科学与技术）、良渚实验室（系统医学和精准诊治）、西湖实验室（生命科学和生物医学）和湖畔实验室（数据科学与应用）等省级实验室建设，引进共建长三角柔性电子技术协同创新中心、天津大学浙江研究院、中国工程科技发展战略浙江研究院等高端科研平台，集聚高端创新要素。阿里巴巴"城市大脑"、海康威视"视频感知"入选国家新一代人工智能开放创新平台，华为技术"基础软硬件"、商汤科技"智能视觉"、依图科技"视觉计算"三个国家新一代人工智能开放创新平台落地应用。

(三) 梯队化企业发展体系基本形成

浙江省以建设全球有影响力的人工智能创新创业高地为目标，进一步优化人工智能企业发展生态，集聚优质人工智能企业，加强人工智能企业梯队化培育，形成了有国际影响力的企业队伍。

企业总体规模持续增长。浙江省持续推进人工智能领军企业、行业标杆企业、专精特企业培育"三大工程"，实施"双倍增行动""雄鹰行动""凤凰行动""雏鹰行动"等企业培育计划，形成一批规模庞大、影响力突出、行业覆盖面广的人工智能企业队伍。2020年，全省有721家企业列入职能部门的人工智能产业企业统计监测目录，人工智能代表性企业在国际上具有较高知名度，是推动全球人工智能发展的重要力量。鲸算科技、涂鸦智能、数梦工厂等独角兽企业快速发展，形成大众创业、万众创新局面。政府针对疫情风险积极推行"减税减费减租减息减支"政策，迭代出台三批支持小微企业渡过难关政策，为广大人工智能中小企业抗疫提供保障。

企业核心竞争力快速提升。浙江省人工智能企业围绕智能芯片、智能计算、智能汽车等领域主动谋划、全面布局，形成了一系列具有核心竞争力的产品。阿里巴巴发布以"飞天云平台＋数字原生操作系统"为核心的阿里云2.0版；海康威视发布支持深度学习的智能相机开放平台，推出第二代工业面阵相机系列、全自动泊车产品等一系列AI新品；虹软科技AI视觉开放平台推出业内首款适配RV1109平台的人脸识别算法ArcFace Arm Linux-1109；吉利汽车推出极氪品牌入局智能纯电汽车市场；恒生电子发布iBrain数据中台等智能金融新品；网易在未来大会发布首支AI生成歌曲《醒来》；VIVO落户浙江并建设全球AI研发中心等。

四、重点行业先发优势不断增强

浙江省人工智能已和医疗、交通、制造、教育、农林、金融、司法、安全等行业深度融合，在智能芯片、智能软件等多个应用领域形成了一定的先发优势。

（一）智能芯片居国内前列

浙江省智能芯片（AI芯片）产业链布局相对完善，AI芯片技术和规模水平均处于国内第一梯队。2020年，全省从事AI芯片研发、设计和生产的企业近40家，约占全省集成电路研发、设计和生产企业总数的12%；AI芯片销售收入约21亿元，同比增长105%，占全省集成电路设计业销售收入和全国AI芯片市场规模的比重分别达到5.2%、10.4%。智能芯片在多个领域取得突破，嘉楠科技研发投产第二代芯片K510的算力是第一代芯片的5～10倍，通过无感门禁、智能门锁模组等，打通从AI到用户的"最后一厘米"；浙江芯盟科技有限公司研发了全球首款高性能异构单芯片集成AI芯片，实现了数据存储、计算的集成，可应用于类脑感知与决策应用场景，如保安、服务员、农民、医生、驾驶员等。同时，杭州、宁波、嘉兴和绍兴等地投资建立了8/12英寸芯片制造等一批大规模、高水平的集成电路封测项目。

（二）智能软件优势明显

浙江省软件产业长期位居全国前列，智能软件发展优势突出。2020年全省软件业务累计收入6109.9亿元，同比增长17.5%，行业研发人员数量为14.1万人。

浙江省在城市治理、视频感知、智能网联汽车、智慧医疗、智慧金融等智能软件方面竞争优势明显，形成了具有国际竞争力的自主品牌。阿里巴巴城市大脑平台应用场景进一步拓展；海康威视开展视频理解、生物特征识别、复杂环境感知等新理论、新算法和新技术的研究，其视频感知平台入选国家新一代人工智能开放创新平台；吉利加快先进传感、车联网、自主决策控制等智能技术在无人驾驶领域的集成应用，推动智能辅助驾驶等关键技术软件产品的研发与应用。

（三）智能物联体系完善

浙江省物联网产业起步较早，产业基础较为扎实，技术研究实力较强，已经构建了从感知、处理、应用到开放大平台的智能物联网体系。2020年，浙江省主营业务收入超100亿元的物联网龙头企业有13家，荣获年度科技创新（应用）企业的有32家。物联网场景与应用亮点纷呈，各地依托"城市大脑"建设，加快多行业智能物联网应用场景的创新应用，推动了社会治理、企业管理水平的提升，实现了技术与产业的深度融合。全省已培育省级工业互联网平台210家，开发集成工业App近3万款，连接4900多万台工业设备产品，服务超11万家工业企业，如全国性布局的传化智能物流工业互联网平台，通过线上和线下协同，为公路物流提供了系统化支撑，服务连接起数十万家中小物流企业和近400万辆社会运力，在疫情期间有力助推了经济有序运转。

（四）智能计算全国领先

浙江省智能计算发展态势良好，算力供给和企业培育全国领先。2020年全省智能计算产业链（包括云计算、边缘计算、大数据服务和硬件设备等）规模约为1538.8亿元，同比增长21%；拥有近400家大数据技术、产品和服务企业，为全国贡献70%的云计算能力，形成一批国内外知名的领军企业。2020年浙江省智能计算在多个领域取得突破，阿里巴巴依托含光800人工智能专用芯片建设单日数据处理量突破600PB的超大计算平台，以云服务方式对外提供算力；之江实验室在新型计算与互联芯片领域取得突破性进展，成功流片存算一体芯片，发布类脑计算芯片达尔文Ⅱ代，完成世界最大规模256×256硅基波导型光交换阵列芯片研制；杭钢集团正在建设机柜超2万个、装载约30万台服务器的大型云计算数据中心基地。

（五）区块链先发先行

浙江省在区块链监管政策、理论研究、技术研发、场景应用等方面起步较早，是我国区块链发展先行地。全省现有区块链信息服务备案数量86个，占境内总备案数730个的11.7%，数量居于北京、上海、广东之后位列第四。全省设立区块链产业园区5个，居全国首位。区块链企业约1360家，呈现从上游芯片到底层技术平台、再到行业应用全产业链发展态势，已拥有趣链科技、蚂蚁金服、万向区块链、链城数科等10多家业界知名代表性企业，数量稳居全国前列。在区块链应用场景上积极探索，杭州趣链科技联合西安赛克斯物联网研发了全国首个基于"区块链+AIoT"技术的"趣链智能垃圾分类系统"；浙江省股权交易中心联手中钞信用卡产业发展有限公司杭州区块链技术研究院，于2020年9月28日成功与证监会监管区块链实现连通；浙江数秦科技在杭州市"亲清在线"数字平台正式上线企业知识产权保护公证功能，基于区块链技术为企业提供数据存证、网页取证等服务。

（六）智慧零售领跑全国

浙江省智慧零售领跑全国，电子商务竞争力居全国首位。2020年全省实现网络零售额22608亿元，同比增长14.3%；居民网络消费达11071.7亿元，同比增长10.9%；共有10个跨境电商综试区，数量居全国第一；2020年跨境网络零售出口额1023亿元，同比增长31.6%。全省共有各类活跃网店80余万家，解决和带动就业约800万人。杭州、宁波、衢州3个城市列入新零售标杆创建城市，52家企业成为浙江省新零售示范企业。阿里巴巴新零售、盒马鲜生、网易严选线下体验店等新业态蓬勃发展。eWTP秘书处正式落户杭州，与马来西亚政府共同建设了海外首个eWTP试验区。举办了数字贸易博览会、首届数字贸易交易会、中国(杭州)国际电商博览会、中国（义乌）国际电子商务博览会等活动，浙江智慧零售知名度和影响力进一步扩大。

（七）智能驾驶加快应用

浙江省加快在智能驾驶产业各领域布局，2020年进入示范应用和初步产业化阶段。在杭州、宁波、德清、嘉善等地区开展智能网联汽车测试验证和示范运营，德清、嘉善智能网联汽车测试场投入使用，杭州、嘉兴等地已开放智能驾驶测试

道路,杭甬智慧高速公路等智慧道路稳步推进建设,智能驾驶示范应用工作正扎实推进。省内整车、零部件以及互联网企业发挥自身技术优势,在智能驾驶关键零部件、系统集成和整车集成等领域不断向产业化迈进。吉利、威马、合众、零跑、天际等整车企业在智能驾驶领域与国内竞争对手保持同步,新产品已具备L2级智能驾驶功能,正向L3级迈进;海康威视、舜宇光学、大华股份等企业在激光雷达、毫米波雷达、高清摄像头等关键传感器制造水平国内领先;亚太电机、全兴精工为代表的零部件企业已经具备自动制动、自动转向等智能汽车核心零部件的生产能力;均胜、阿里云等在智能座舱和车载操作系统领域具备一定技术和产业化优势。

(八) 智能安防全球领先

浙江省智能安防产业发展快速,具有全球竞争优势。现拥有海康威视、大华股份和宇视科技等全球安防标杆企业,以及中控信息、银江股份、当虹科技、华为杭州研究所等行业创新标杆企业和核心技术研发机构,正着力建设全球数字安防产业中心。2020年,浙江智能安防行业整体保持稳步增长态势,海康威视、大华股份两大龙头企业营业收入分别达到635.03亿元和264.66亿元,同比增长10.01%和1.21%,市场份额持续扩大。2020年,浙江省企业发布的全自动热成像测温筛查热影等系列防疫产品,在防疫中起到了很好的作用。浙江省工业转型升级领导小组下发了《浙江省培育先进制造业集群行动计划》,其中《数字安防先进制造业集群培育实施方案》提出"力争到2022年,我省数字安防产业在国际分工和价值链中的地位显著提升,集群总体规模、企业梯队、创新水平和市场应用达到国际领先水平,成为全球数字安防产业中心"。

(九) 智能制造快速发展

浙江省智能制造快速发展,产业数字化指数全国第一,标杆示范成果显著。2020年,浙江省在数字化车间和智能工厂建设基础上,出台《浙江省培育建设"未来工厂"试行方案》(浙经信技术〔2020〕85号),在全国率先探索"未来工厂"建设,省经信厅牵头认定首批12家"未来工厂",遴选16个"未来工厂"培育项目。截至2020年底,浙江省累计实施国家智能制造应用和试点项目61个,总数居全国前列;在26个行业建设省级数字化车间/智能工厂263家,上云企业近44万家，在役工业机器人10.3万台，重点制造行业典型企业装备数控化率达到60.7%、工业设备联网率达到42.3%。产业数字化指数保持全国第一，规模以上工业全员劳动生产率5年累计提升29.4%。

五、"人工智能＋新应用"亮点纷呈

浙江省深入实施数字经济"一号工程"，将人工智能技术深入融合于产业应用、社会治理、公共服务领等领域，形成一批典型应用场景。

（一）"人工智能＋产业"应用

"人工智能＋产业"应用全面提速，催生出"未来工厂"、智能贸易、智能网联车等新业态。全省累计实施61项"国家智能制造试点示范"项目，创建210家省级工业互联网平台，认定263家省级智能工厂（数字化车间）。率先在全国探索启动"未来工厂"培育建设，完成首批12家省级"未来工厂"认定工作，涌现出海康威视、春风动力等一批标志性"未来工厂"，加大智能制造在全省的推广应用力度。阿里巴巴集团共建立杭州、义乌、马来西亚、卢旺达、比利时和埃塞俄比亚等6个eWTP枢纽。其中，阿里巴巴在杭州设立的eWTP秘书处，创新实现1210保税出口模式；义乌与阿里巴巴合作建设"eWTP全球创新中心"，开通eWTP菜鸟号运邮班列。杭州、宁波、德清、嘉善等地积极开展智能网联汽车测试验证和示范运营工作，带动浙江省新能源汽车产业快速发展。其中，吉利集团谋划建立智能网联汽车大数据中心以及智能网联汽车驾驶平台，打造浙江省智能网联汽车技术创新中心。

（二）"人工智能＋政务"应用

"人工智能＋政务"服务不断丰富，开发出"智慧防涝""无废城市"、"数字乡村治理"等一批创新场景。浙江全面推进"浙政钉"和"浙里办"应用，加快创建"掌上办事之省"和"掌上办公之省"。通过让数据多跑路，换取群众和企业"最多跑一次"以及"零跑"，极大提升政务办事及服务效率。目前，"浙政钉"已覆盖全省11个地市、90个县（市、区），激活用户已达144.4万人，成为全国最大的政务移动办公平台。同时，各地围绕政务管理和政府治理需要，依托

"城市大脑"建设全省数字治理体系,创新推出杭州"交通治堵"、宁波舟山"智慧港口"、嘉兴"智慧防涝"、绍兴"无废城市"、德清"数字乡村治理"等典型场景。

(三)"人工智能+民生"应用

"人工智能+民生"服务加速变革,"智能亚运""未来社区"等新业态新实践不断拓展。随着城市智能化建设全面推进,社会应用功能不断推陈出新,浙江省加快推动在智慧交通、智慧校园、互联网法院等领域发展,涌现出杭州"智能亚运"、未来科技城、未来社区、浙二智慧医院等社会应用场景。尤其是随着新基建的不断普及,建成全国领先的5G通信网络和物联网络,全省智能城市建设加快推进,初步形成"一市一脑"的建设格局,推动智能城市建设迈上新台阶。浙江省区县也高度重视人工智能在县域经济发展和社会治理中的应用,义乌、慈溪、桐乡等地被评为2020年全国十大"AI县城"。

(四)"人工智能+公共卫生"应用

"人工智能+公共卫生"发挥重要作用,涌现出"AI+抗疫"等典型场景。浙江数字医疗技术正从"互联网+"向"AI+"升级。涌现了阿里健康、微医集团、医惠科技等一批创新型企业,在医学影像、辅助诊疗、医疗机器人等领域形成了一批创新产品,杭州键嘉的髋关节置换手术机器人已进入临床试验,强脑科技实现意念控制假肢完成精细动作。浙江大学、之江实验室、浙江省智能诊疗设备制造业创新中心等高端科创平台加快影像设备、微创手术器械、体外诊断、健康监测与医疗大数据等关键技术研发,浙大一院成功研发人工智能甲状腺超声辅助诊断等系统。浙江省"一图一码一指数"精密智控防疫、全民健康信息化基础框架体成为抗击新冠肺炎疫情的典型应用,在全国得到推广。浙大二院运用远程VR探视系统助力远程会诊和家属探视,智能机器人实现物流配送和自动消毒。浙大一院5级远程会诊服务平台为全省11个地市以及省外30余家医院新冠肺炎患者实施远程会诊。阿里云提供了高效基因序列检索、转向量等技术,助力新冠病毒序列分析和基因药物研发。海康威视、大华股份等企业生产的热成像测温仪实现智能化健康监测。

六、人工智能设施基底加快夯实

2020年,浙江加快推进新型基础设施建设,在信息基础设施、融合型基础设施、创新型基础设施建设等方面取得积极成效,为全省人工智能产业高质量发展提供了有力支撑。

(一)信息基础设施抢先布局

通信网络基础设施全国领先。宽带浙江、云上浙江建设成效显著,在全国率先建成"光网城市",形成高速畅通、覆盖城乡、服务便捷的网络基础设施和服务体系。IPv6实现规模部署,覆盖用户1亿户,507家政府门户网站和重点商业网站完成IPv6改造。4G网络实现省内全覆盖,4G基站规模达34.9万个,在全国位居第三;建成5G基站6.26万个,实现全省县城以上地区和重点乡镇全覆盖;建成窄带物联网(NB-Iot)基站4万余个,实现全省设区市全覆盖。杭州国家级互联网骨干直联点、桐乡市国际互联网数据专用通道等完成建设,F根服务器浙江镜像节点上线发布。国家(杭州)新型互联网交换中心正式启用,成为国内首个获批建设的国家新型互联网交换中心。

新技术基础设施特色发展。以人工智能、云计算、区块链等为代表的新技术基础设施加快应用。杭州等多个设区市率先建成城市大脑平台,阿里云ET"城市大脑"、海康威视"视频感知"入选国家新一代人工智能开放创新平台。趣链科技、蚂蚁集团等公司建成国内首批自主研发的区块链自主可控平台、区块链电子票据平台。北斗时空信息设施日趋完善,建成北斗地基增强站270余座,北斗应用平台及应用建设稳步推进。"1+N"工业互联网平台体系初步形成,省级工业互联网平台达110家,覆盖17个重点行业,上线工业互联网标识解析二级节点6个。

算力基础设施加快部署。浙江省构建完善的大数据中心发展体系,促进以阿里云、电信天翼云、移动云、沃云、网易云为代表的一大批云计算平台快速发展,阿里云成为国内领先、全球第三的云服务提供商。阿里巴巴、杭钢等大数据中心建设稳步推进,全省数据中心布局得到进一步优化,累计建成各类数据中心193个,其中大型以上数据中心20个,建成总机架数量约17.3万个。

（二）融合型基础设施加快渗透

交通、环境保护、市政、文教卫体等传统基础设施迭代升级，重点领域基础设施智能化水平显著提升。智能化交通设施建设积极推进，杭绍甬智慧高速公路、杭州绕城西复线智慧公路、沪杭甬高速智慧化提升改造工程取得阶段性成果。无人物流、冷链物流等新兴物流技术创新不断取得突破，杭州迅蚁5G无人机物流获全国首个城市场景无人机物流特定类试运行批准函和经营许可，传化智能物流平台、菜鸟网络科技新能源智慧物流车平台、舟山江海联运物流服务信息平台入选国家首批骨干物流信息平台试点。政务网络基础设施日趋完善，顺利完成"两地三中心"架构的全省"一朵云"建设，浙江省政务网络纵向覆盖省、市、县、乡四级共1475个政府单位，横向连接各级政务部门8000余家，初步实现政府公共数据的资源归集、共享和开放，建成省市两级公共数据交换共享平台。数字化监管体系建设取得积极成效，视联网覆盖单位已超过13000家，累计汇聚视频监控数量突破82万台，有效支撑了在公共安全、社会治理、智慧督查等领域的应用。

（三）创新基础设施稳步推进

数字技术核心领域的大科学装置、重大科研装置等方面取得突破性进展。浙江省首个国家级重大科技基础设施——超重力离心模拟与实验装置加快推进建设。浙江大学、之江实验室等科研机构，重点面向存储、感知、运算等数字技术核心领域，谋划建设新型智能计算、超级智能感知、社会治理大数据、工业互联网安全等大科学装置。计划建设大规模、通用化、高拟合的新一代工业互联网系统信息安全大型实验装置，争取列入国家重大科技基础设施。在新一代网络信息技术、人工智能、集成电路、高端装备与智能制造、前沿新材料、清洁能源、生物技术和重大疾病防控等研究领域，建设一批国家和省工程研究中心、重点实验室。

七、多措并举促进产业发展

（一）推进数字经济国家级创新发展试验区先行先试

创建国家数字经济创新发展试验区是新形势下浙江省加快发展以人工智能、

区块链、智能计算为代表的数字经济，抢占全球新一轮产业和技术竞争制高点，实现"两个高水平"的重要载体。浙江省编制出台《浙江省国家数字经济创新发展试验区建设工作方案》，明确了探索构建数字经济新型生产关系、加快政府数字化转型、创新数字经济多元协同治理体系、助力长三角一体化发展的发展方向，确定了数字化生产关系构建工程、政府数字化转型引领工程、数字化协同治理创新工程、数字社会融合应用工程、数字产业化能级提升工程、产业数字化转型发展工程、数字长三角建设工程等七大工程，通过实践中提升数据、算力、模型的研究、建设水平，促进人工智能技术研发、应用和推广。

（二）全面提升人工智能政策支撑力度

产业化应用的宏观政策体系构建是人工智能产业发展的基本保障。浙江省先后出台了《浙江省新一代人工智能发展规划》（浙政发〔2017〕47号）、《浙江省促进新一代人工智能发展行动计划（2019—2022年）》（浙经信技术〔2019〕23号）等规划文件引领产业发展。《浙江省国民经济和社会发展第十四个五年规划和2035年远景目标纲要》以及杭州、宁波等主要城市的"十四五"规划都强调推进智能感知等人工智能融合平台建设，做强人工智能等新兴产业，提升人工智能等前沿技术融合应用水平，积极培育人工智能服务等新兴消费。考虑到人工智能关键技术的先进性、发展路径的多样性、应用创新的不确定性、要素投入的巨量性等一系列技术特征，浙江省在聚集新型基础设施对人工智能的支撑作用、人工智能和应用场景开放融合创新等方面，提出了更加具体、更有针对性的政策意见，为加速场景应用数据累积、政策体系完善、提升企业能力等提供了有力政策支撑。

（三）全力建设全球创新人才"蓄水池"

为推进浙江省人工智能领域高层次领军人才、创新型技术型人才和专业技能人才的梯队建设，破解现有中小型人工智能企业高层次人才招引市场壁垒、本土高端人才供给不足、复合型人才培育机制尚未形成等问题，浙江省加快人才引育，建设创新人才"蓄水池"。

全面树立人才强省工作导向。以省级人才改革试验区建设为抓手，向用人主体放权，为人才松绑，全力打造人才生态最优省，形成以省"鲲鹏行动"计划为引领，覆盖引进和培养、塔尖和塔基、个人和团队、创业和创新，省市县政策叠加的高素质人才引进培育体系。

实施"三大人才高峰支持行动"。聚焦三大科创高地建设,更大力度引进国际顶尖创新人才,造就更多国际一流的、符合浙江省重大发展战略、产业转型升级急需的科技领军人才和创新团队,构建全球人才"蓄水池"支撑点。探索建立支持"白名单"机制,对列入"三大人才高峰支持行动"的顶尖人才,在省级重点研发计划、基金项目、各类创新平台和科技人才项目中予以持续稳定支持。

大力培养杰出青年科学家。大力实施青年英才集聚系列行动,扩大高层次人才特殊支持计划,支持更多青年人才成为领军人才。深化青年科技人才创新激励机制,构建分阶段全谱系的人才资助体系支持青年人才领衔科研攻关任务。发挥世界青年科学家峰会作用,与海内外高校开展全方位就业合作,吸引更多高校毕业生在浙创业就业。

加快创新型企业家队伍建设。实施"浙商青蓝接力工程"和新生代企业家"双传承"计划,引进和培育一批企业科学家。探索通过高校和重大科研平台留编引才方式,鼓励高校、科研院所科研人员兼职或离岗创办科技型企业,积极吸引海外高层次人才来浙落户创业,探索建设外国高端人才创新集聚区。办好世界互联网大会等重大活动,大力吸引创新人才团队、优质创新成果等集聚浙江共谋发展。

(四)超常规力度打造"互联网+"科创高地

浙江省明确创新在现代化建设全局中的核心地位,坚持创新驱动发展、科技自立自强、数字深化改革,锁定智能科技这个重要核心方向,把打造"互联网+"科创高地作为三大科创高地建设之首,创新成果将为未来的智能化社会提供重要支撑。

做强创新平台。推动杭州城西科创大走廊打造"面向世界、引领未来、辐射全省"的创新策源地,支持之江实验室和湖畔实验室聚焦"互联网+"科创高地建设,研究人工智能领域多项关键技术,支持之江实验室创建国家实验室。推进浙江大学创建国家应用数学中心,建设"系统医学与精准诊治浙江省实验室"等基础平台,谋划新一代工业互联网系统信息安全大型实验装置,争创区块链、脑与脑机融合等国家重点实验室。

攻坚核心技术。聚焦数字安防、集成电路、智慧交通、智能装备、智能计算、智能家居、新能源与节能汽车等领域标志性产业链补链强链建链，滚动编制和迭代完善关键核心技术清单，对标开展关键核心技术替代攻关，组织实施一批"双尖双领"和应急攻关重大科技项目，集中力量开发出一批保产业链、稳供应链的替代产品。

实施重大专项。依托"尖兵计划""2030智能专项"，编制实施两用技术研发计划。采用择优委托、揭榜挂帅方式，推动阿里巴巴、海康威视、大华股份等龙头企业和科研大平台开展联合攻关，突破一批基础软硬件关键技术，攻关一批关键核心技术。支持省内高校院所、科研机构参与国际性大科学项目合作，开展基础性、前瞻性、颠覆性技术合作。

示范应用工程。大力推进以人工智能技术为代表的新一代信息技术与实体经济的深度融合和在重点领域的广泛应用。推进落实《浙江省数字化车间／智能工厂建设实施方案(2019—2022年)》，加大智能制造技术装备的推广应用。着力推进生产性服务业数字化转型，重点推进"城市大脑"、智能网联汽车、数字农业、智慧健康、智慧交通、智慧海洋、智慧文旅等人工智能典型场景应用示范，增强农业和生活性服务业智慧化供给，促进数字文化创意产业发展。超前探索智能社会的运行模式、法律法规、标准规范、政策体系、体制机制等，谋划建设国家智能社会治理实验基地，搭建一批智能社会治理典型场景。

（五）加快推进数据资源要素市场化配置改革

数据是人工智能发展的三大关键要素（算法、算力、数据）之一，也是数字化时代打造新生产力和新型生产关系的关键要素。2020年，中共中央、国务院出台《关于构建更加完善的要素市场化配置体制机制的意见》（中发〔2020〕9号），明确了数据作用新时代生产要素的历史地位。浙江省根据该文件精神，研究了制定了一系列政策意见，提升数据要素对激发人工智能创造力和市场活力的作用。

加快公共数据开放共享。全面实施《浙江省公共数据开放与安全管理暂行办法》和配套措施，推进数据开放和应用创新。加快制定《浙江省公共数据条例》，规范公共数据提供主体、使用主体和管理主体之间的权责关系，明确公共数据边

界、范围和权属，建立多元治理体系，健全数据共享和开放制度，推动建立公共数据资源市场化配置机制。

提升社会数据资源价值。探索以高端服务为先导的"数字+服务"模式，支持农业、工业、交通、教育等数据资源开发利用，重点围绕智慧城市、数字贸易、卫生防控、社会治理等领域规范化数据，加大场景开发利用。推动社会数据和公共数据的融合利用，拓展"城市大脑"场景化多业务协同应用。探索在数据交互、业务互通、监管互认、服务共享等方面的国际合作及开展数字确权等数字贸易规则研究，探索数据跨境安全有序流动试点。

强化实体经济数字赋能。创建国家数字经济创新发展试验区，推进杭州国家新一代人工智能创新发展试验区建设，积极争取浙江纳入国家大数据综合改革试验区。基于一体化智能化公共数据平台和工业互联网平台，打通政府端数据仓和企业端的产业数据仓，积极推进传统产业"上云用数赋智"。实现供应链创新链数据与公共资源数据互联互通，有效支撑多样化的经济数字化治理、产业数字化服务、数字产业化发展应用场景，提升政企协同能力。

加强数据要素安全保障。运用数据签名、加密、接口签权等数据保护措施，借助区块链和智能合约等新技术，探索建立全链条化的数据产权保护机制，提升数据安全保障能力。构建数据安全风险预警与防控体系，建立重大公共安全事件数据应急采集和应用管理机制。

（六）积极参与长三角区域一体化发展

在长三角一体化发展国家战略实施的背景下，按照习近平总书记在扎实推进长三角一体化发展座谈会上提出的"三省一市要集合科技力量，聚集集成电路、生物医药、人工智能等重点领域和关键环节，尽早取得突破"的要求，协同完善人工智能产业链、供应链和创新链，积极构建长三角人工智能发展最佳生态。

合力打通技术研发到产业化的关键环节。联合推动上海张江、安徽合肥综合性国家科学中心建设，谋划建设杭州湾综合性国家科学中心，协同共建人工智能类国家实验室，支持以企业为主体布局建设若干中试中心，加强原始创新能力和科技源头供给。支持长三角三省一市的企业、高校、院所、研究机构等共同争取、承接、实施人工智能类国家科技重大专项，启动布局实施一批关键核心技术协同攻关项目。提升上海闵行、江苏苏南、浙江等国家科技成果转移转化示范区功能，发挥上海技术交易所、长三角技术交易市场联盟等作用，探索科技成果交易新模式新机制。

集中力量打造典型应用场景。联合开发智能制造应用场景，面向重点产业关键环节赋予工业机器自感知、自诊断、自决策、自配置的能力，提升工艺水平，解决制造业核心问题，形成智能工业的基础支撑。协同推进智慧生活服务场景，构建面向人、机、物泛在互联、智慧可靠、内生安全的可自主演进网络环境，探索以网络协同和数据共享为核心的智能商业，推进智慧旅游示范景区建设，发展个性化定制、智能教学、智慧关爱、自主医疗的新生活方式。共建长三角"城市大脑集群"，打造城市治理的一体化数字平台，积极拓展"城市大脑"在公共服务、市场监管、社会管理、环境保护等领域的应用，形成即时感知、科学决策、主动服务、高效运行、智能监管的新型城市治理形态。

营造区域人工智能产业发展生态。探索高端人才数字身份"一证通"试点，支持长三角高校院所共同推进人工智能等领域一级学科建设。建设面向市场的新型研发机构，支持上海人工智能实验室、浙江清华长三角研究院、苏州第三代半导体技术创新中心、图灵人工智能研究院等新兴研发机构建设。运用好长三角地区的资本市场优势，构建有利于人工智能科技创新和高端产业孵化扩增的金融体系，强化金融对硬科技成果转化的服务功能。创新知识产权证券化，推动创新券通用通兑，促进区域资源优势互补和高效利用。完善数据交换机制、财政奖补机制和市场化服务机制，支持成立科技资源开放共享服务机构联盟，推动科技资源开放共享。

（课题组成员：周华富、徐伟金、童相娟、陈知然、吕鹏宏、俞翔、王煜若、黄卫剑、刘伟杰、徐强、胡欢、周雪、高扬、刘隆、谢忱）

深化"多规合一"改革,推进省域空间治理现代化的若干建议[1]

根据习近平总书记对浙江提出的建设"重要窗口"的新目标、新定位和省委提出的"奋力打造具有中国气派和浙江辨识度的'重要窗口'标志性成果"的要求,就"深化'多规合一'改革,推进省域空间治理现代化",提出如下意见建议。

一、强化各级党委政府的主体责任

全面推进"多规合一"改革、建立国土空间治理体系,是推进高质量经济社会发展的重要基础,是浙江省"整体智治、唯实惟先"现代政府建设的重要载体,是落实浙江省委十四届七次全会精神、打造具有中国气派和浙江辨识度的重大标志性成果的具体行动,各级党委政府必须强化主体责任。

习近平总书记高度重视规划工作。早年在浙江工作期间,多次强调"两规衔接"、形成体系。2016年,总书记还专门听取了开化县"多规合一"国家试点成果的汇报。浙江省委省政府坚决落实中央决策部署,车俊书记多次对规划工作作出重要指示,袁家军省长、冯飞常务副省长亲自指导2017年省级空间规划国家试点工作和2018年建立的全国首个省级规划管理数字化平台,对推进"多规合一"、深化

---

[1] 该项目由中国人民政治协商会议浙江省委员会交办。

规划体制改革发挥了总览全局的重要作用。在调研中发现，对这项重要工作各地认识上还存在偏差，如有的认为空间规划编制是规划主管部门的事，任由其"唱独角戏"，没有上升到"整体政府"高度；有的认为空间规划编制是专业技术工作，全部外包给编制单位，政府当"甩手掌柜"。

为此建议：强化落实各级党委政府的主体责任，夯实推进空间治理的工作底盘。一是树立深化"多规合一"改革是夯实空间治理底盘的重要理念。规划是党治国理政的重要抓手，承载了党委政府指导地方发展的战略意图，理顺各类规划关系，完善协同治理体系，事关规划作用的有效发挥、政府决策的有效执行。各级政府需要统一认识，加强统筹，着力解决诸多规划不衔接、不协调、不统一、不执行、不管用等问题，通力合作，形成合力。二是建立高规格的组织领导体系。广州市在推进国土空间规划先行先试工作中，建立了以市委书记牵头的领导小组和以市长牵头的工作小组，下设11个专职小组，组织全市52个相关部门参与，全方位推动了规划编制协调的有序开展。借鉴广州市做法，各级党委政府主要领导应亲自主持推进空间治理"多规合一"工作。同时，在编制"十四五"发展规划期间，可举办由地方主要领导参加的专项学习培训班，省政府领导作动员，邀请广州市介绍经验做法，以夯实"多规合一"是战略、是龙头、是基础的思想根基。三是建立从规划编制到组织实施的闭环体系。既要强调规划谋定而后动，也要督促规划严格审批和刚性实施。在审批环节上，可提请各级人大或人大常委会对本级发展规划和空间规划进行审议；在实施管理中，应列入上级党委政府对下级党委政府的年度考核和离任审计范围，保持规划的严肃性和约束性，避免规划折腾、失误，确保一张蓝图干到底。

二、建立健全纵横协调的规划传导机制

2018年5月，《中共中央国务院关于统一规划体系更好发挥国家发展规划战略导向作用的意见》（中发〔2018〕44号），明确了规划体系设置及其主要内涵。从调研结果看，浙江省规划协调和传导上仍存在不少问题：一是发展规划和空间规划的衔接主要停留在部门之间征求意见，内容和深度都不够，没有形成较好的对

接机制;各地对于两大规划的期限不同、后续审批主体差异等问题可能造成的矛盾存在担忧。二是"五级三类"国土空间规划传导机制、"一张图"叠加方法等重要问题尚不清晰。三是对专项规划指导不够明确,由于专项规划涉及多个领域,编制主体为多个部门,容易在编制和实施中出现新一轮的偏差或交叉。

为此建议:强化自上而下逐级深化的纵向传导机制和边界清晰分工明确的横向对接机制,切实提高规划的科学性和可操作性。一是建立"多规合一"有效衔接机制。在横向上加强各规划之间的衔接,尤其要抓住当前国土空间规划与"十四五"发展规划同步编制的有利时机,强化发展战略安排和空间基础支撑的联动,探索创新两大规划的编制实施衔接机制,真正形成以发展规划为统领、空间规划为基础、专项规划和区域规划为支撑,定位准确、边界清晰、功能互补、统一衔接的规划体系。二是畅通各级空间规划的传导路径。在纵向上贯通一条主线,即"格局、网络、边界、指标、名录、项目、管控",明晰各层级规划衔接、传递的核心内容。省级规划侧重战略引领性,重点在于核心指标管控和分解、空间格局和基础设施网络的部署,以及省级名录和重大项目的确定等;市级规划承担承上启下作用,既要传导好省级战略和管控要求,又要注重对县级规划三区三线、空间布局、重大设施等的统筹指导;县级及以下规划则应更加侧重实施性和操作性,重点在细化空间布局、明确空间边界和具体管控。三是加强对专项规划的指引。对专项规划要围绕主体要求实行清单管理,严格编审程序。凡属于某一领域空间利用和管控型的纳入空间规划体系,凡属于开发、保护和发展类的则纳入发展规划体系。专项规划的编制要体现内容和边界的事权一致性,数据基础要与上位规划和同级规划充分协调,规划成果要满足接入一张空间蓝图的标准要求。

三、完善管用结合的全过程协同治理体系

推进空间治理现代化,关键在于高效配置空间要素,实现"管理"和"应用"的紧密结合。从调研来看,当前全省空间底数主要由自然资源部门管控,对其他部门的开放度和共享度不够,部门间缺乏有效沟通机制,"各吹各的号、各弹各的谱",导致管用脱节问题不少。尤其在一些重大战略和项目前期谋划上缺乏充分沟通,与生态保

护红线、永久基本农田等空间控制线不衔接，应用需求难以落地，用地空间布局碎片化、使用效率低下等问题仍较多。

为此建议：以高效配置空间要素为目标、以管用结合为导向，理清部门责任分工，加快形成全过程协同的治理格局。一是建立部门协同工作体系。明确"管""用"各环节的责任主体、任务要求和职责边界，尤其要强化发展改革和自然资源部门的联合牵头作用。发展改革部门突出"应用"导向，负责明确需要安排哪些发展要素，也就是在空间底盘上落哪些"棋子"；自然资源部门突出"管控"导向，负责明确空间管理和保护措施，也就是客观科学提供空间"棋盘"，并确保精准"落子"。建立由省政府主要领导牵头、多部门参与的联席会议制度，通过各部门各展所长、通力合作，高水平形成空间发展"一张图"。二是探索空间优化配置路径。空间治理是一项系统工程，宜"大处着眼，小处着手"。从空间维度上，聚焦生态、农业、城镇三大空间的整治重点，如生态违法侵占、耕地碎片化、低小散产业布局等，进行多部门共商共治，合力解决焦点难点问题。从发展维度上，聚焦经济社会发展的重大任务和工程项目，如开发区整合提升、高能级平台打造、未来社区建设等，形成充分对接机制，统筹安排用地空间。三是完善管和用的考核机制。为推动空间要素保护和利用的有机结合，围绕各部门分工职能，将对应的责任落实、协同工作情况等列入年度考核评价内容，并形成规章条款强化刚性督导，引导管用结合、协同治理向制度化、规范化迈进。

四、形成共建共享的空间治理数字化平台

近年来建设的各类数字系统，为空间治理提供了技术支撑。但跨部门多平台对接协同矛盾较多，如数据多头录入、标准各异、共享进度缓慢，平台系统间功能交叉重复，影响了整体效能。针对这些问题，浙江省决定由省发展改革委和省自然资源厅联合牵头建设省域空间治理数字化平台，非常必要，十分迫切，要切实加强部门间的协调对接，真正形成紧密互补的推进机制。

为此建议：各级政府和相关部门以"整体智治、唯实惟先"现代政府理念共建全国领先、共享共用的省域空间治理数字化平台。一是明晰多部门共建共用职

责。强化省发展改革委和省自然资源厅联合牵头职责，发展改革委重点负责平台的总体框架搭建、综合分析应用和政策工具箱开发等，自然资源厅重点负责空间底数梳理和数据管理、"一张图"整合和管控等。其他相关部门负责现有部门系统与平台的对接，加快融入。二是建立统一的标准体系。统一数据标准，明确数据录入规则，建立空间坐标、用地分类、图例图示、数据属性格式等规范；统一平台建设运维标准，明确平台接口、用户权限、系统维护和监管等规范，确保信息安全使用和有效监管。三是形成总体谋划、分步实施的推进机制。建立全面覆盖、流程集成的数字化治理体系，包括规划管理、项目审批和监测预警，提高在线联合工作效率。聚焦重点先行突破，尤其是起步阶段的应用场景不宜铺得过大，与其他数字化平台在功能应用上需要合理分工，防止从过去的规划冲突演变为未来的平台冲突。

五、推动空间引导和管控政策创新

结合调研看，支撑浙江省空间治理的底数不统一、政策不完善，是当前比较突出的两大短板。一方面，空间家底的自然属性和管理属性存在矛盾，部门之间对地块界定不一致的矛盾尚未解决，如水利部门的水面线、林业部门的林地和农业部门的农田之间存在交叉重叠；另一方面，引导和管控空间的配套政策刚性太强，一些中心城市、发达县市建设空间已突破"天花板"，新增战略需求难以落地，面临"英雄无用武之地"的困境。

为此建议：以新发展理念引领改革创新，探索突破一批空间引导和管控政策。一是客观反映省域空间现状，实事求是处理历史遗留问题。以"三调"数据为基础，明确相关标准和规则，将全省国土空间逐级细化为地块单元，并赋以唯一的地块编码，叠加对应的用地属性、经济社会属性和部门管理属性，建立以空间矢量为索引的管理制度和实时更新机制。同时，积极稳妥解决用地转换、多重属性处理等历史遗留问题，调整碎片化等不合理用地，积极争取国家支持，加快形成真实可行、有利发展的空间管控目标体系。二是建立"刚柔并济"的空间管制规则。尽快研究出台过渡期国土空间规划管理实施意见、省域国土空间用途管制规则。对确需保护的空间区域，如永久基本农田和生态保护红线等，管控规则必须具有刚性，必要的可上升为法规。对一般的生态和农业空间，管控政策应保持一定弹性，以适应难以确定的变化之需。对于城镇空间尤其是城镇开发边界的管控，则可以在时间期限、调整规则等方面形成刚弹有度的界定。三是创新引导政策，适当加大省级统筹力度。在土地要素市场化配置方面，重点是盘活存量、提升效率，进一步激活空间红利。比如，深化创新城乡建设用地优化配置政策，探索建立合理的农村集体建设用地入市增值分配制度；创新土地出让和市场供应模式，拓宽"标准地"应用场景；创新建设用地存量盘活机制，优化"增存挂钩"，以新增撬动存量发挥倍增效益；探索用地"总量不变，位置可调"的方式，更大程度激发土地活力等。在优势互补方面，重点是在牵涉效率与公平的重大问题上加强政策协调。一方面，落实中央引导生产要素向优势地区倾斜的战略决策，以量化的优势度评价为基础，统筹调配部分年度新增建设用地、能耗指标等，向优势地区和重大项目倾斜；另一方面，保护各地尤其是生态地区的发展积极性，依托自然保护地、生态产品价值实现机制等，进一步优化生态补偿和转移支付，统筹平衡好要素流出地区的发展利益。在差异化发展方面，重点是进一步落实主体功能区战略。在国家确定的三种基本类型基础上，结合浙江特点细化为五种基本类型和两种附加类型，即国家级重点生态功能区、生态经济地区、农产品主产区、优势城市化地区、潜力城市化地区，以及海洋经济地区、文化景观地区，并抓紧研究落实相关配套政策。四是鼓励先行先试，探索空间治理现代化的创新路径。支持丽水市开展国土空间规划支撑"两山"转化试点，指导瑞安市开展以低效工业用地入园提质增效为目标的全域国土空间治理试点。结合耕地占补平衡制度创新，完善跨地区补充耕地政策并探索补充耕地挂账试点。加强规划编制衔接，开展"十四五"发展规划和国土空间规划的协同编制试点，率先形成可复制可推广的经验做法。

（课题组成员：周华富、周世锋、王琳、倪毅）

小城市建设浙江标准研究[1]

小城市建设是落实国家和浙江省新型城镇化战略、推动大中小城市和小城镇协调发展的重要一环。浙江自 2010 年 12 月在全国首创启动小城市培育试点以来，全省上下高度重视、大胆创新、扎实推进，走出了一条具有浙江特色的新型城镇化路子，被誉为"含金量最高、基层最实惠、成效最明显"的改革举措之一。为做好浙江小城市培育试点十年工作经验总结、理论延伸和范式构建，明确新时期小城市培育导向及建设内容，特开展本研究，以便为制定小城市建设浙江标准提供依据和支撑。

一、研究意义

1. 有利于分类施策再塑小城市建设"浙江名片"

浙江小城市培育试点工作目前已进入第四轮，经过十年培育建设，前三批小城市培育试点的发展情况出现明显差异分化，原本的培育模式和建设要求已不再全盘适用。同时，大部分过去的小城市培育试点相关政策文件已不具时效性，特别是实质性的专项支持政策所剩无几。制定小城市建设浙江标准将帮助开展小城市培育全生命周期闭环指导，分类推动小城市培育试点开展达标行动，引领和支撑小城市培育试点在新时代新形势下实现高质量跨越式发展，重塑浙江小城市建

---

[1] 该项目由浙江省发展和改革委员会委托。

设"金名片",促进具有浙江特色的大中小城市和小城镇协调发展的新型城镇化道路行稳致远。

2. 有利于与时俱进构建新型"浙江标准"体系

浙江是标准化战略的先行地和实践地,是全国首个国家标准化综合改革试点省份。《浙江省国家标准化综合改革试点工作方案》(浙政发〔2017〕5号)中提出,浙江标准化综合改革的重点任务之一是要构建新型"浙江标准"体系,而优化浙江建设标准、构建具有浙江特色的新型城镇化标准体系是其中的重要领域。提出小城市建设的浙江标准,可帮助进一步明确浙江小城市培育试点建设的总体要求,阐明小城市培育各环节流程规范,推动具有浙江特色的新型城镇化标准体系加快形成,丰富和完善新型"浙江标准"体系,进一步填补国内小城市培育标准领域的空白。

3. 有利于复制推广新型城镇化发展"浙江经验"

浙江在全国率先实施新型城镇化战略,城镇化水平不断提升,小城市培育试点在推进新型城镇化、实现就近就地城镇化、促进城乡一体化发展进程中发挥了重要作用。经过十年小城市培育试点迭代建设,浙江已探索形成各类典型的小城市建设模式,这些做法是浙江在走向新型城镇化发展过程中的率先探索和特色经验,值得在全国范围内推广应用。制定小城市建设浙江标准,可帮助浙江未来以标准为手段系统、全面地总结小城市培育试点建设的先进经验,提炼能够复制推广至全国小城市建设工作的"浙江经验",进一步扩大浙江小城市建设的影响力和辐射带动力,引领全国小城市建设和新型城镇化发展。

二、总体思路

贯彻落实党的十九大和十九届二中、三中、四中、五中全会精神以及浙江省委十四届八次全会精神,坚持新发展理念,忠实践行"八八战略"、奋力打造"重要窗口",立足浙江、服务全国,全面总结回顾浙江小城市培育试点的探索实践,高水平研究制定小城市建设"浙江标准",以标准化手段指导和推动小城市培育,进一步突出小城市在新型城镇化中的重要节点作用和城乡融合发展中的重

要纽带作用，把打造共同富裕县域先行区作为小城市工作总目标，为全国小城市培育建设贡献浙江经验、浙江范本。

在小城市标准研究制定过程中，需要做到"一个体现"和"三个坚持"。

1. 体现以人为核心、高质量为导向、面向现代化的新型城镇化战略要求

小城市标准必须全面落实浙江省新型城镇化的战略导向，体现以人为本的核心理念，更好地关注人的各类需求，体现城市建设现代化的要求，展现产业发展现代化的需要，反映数字化改革的需求，体现城乡融合和共同富裕等要求。

2. 坚持"准入－培育－退出"全生命周期的闭环指导

一个完整的小城市培养周期应该包括准入、培育和退出三个阶段。针对三个培养阶段的不同特征，分别研究设置标准，并提出配套的管理措施，做到全生命周期闭环指导。

3. 坚持"产城人文生治"六位一体的融合理念

在"产业发展""城市功能""人的需求""城市文化""生态环境""治理能力"六个方面设置相应的培育指标，对标城市发展要求，补足城镇建设中长期存在的短板问题，在这六个方面高标准配置资源要素，加速城镇形态全面向城市形态转变。

4. 坚持因地制宜，量体裁衣，分类定标

在标准的设置中，考虑山区、海岛、平原三大类不同自然环境条件城镇的发展实际，在标准制定上要因地制宜做出调整。考虑小城市不同规模等级，分类选取合适的指标作为准入和培育的依据。

三、小城市培育试点准入标准

根据发展规模设置主要限制性指标，此类指标是必须达到的。入选后，根据"好中选优"的培育原则，设置竞争性指标，主要是考察增长速度以及未来规划合理性。总体上，依据限制性与竞争性指标来设置小城市培育的准入标准。

1. 主要限制性指标

按照"少而精"的原则，优先考虑省级中心镇，重点遴选一批发展基础好、

潜力大的建制镇，适当延伸到个别特大村。

建制镇小城市培育试点遴选标准为：建成区面积5平方千米左右，建成区常住人口4万人左右且近三年建成区常住人口为净流入，第二产业及第三产业从业人员占比70%以上，财政收入不低于3亿元。前四批没有小城市培育试点的县（市、区）及加快发展地区条件可适当予以放宽。

村域小城市培育试点遴选标准为：建成区常住人口3万人左右且近3年为净流入，综合发展实力超过一般中心镇的行政村。

2．竞争性指标

按照"好中选优"的培育原则，进一步对达到基本门槛的申报试点进行成长性与规划合理性的考察。主要要求为申报试点地区GDP增长率、财政总收入增长率高于全省平均水平。同步考察申报方案的科学性、可操作性等（需明确小城市的现实基础、发展定位、目标、地方支持政策等内容）。

四、小城市培育标准

（一）培育内容

小城市培育中应坚持"产城人文生治"六位一体的理念，着重在"产业发展""城市功能""人的需求""城市文化""生态环境""治理能力"六个方面进行提升，从而在规模和结构，功能和形态，服务和治理等方面完成从城镇到城市的蜕变。

1．产业"强"

小城市的产业形态应从低乱小散的乡镇产业向规模化、集群化、技术化的现代城市产业集群转变。要加快吸引和构筑高能级创新平台，引进国际国内龙头企业，发挥龙头带动作用，推进产业专精发展；要鼓励企业投资技术创新，夯实持续发展基础；要大力引进高素质人才，与科研机构跨区域开展合作；要以数字化改革为突破口，抓紧提升产业数字化水平；要注重发展效益，统筹经济效益、质量效益和社会效益。

2. 功能"全"

小城市应该建设齐全的公共服务设施，包括健全的医疗卫生设施，完善的教育设施、养老托育设施、文旅体育设施，健全的社会福利设施、全覆盖的社区综合服务设施和基层矛盾调解中心。小城市应加强整体设计，加快建设"城市大脑"、"城市客厅"、"城市阳台"、迎宾大道、步行商业街、公共服务中心、综合性医院、文化街区、全民健身中心、城市绿道等，打造现代化城市标准配置。

3. 获得感"强"

小城市培育要坚持以人为本的理念，从城市发展"重物质、重数量"向"重人文、重质量"转变，以"城的现代化"促进"人的现代化"，提升人民群众获得感、幸福感。小城市建设应以实现城镇基本公共服务常住人口全覆盖为明确导向，突出政府的公共服务职能，加大相关公共支出力度，拓展投融资渠道，加强基础设施建设，提升城乡交通水平，提高社会保障、医疗、教育、住房等基本公共服务能力，促进农业转移人口融入城镇，进一步提高常住人口收入水平和生活质量。

4. 文化"兴"

城市文化是城市的灵魂，既能标识和彰显城市个性，也要满足居民的审美需要。小城市培育过程中，应注重挖掘城市文化内涵，加强对文物的保护以及非物质文化遗产的活化传承，塑造独特城市风貌；政府应建设文体活动场馆，提高人均公共文化设施享有面积，加快文体设施向农村地区延伸覆盖；组织开展形式丰富的文化活动；应加快全龄友好城市建设，深入推进文明城市创建。

5. 环境"美"

对小城生态环境培育的要求，主要表现为保护城市环境、治理城市污染和美化城市环境三个方面。保护城市环境就是要保障环境卫生，保护河流水体，保障饮用水安全。山区要注意保护森林，恢复和提升森林覆盖率，海岛地区要注意保护近海海域水质，平原地区要严格落实耕地保护。在小城市污染治理方面，应规范城镇生活污水的处理，推进农村生活污水的治理，建设覆盖全镇的垃圾清运网络，注意防治空气污染，降低化石能源消费，注重防控农业面源污染。在美化城市环境方面，应修建高品质绿地公园，对主干道路进行绿化覆盖，营造小城市优美的生态环境。

6. 治理"优"

坚持人民城市人民建、人民管，注重科学化、精细化、智慧化建设管理，完善城市治理结构，提高城市运营、资源配置效率和安全管理能力，全面提升城市治理水平。应推动治理领域数字化改革，提高数字化管理覆盖率，加快实现"整体智治"，让"数字红利"带动小城市居民生活质量得到根本性变革和提升。应加大配套改革力度，提升基层社会治理能力，不断满足城市居民对美好生活的向往。

(二) **培育指标**

小城市培育要坚持因地制宜、量体裁衣、分类定标的原则，采取限制性指标和引导性指标相结合的方式。按照"产城人文生治"六位一体总要求，设置100项指标，其中限制性指标29项，引导性指标71项。部分规模指标针对三类小城市采取分类定标的方式，更加科学合理地引导小城市培育工作。充分考虑平原、山区、海岛地理环境条件差异性，13项产业指标和1项功能指标按照目标值的85%予以倾斜，11项功能指标适当放宽建设标准，另有3项指标根据实际情况合理调整。

五、小城市培育试点退出标准

小城市经历准入、培育、退出为一个完整的培养周期。领导小组办公室应组织对培育单位进行验收，达到相应等级小城市培育标准的给予授牌退出，并发放奖励，未达标的则应淘汰退出。

1. 达标类

在第一轮培育之后，所有限制性指标均达到本类小城市培育要求，引导性指标完成超过57项（引导性指标总量的80%），则可定为达标，授予相应等级"小城市样板"称号并退出培育试点。如果限制性指标均达标，但引导性指标达标未超57项，则可申请进入第二轮培育。经过第二轮培育，限制性指标达标，且引导性指标达标超过57项，则可授予相应等级小城市称号并退出培育试点。

2. 淘汰类

第一轮培育之后，限制性指标未全部达标的培育试点，应淘汰退出。第一轮培育后，限制性指标全部达标，但引导性指标未达 57 项的培育试点，在经过第二轮培育之后，限制性指标未全部达标，或者引导性指标未达到 57 项，应淘汰退出。

六、有关建议

1. 加快出台小城市建设浙江标准

标准是治理体系和治理能力现代化的重要基础，小城市建设标准是引领和支撑"小城市培育试点 2.0"建设和高质量发展的重要手段。因此，建议加快制定小城市建设浙江标准并尽快发布，用以指导新一轮小城市培育试点建设。同时，建议做好标准的实施评估，根据内外部环境和社会经济发展需要动态修订标准的相关指标要求，使其更好适应和服务浙江小城市建设。

2. 全面强化领导小组办公室机构职能

小城市培育试点不仅是块状经济提质发展的重要阵地，也是提高居民收入、促进城乡基本公共服务均等化、改善城乡发展环境的重要切口，因此推动"小城市培育试点 2.0"建设是新时期推进区域协调发展和高质量发展、助力共同富裕示范区建设的关键一招。

3. 全力推动省级支持政策由事前事中兑现转为事后激励

标准的意义不仅在于有，更在于用。为推动小城市建设浙江标准的有效利用、高效应用，建议将事前事中兑现的原有省级资源要素投入模式转变为事后激励模式。强调各层次小城市培育试点要以达标为目标，全面开展达标行动。对于所有培育达标后退出的小城市培育试点，要建立小城市建设长效机制，管理权限下放等行政体制改革在达标退出后要做好政策延续。同时，分类对培育达标后退出的小城市培育试点给予一类省级小城市样板镇、二类省级小城市样板镇、三类省级小城市样板镇授牌命名。

4.全面强化第三方机构支撑作用

"小城市培育试点2.0"建设,应该是一项以标准为引领的具有科学性客观性的重点工程,是小城市培育试点建设在对象、理念、路径、内容和机制上的一次强化和升华,要积极引入第三方机构实现培育流程再造。可建立小城市培育第三方机构成员库,定期组织针对第三方机构的小城市培育试点工作培训,引导和强化第三方机构对"小城市培育试点2.0"建设的认识和理解。

5.全面压实培育试点地方主体责任

"小城市培育试点2.0"建设,是为了进一步解决传统行政管理体制下乡镇"责任大、权力小、功能弱"的"小马拉大车"治理困局,更好发挥小城镇在统筹城乡发展中的战略节点作用,进而支撑区域协调发展和高质量发展,尽管需要地方主体继续增加对小城市培育试点的要素投入、政策扶持和放权扩权,但其目的绝不是强镇弱县(市、区),而是通过强镇而全面强县(市、区)。因此,建议进一步压实小城市培育试点所在县(市、区)的地方主体责任,从省级层面明确县(市、区)对小城市培育试点的要素投入下限,鼓励其根据地方实际增加对小城市培育试点的要素投入。

6.全面强化小城市建设成效宣传

小城市建设浙江标准的适用性和影响力是展示新型城镇化发展"浙江经验"的重要窗口,制定、检验并修订小城市建设浙江标准是一项长效任务,其使用效力、影响力与浙江"小城市培育试点2.0"建设相辅相成。因此,建议做好"小城市培育试点2.0"建设工作的记录总结,推动相关先进经验向省外复制推广,从而再塑浙江小城市培育试点"金名片"。过程中要发挥好小城市建设浙江标准的关键作用,推动"小城市培育试点2.0"建设的影响力全面转化为小城市建设浙江标准的影响力,从而推动浙江持续引领全国小城市建设和新型城镇化发展。

(课题组成员:汤欢、王辰、方康恒、程振波、周洲、方园、王莹、丁懿腾)

高质量推进浙江省"千年古城"复兴研究[1]

浙江历史悠久,在岁月的长河中涌现出了许多有着千年历史且曾为王城或郡治、州府、县衙所在地的"千年古城"。这些"千年古城"曾经地位显赫、辉煌繁华,但历经千年的历史洗礼,大部分已沦为地位没落、经济薄弱的小城镇。为系统推进"千年古城"复兴工作,特开展本课题研究。

一、浙江省"千年古城"的基本情况

根据"具有千年以上历史,曾为王城或郡治、州府、县衙所在地"的筛选标准,在全省初步摸排出33个符合条件的乡镇(街道)。从区域分布来看,杭州8个,宁波2个,温州1个,湖州4个,嘉兴2个,绍兴3个,金华5个,衢州3个,舟山1个,台州2个,丽水2个,11个地市均有分布;从历史建制来看,曾是王城所在地的有2个,曾是郡治所在地的有1个,曾是州府所在地的有7个,曾是县衙所在地的有23个;从现有建制来看,镇29个,街道2个,乡2个。

(1)"千年古城"是古代政治经济文化中心,历史地位一度显赫。梅城镇是古严州府所在地,其城墙呈半朵梅花状,素有"天下梅花两朵半,北京一朵,南京一朵,严州半朵"的美称;方岩镇在抗日战争期间曾为民国浙江省政府所在地,

---

[1] 该项目由浙江省发展和改革委员会委托。

时间长达 4 年 5 个月之久，是全省抗战的政治中心和指挥中心；芝英镇自公元 556 年起便为南朝缙州府治所在地，府治历史跨越梁、陈两个朝代；古市镇在隋朝开皇九年（公元 589 年）为处州府所在地，在汉末至唐贞元间的 600 多年里，古市曾为州治、县治的所在地；鄞江镇在唐朝为明州府所在地，府治时间从公元 738 年到公元 821 年，持续 84 年。

（2）"千年古城"是文物古迹留存集中区，至今古韵犹存。梅城镇现有的城市格局有近 700 年历史，古州府规制清晰，古街巷肌理完整，现存 230 米严州古城墙、严州府衙、总兵府等遗址；慈城镇 2.17 平方千米的古城内明清古建筑保存完好，有传统建筑 60 万平方米；新登镇素有"一朵莲花耸碧霄，二水襟带万山朝"的美称，现存古城墙、罗隐碑林、湘溪廊桥等名胜古迹；柳城镇现存祠堂、古桥、石刻等历史遗迹 120 多处；丰惠镇有 14 座保存完好、使用正常的古桥，现存大夫第、观察第、状元台门、御史台门等地名和大量的台门遗迹。

（3）"千年古城"承载着千年传统文化，历史文脉继世传香。余杭街道，建城 2200 多年，县治千年，大禹治水、秦王从政立县、隋炀帝开凿运河、杨乃武与小白菜冤案等历史故事在这里代代相传；乾元镇，蔡家"一门三状元"，徐家"一门五翰林"，乾元一城"四大书香门第"，依然传承着以孔愉放龟为代表的本土道德文化和以乾龙灯会为代表的地方民俗文化；於潜镇，拥有绘制于南宋绍兴年间的《耕织图》，与《富春山居图》齐名，苏东坡曾在於潜留下"宁可食无肉、不可居无竹"的佳句；崇福镇，拥有包括联合国人类非物质文化遗产中国蚕桑丝织技艺、国家级非物质文化遗产蓝印花布印染技艺等 13 项非物质文化遗产。

（4）"千年古城"孕育圣贤志士，历史名人至今名垂青史。乾元镇，素有"状元故里、进士之乡"之称，自唐代以来，涌现 5 位状元、221 位进士和 20 多位翰林；梅城镇，被称为"潜龙之地"，宋太宗、宋高宗、宋度宗三代帝王登基前都曾在此任职；新登镇，"千年古镇、罗隐故里"，孕育了晚唐诗人罗隐、唐朝宰相许敬宗、"安史之乱"时的忠臣许远、中唐改革家凌准、抗金名将姚兴等人才；孝丰镇，培育了"浙北第一笔"沈遂真，天子门生第一人胡宗南，一代宗师吴昌硕；柳城镇，古有道教真人叶法善、大明宰相首辅徐阶、"宣平城隍"韩宗纲等，今有湖畔诗人潘漠华、工笔画大师潘絜兹、"宣平一支笔"邹家箴等。

(5) "千年古城"历经千年岁月洗礼，发展现状差异较大。据统计，初步摸排的33个乡镇（街道），总计面积为3915平方千米，平均面积为118.6平方千米，面积最大的镇为299.4平方千米（分水镇），最小的镇为23.5平方千米（东沙镇）。2019年末户籍人口共计163.8万人，常住人口共计217万人，总体呈现人口流入状态，其中汤溪镇等9个镇常住人口小于户籍人口，呈现人口流出状态。2019年实现地区生产总值1393亿元（缺合村乡数据），平均为42.2亿元，最高为111亿元（大溪镇），最低为6.7亿元（招贤镇）；地方财政收入103亿元，平均为3.1亿元，最高为16.63亿元（余杭街道），最低为0.024亿元（枫林镇），11个镇地方财政收入在1亿元以下，镇与镇之间差距比较悬殊；规模以上工业总产值1900亿元，平均为57.6亿元，高家镇、合村乡、何家乡、枫林镇、柳城镇等规模以上工业总产值不足2亿元，工业基础相对薄弱。

二、复兴"千年古城"的重大意义

习近平总书记指出"文化是一个国家、一个民族的灵魂。文化兴国运兴，文化强民族强。没有高度的文化自信，没有文化的繁荣兴盛，就没有中华民族伟大复兴。""千年古城"曾是区域的政治、经济、文化、交通中心，也是众多名胜古迹的集中地，是优秀传统文化的重要载体，复兴"千年古城"，旨在把祖先留存下来的文物保护好，将浙江的优秀传统文化世世代代传承下去，为促进我国优秀传统文化复兴贡献浙江样板。

(1) 复兴"千年古城"是认真落实习近平总书记重要指示、彰显文化自信的浙江行动。习近平总书记高度重视古城保护和文化传承，在浙江工作期间，2003年在乾元镇调研时指出，在水利建设中要重视乾元的文化保护和传承。2005年对慈城镇批示："要充分发挥慈城独特的人文优势，挖掘内涵，注重保护，使其在当代文化教育和旅游事业，乃至文化大省建设中发挥积极作用。""千年古城"满载着浙江深厚的文化底蕴，新的历史时期，促进"千年古城"复兴是保护与传承优秀传统文化的重要举措，是文化自信的重要体现，是践行习近平总书记重要指示精神的浙江行动。

(2) 复兴"千年古城"是破解古城保护"三缺三难"、提升古城价值的重要抓手。历经千年变迁，这些古城的政治、经济、文化、交通中心功能已经转移，目前大部分古城已陷入"产业发展不起来、精英人才留不住、经济水平上不去"的困局，成为县域经济发展的软肋。而且要保护开发这些古城，普遍面临缺资金、缺土地、缺人才的"三缺"问题，修缮难、运营难、管理难的"三难"问题。实施"千年古城"复兴，不仅能拉动有效投资，带动旅游、房地产、交通运输等一系列相关产业的发展，而且能改善风貌环境、提升古城价值，吸引学者、专家团队、研究机构等系列专业人才集聚，促进县域经济加快转型发展。

(3) 复兴"千年古城"是改善古城民生、提升居民获得感和幸福感的有力举措。千百年来，古城百姓一直对"千年古城"的昔日辉煌津津乐道，对古城具有强烈的认同和复兴的期待。由于自然毁损、风雨剥蚀和人为毁坏，如今的古城已经沧桑，许多地方已沦为脏乱差的棚户区，居住环境堪忧，但老百姓依然是"城破城旧不嫌其丑"。实施"千年古城"复兴，不仅能够完善古城基础设施、改善居住环境，切实改变古城内居住条件较差、原住民流失严重的现状，而且可有效提升百姓的获得感和幸福感，是实实在在的民生工程、民心工程。

(4) 复兴"千年古城"是补美丽城镇建设短板、打造高质量发展"金名片"的点睛之笔。当前，浙江正聚焦聚力高质量、竞争力、现代化，全面推进"四大"建设。"特色小镇""万亩千亿"为产业高质高效发展提供平台支撑，"小城市试点"为县域块状经济提质增效、新型城镇化建设探明道路，"未来社区"是推动以人为核心的城市现代化建设的有力举措，然而在古城的保护与开发方面，目前还没有相对成熟的政策举措。"千年古城"辉煌千年，其历史价值和未来命运不容忽视，推进"千年古城"复兴有望成为浙江高质量发展众多"金名片"中的点睛之笔。

三、推进"千年古城"复兴的总体考虑

"千年古城"复兴是浙江结合一批古城的历史地位演变规律、产业发展趋势、人民对美好生活的向往需求而提出的创新性举措，在谋划部署时需要着重考虑三

个方面的因素。

(1) **准确把握当前形势**。今年春天，习近平总书记到浙江考察调研时赋予浙江"重要窗口"的新目标新定位，省委十四届七次全会对习总书记重要讲话精神作了深入解读，提出努力建设展示坚持社会主义核心价值体系，弘扬中华优秀传统文化、革命文化、社会主义先进文化的重要窗口。"千年古城"复兴要结合以上背景，以弘扬中华优秀传统文化、守牢浙江人民"历史之根"与"文化之魂"为核心导向，建设一批规划引领有序、古迹保存完好、文化标识鲜明、产业发展兴旺、公共服务优良、改革活力凸显的新时代"千年古城"。

(2) **科学确定复兴对象**。根据摸底情况，在省会、地级市、县城、街道、乡镇、村均保留了一批历史上曾为王城或郡治、州府、县衙所在地的古城。考虑复兴对象范围时可根据现有建制情况，按照三个层次进行划分：一是位于省会、地级市、县城的古城，仍是区域的政治、经济、文化、交通中心，发展现状较好，不作为复兴的重点对象；二是位于街道、乡镇的古城，历史上有较高地位，现已一定程度上没落，民众心理落差巨大，复兴需求迫切，建议纳入复兴的重点对象范围；三是位于村庄的古城，一般经济和人口总量较小，农业人口占比较高，交通区位条件较差，复兴基础薄弱，不纳入复兴对象范围。综上，建议以数千年来，曾为王城或郡治、州府、县衙所在地，现为建制乡镇或街道的行政单元为复兴对象，历史风貌保存较为完整，具有一定规模、文化底蕴深厚、自成体系的老县城也可纳入复兴对象范围。

(3) **统筹考虑推进方式**。根据摸底情况，符合试点条件的古城现状基础差异很大，需结合当地实际推进复兴工作。建议从三个方面推进"千年古城"复兴：一是分时分批推进试点工作，每年开展试点申报，条件好、基础好的古城优先启动，以3年为周期推进古城复兴；二是定性定量设定复兴目标，以文化、产业、民生为重点领域，以"定性+定量"相结合的方式提出复兴的具体目标；三是坚持问题导向明确主要任务和保障措施，立足当前古城普遍面临的规划体系不完善、文物保护和文化传承力度不够、产业发展动能不足、公共服务配套落后、改革创新活力不强等发展短板，剖析根源，着力提出补足短板推动复兴的六大主要任务，并从加强组织领导，支持改革扩权，强化人才、资金、用地保障等方面提出保障措施。

四、推进"千年古城"复兴的具体举措

综合考虑"千年古城"的发展现状和复兴要求,从基本原则、主要目标、重点任务、保障措施等方面提出推进"千年古城"复兴的建议举措。

(一)以"一新三化"为基本原则

"一新"是指创新,"三化"是指特色化、活态化和有序化。

创新性建设。在保护传统文化的首要前提下,合理推进古城开发建设,注重新思想、新理念、新元素与古色古香的古城风韵有机结合,打造传统与现代化相融合的"千年古城"。

特色化复兴。尊重古城的个性特征,挖掘具有地方特色的文化、产业、风俗、掌故、传说、小吃,在复兴过程中注重古城与古城之间的差异化发展,杜绝模仿抄袭现象。

活态化传承。切忌"造城运动",努力修复和优化非物质文化遗产的生存生态,坚持在非物质文化遗产形成延续的环境中保护与传承,在人民群众生产生活过程中传承与发展。

有序化推进。条件好、基础好的古城优先启动,以古城复兴综合规划为引领,有序推进历史保护、文化传承、产业发展、民生改善等重点任务,在此基础上制定分年度工作计划。

(二)以"三个标杆"为主要目标

(1) 文化复兴的标杆。率先建立完善历史遗存保护开发体系和优秀文化传承发展机制,使古城肌理、历史街区、传统建筑、文物保护单位和非物质文化遗产等得到有效保护传承开发。打造个性化的古城文化标识,营造充满活力的历史文化街区,建设综合性的古城复兴标志性成果展示馆,具备文物古迹展览、优秀文化宣传、标志性重大项目展示以及接待、会晤、游憩等多样化功能。

(2) 特色产业的标杆。率先推进历史文化与现代产业的有机融合,大力培育新产业、新业态、新模式,走特色化发展之路,促进古城经济实力显著提升。依托优质景观资源建成4A景区镇或景区城,有条件的古城积极争创5A景区镇或景区城。古城的地区生产总值、固定资产投资、一般公共预算收入等主要经济指标

实现与所在县（市、区）同步增长。

（3）百姓宜居的标杆。率先实现历史文化与未来生活的有机融合，加快推进城市有机更新和未来社区建设，促进古城社会民生全面改善。建成畅通便捷的出行转换系统，完善高品质的城市基础设施和公共服务设施。打造由便民服务中心、社会治理中心、综合性医院、优质学校、示范型居家养老服务中心等组成的宜居古城设施配置。让老百姓获得感和幸福感得到显著提升，古城常住人口保持净增长。

（三）统筹推进六大重点任务

（1）**强化规划引领作用**。制定全省"千年古城"复兴规划编制导则。系统梳理古城各类规划，高质量编制"千年古城"复兴综合规划，与国土空间规划做好衔接。同步开展城市设计、城镇风貌、有机更新等研究并将成果纳入规划。规划应经县（市、区）人大常委会审议通过，作为指导、管控古城历史遗迹保护与基础设施改造提升的重要依据。

（2）**加强历史遗存保护**。制定保护管理办法，系统保护和修复古城的城市肌理、历史街巷、码头埠头、古井古桥、古寺古塔、古道古树等历史遗存，通过适当方式重现其历史风貌。合理修葺历史建筑并适当疏减和妥善安置原住民，优化业态发展空间。组织专家团队寻踪觅迹挖掘古城内潜在的文物保护单位（点）、历史建筑和非物质文化遗产项目，开展相关保护工作。

（3）**促进优秀文化传承**。与高校和研究机构合作，挖掘古城的商埠文化、诗路文化、名人文化、书院文化、宗教文化、美食文化等特色文化，依托广播、电视、互联网等平台加大对古城传统文化、名人轶事、特色小吃等的宣传力度，塑造特色鲜明的古城文化品牌。依托古城复兴标志性成果展示馆、博物馆、纪念馆、非遗展示馆，组织开展主题教育、社会实践、文化论坛等活动，加强非遗保护与传承发展的力度。

（4）**激活经济发展动能**。加快推进铁路、公路、航道等现代交通设施建设，提高古城通达通畅水平，提升区位优势，为古城经济发展提供支撑。统筹推进古城复兴和产业复兴的有机结合，强化非遗技艺等古城特色优势的产业支撑作用，推动当地优质历史经典产业提质升级，积极发展健康养老、教育培训、文创艺术等符合当地特色的产业,依托古城历史文化优势大力发展文化旅游产业,探索发展新兴产业,积极培育经济新动能,形成产业竞争优势。

(5) **提升公共服务能力**。统筹推进古城保护和新城建设,创新古城公共服务供给载体。加快打造县域医疗共同体,优化医疗资源配置,推动古城基本医疗服务能力升级。加快组建城乡教育共同体,构建城乡全覆盖的学前教育体系,建设义务教育标准化学校,提高古城教育服务质量。加快建设示范型居家养老服务中心,大力发展智慧养老,提升古城优质养老服务供给能力。

(6) **深化重点领域改革**。深化"最多跑一次"改革,数字赋能治理现代化,优化办事流程,为企业和群众提供优质服务。深化投融资体制改革,加快推广项目收益债券、资产证券化等新型投融资方式,与各级国有投资平台、各类社会资本合作组建产业转型基金、基础设施投资基金等古城复兴相关基金,积极构建多元化的投融资体制和资本运作机制,充分激发市场活力。

(课题组成员:汤欢、王辰、程振波、邹君妤、方康恒)

2020年浙江省能源发展报告[1]

一、综述

2020年是"十三五"收官之年,面对突如其来的新冠肺炎疫情和疫情后经济恢复性增长的情况,全省能源工作紧紧围绕"两手硬、两战赢"决策部署,全面落实"六稳""六保"任务,能源供需总体平稳有序,清洁能源示范省第二阶段建设任务完成良好,有效地支撑了全省经济社会发展。

能源保障能力持续增强。2020年有效应对了疫情期间的超低负荷运行和夏季电力负荷创新高的挑战,平稳解决了疫情期间的LNG憋库和供暖季的供气紧张问题。清洁化水平显著提升。2020年全省煤炭消费占比持续下降,电力在终端能源消费总量中的占比持续引领全国;装机结构持续清洁化,清洁能源发电装机占比过半。重大项目建设进展顺利。2020年完成能源投资803亿元,其中列入省"4+1"建设计划的能源项目完成投资722亿元,超额完成目标任务。能源改革创新扩面增效。2020年完成市场化交易电量1955亿千瓦时,首次开展现货市场整月连续结算试运行,顺利完成电力交易中心一期股改。管道天然气上下游直接交易暨管网代输试点不断扩面,累计直接交易气量约31亿立方米。

全省能源发展虽然取得了积极成效,但还存在部分区域、部分时段的电力等

---

[1] 该项目由浙江省发展和改革委员会(浙江省能源局)委托。

供应保障压力较大，新技术、新模式、新业态推广和应用较慢，能源发展与生态环境、经济高质量发展的要求不完全匹配，以能耗双控和清洁低碳发展倒逼产业转型的效果不明显等问题，需要在以后的工作中着重解决。

二、能源综合篇

（一）能源消费概况

1. 能源消费总量快速增长

2020年，全省能源消费总量24660万吨标准煤，比上年增长10.1%。全社会电力消费总量4830亿千瓦时，比上年增长2.6%。

2. 能源消费结构有所波动

（1）一次能源消费结构中，油品占比上升明显。2020年，全省一次能源消费结构中，煤炭占比40.1%，比上年下降5.2个百分点；石油及制品占比23.0%，比上年提高6.2个百分点；天然气占比7.4%，比上年下降0.6个百分点；非化石能源占比18.3%，比上年下降1.5个百分点；外来火电及其他能源占比11.1%，比上年提高1个百分点。

（2）终端能源消费结构中，油品占比有所上升。2020年，全省终端能源消费结构中，煤炭占比6.6%，比上年下降0.4个百分点；石油及制品占比22.6%，比上年提高6.5个百分点；电力占比54.6%（等价值），比上年下降4.2个百分点。

2020年，全省单位GDP能耗0.41吨标准煤（按2015年价格计算，以下同），比上年增长6.3%，单位GDP电耗808千瓦时，比上年下降0.9%。

（二）能源行业发展概况

1. 电力行业加快清洁化转型

2020年全省境内电力装机容量10142万千瓦，比上年增长3.6%。非化石能源装机容量4024万千瓦，比上年增长6.8%。全年发电量3531亿千瓦时，比上年下降0.2%。镇海电厂搬迁改造项目两台66万千瓦超超临界超低排放燃煤发电机组全部建成投入运行。

2. 天然气行业加快储运设施建设

2020年，建成浙江LNG接收站二期项目，在建舟山LNG接收及加注站（二期），温州LNG接收站（一期），以及嘉兴（平湖）、玉环大麦屿、温州华港LNG储运调峰项目，形成了"八气源、网络化、县县通"的发展格局。

3. 石油行业加快全产业链布局

2020年，全省原油一次生产加工能力达到5100万吨，石油及制品消费量3900万吨，比上年大幅增长53.0%。累计建成石油储备设施5377.8万立方米，占全国石油储备规模的20%。累计建成原油管道约854千米，成品油管道约1520千米。累计建成综合供能服务站704座，较上年增加266座。

4. 能源行业创新稳步推进

依托能源技术创新，能源行业创新持续推进。杭州纤纳光电科技有限公司纤纳光电刷新钙钛矿组件效率世界纪录，国网浙江电科院柔性短路电流抑制技术取得突破，宁波梅山获批首个多元融合高弹性电网省级建设示范区，浙江省能源集团有限公司（以下简称"浙能集团"）积极开发液氢全产业链项目，湖州投运全国首个分布式潮流控制器示范工程和全国首座铅碳式电网侧储能电站。

（三）清洁能源示范省建设情况

1. 第二阶段建设目标完成良好

扣除考核单列项目后，除清洁能源消费比重、城乡居民天然气覆盖率两个指标未完成外，其余清洁能源示范省第二阶段建设目标均完成目标要求，实现"双控三升三降"目标，全省能源清洁化水平国内领先。

2. 有力推进清洁能源项目建设

2020年，光伏国补竞价配置中，浙江省竞得项目数66个，全国第一，容量262万千瓦，全国第四，全年新增光伏发电装机178万千瓦。岱山4号海上风电项目全场风机投运，嵊泗5号、6号海上风电场项目首台风机并网投运，全年新增海上风电装机26万千瓦。长龙山等5个在建抽水蓄能电站项目进展顺利。三澳核电一期工程获国家核准并开工建设。

3. 积极开展能源创新示范试点

浙能集团嘉兴港—独山港开展综合能源服务创新试点，国网浙江省电力公司启动创建省级能源智慧融合创新发展示范平台。深化绿色证书交易研究，探究新型绿证机制应用场景，构建基于区块链的绿色电力证书发放平台。国家可再生能源信息管理中心批复浙江成立可再生能源信息分中心。

4．持续深化能源交流合作

浙沪联络线二期完成核准并开工，签订浙晋、浙陕特高压直流战略合作协议。协调落实浙江省与宁夏、新疆、四川等省区的年度送受电协议，加强了迎峰度夏等用电高峰期间的电力供应保障。深化长三角能源合作，完成长三角地区能源合作专题组浙江轮值工作，成功举办第三届长三角能源互联网创新发展论坛，助推申能、国信、浙能、皖能签订《长三角能源基础设施一体化合作框架协议》，助力沪苏浙电网公司正式发布《长三角一体化发展示范区电力行动白皮书》。进一步推进浙江自贸区天然气交易平台、长三角煤炭交易中心等能源市场（平台）建设。

（四）能源"双控"工作进展情况

1．强化落实目标责任

下达2020年能源"双控"目标任务，召开年度能源"双控"工作会议，组织各市上一年度能源"双控"目标责任评价考核，定期对各市本年度能源"双控"目标进展情况预警通报。

2．严格节能审查制度

2020年实施节能审查578个项目，开展高耗能行业项目节能审查意见落实情况专项检查，及时通报检查结果。

3．狠抓重点领域节能

工业领域。2020年完成64家企业的国家重大工业节能专项监察任务，扣除浙石化项目后，"十三五"全省规模以上企业单位工业增加值能耗累计下降19.2%。

建筑领域。2020年实际完成既有居住建筑节能改造面积100万平方米，完成既有公共建筑节能改造面积120万平方米，完成太阳能等可再生能源建筑应用面积2000万平方米，新开工装配式建筑1.09亿平方米，全省城镇绿色建筑面积占新建建筑面积比例达到97%。

交通领域。2020年，新能源和清洁能源（电动、LNG动力）船舶保有量比2016年增加227艘，城市公交和城市物流配送领域新能源（纯电动、混合动力、燃料电池）车辆比2016年增长335.3%。

公共机构领域。2020年，全省公共机构人均综合能耗、单位建筑面积能耗分别比2015年下降16.21%、10.66%。

（五）能源运行和保障情况

1. 圆满完成能源应急保障任务

2020年初，面对突如其来的新冠肺炎疫情，第一时间成立能源保障专班，发布《浙江省新冠肺炎疫情防控期间能源供应保障工作应急预案》，按照"四保障三机制"工作体系狠抓落实，有效应对疫情期间电力超低负荷运行和LNG憋库问题，确保了全省面上能源供应安全稳定和重点用户电力供应安全稳定。

2. 积极赋能经济恢复性增长

创新提出复工复产电力指数，率先出台省级降低企业用能价格政策，积极落实国家阶段性降价政策。统筹协调外购电量、气电增发等，有效保障了迎峰度夏、极端寒潮天气的电力供应和采暖季的天然气供应。

3. 统筹推进能源安全保障工作

印发《2020年全省能源保障形势及重点工作》《关于做好2020年全省能源安全保障工作的实施意见》《浙江省加强能源安全保障细化落实方案》等文件。建成数字能源管理平台二期，编发能源供应周报，监测月报、季报和年报。强化油气长输管道安全监管，制定《2020年全省油气长输管道保护工作要点》等文件，签订年度安全生产责任书，开展油气管道隐患大检查大整治活动。

三、能源生产供应篇

（一）电力

1. 装机结构持续优化

（1）发电装机容量突破1亿千瓦。2020年，全省发电装机容量10142万千瓦，同比增长3.6%。

（2）发电装机结构持续清洁化。2020年，全省火电装机容量6358万千瓦，较上年增长2.3%。天然气发电装机容量1262万千瓦，与上年基本持平。非化石能源装机持续增长，达4024万千瓦，比上年增长6.8%。

2. 负荷持续走高，最大峰谷差有所缩小

2020年全社会最高负荷9268万千瓦，比上年增长8.8%；省统调最高负荷8147万千瓦，比上年增长9.2%。全年统调用电最大峰谷差3182万千瓦，比上年缩小70万千瓦。

3. 发电量略有下降，发电平均利用小时数持续下降

2020年，全省发电量3531亿千瓦时，同比下降0.2%。全省6000千瓦及以上发电机组平均利用小时3887小时，比上年下降86小时。

4. 发电装机以省属国企和央企为主

2020年浙能集团总装机容量3590万千瓦，总发电量1334亿千瓦时[1]，分别占省内总装机容量和总发电量的35.4%和37.8%。国家能源集团、中国华能集团等紧随其后。

5. 电网设施持续完善

2020年，全省110千伏及以上电力线路62825千米。其中特高压线路1713千米，与上年持平；500千伏线路9676千米，比上年增长3.3%；220千伏线路21041千米，比上年增长10.1%。

2020年，浙江省电网拥有1000千伏特高压交流站3座，总变电容量1800万千伏安；500千伏变电站52座，总变电容量12265万千伏安；220千伏变电站351座，总变电容量16064万千伏安。

（二）天然气

1. 供应量小幅下降

2020年累计采购上游天然气资源约143亿立方米，同比下降3.4%。其中管输天然气106亿立方米，同比下降10.2%；非管输天然气约37亿立方米，同比增长23.3%。

---

[1] 数据来自浙能集团。

2. 形成八大气源供应格局

2020年,舟山LNG接收站顺利接入省天然气管网,成为浙江"第八大气源"。

3. 天然气基础设施不断完善

(1) 天然气管网建设有序推进。2020年,新增天然气管道约450千米,全省累计建成天然气管道3528千米;天然气管道通达11个设区市82个县(市、区),较上年增加14个县(市、区)。全省形成"八气源、网络化、县县通"的供气格局。

(2) LNG接收中转调峰设施建设加快推进。2020年,累计建成LNG接收站2座,分别为浙江LNG接收站(一、二期)和舟山LNG接收及加注站(一期),接收能力共900万吨/年。在建LNG接收站2座,在建LNG中转储运项目3个。

(三)石油

1. 原油调入量大幅增长

2020年,全省共调入原油5034万吨,同比增长33.1%。其中,省外调入占15.9%,进口占84.1%。

2. 原油加工量大幅提升

2020年,全省加工原油5083万吨,同比增长46.4%。生产各类成品油及石油制品4837万吨,同比增长21.7%。其中,加工产出汽油440万吨、柴油723万吨,分别较上年增长25.0%和12.6%。

3. 油品储备全国领先

2020年,累计建成石油储备设施5377.8万立方米,占全国石油储备规模的20%。

4. 油品管道网络基本成型

2020年,新增原油管道13千米、成品油管道527千米,累计建成原油管道约854千米、成品油管道约1520千米;成品油管道已通达10个设区市。

5. 终端供应仍以央企为主

2020年,中国石化销售有限公司浙江石油分公司、中国石油天然气股份有限公司浙江销售分公司和浙江省石油股份有限公司在浙江投放成品油总量2102万吨,同比减少1.5%。

(四)煤炭

1.煤炭输入量持续下降

2020年全省煤炭输入量13091万吨,比上年减少4.8%。其中省外调入10234万吨,比上年减少8.1%;进口2857万吨,比上年增加9.5%。

2.电煤供应渠道多元

从保供模式来看,长协合同供煤2301万吨,占比29.0%;现货市场采购1855万吨,占比23.4%;央企系统内供煤1571万吨、进口1435万吨、省投煤矿供煤766万吨,占比分别为19.8%、18.1%和9.7%。

从保供主体来看,浙能集团煤炭供应量占比超过全省电煤消费的一半,为51.8%,其次为在浙中央发电企业,电煤供应量占比38.2%,再次为物产中大集团股份有限公司,电煤供应量占6.8%,其他市场主体电煤供应量占3.2%。

(五)非化石能源

1.非化石能源供应量小幅上涨

2020年,全省非化石能源供应总量4473万吨标准煤,比上年增长1.1%。从省内非化石能源开发利用结构来看,核电占31.9%,占比最高,光伏、水电、生物质能、风电、海洋能及其他占比分别为19.3%、16.5%、16.4%、5.4%、10.4%。

2.农村可再生能源综合利用持续推进

(1)**农村沼气资源化综合利用持续深化。**2020年,全省累计建成各类沼气工程4409处,总容积约113万立方米,年产沼气0.9亿立方米,折合标准煤6.7万吨。全省畜禽规模化养殖的排泄物资源量约940.4万吨,年产沼气资源量14亿立方米,相当于可替代常规能源100万吨标准煤。

(2)**秸秆综合利用持续推进。**2020年,全省农作物秸秆理论资源量775.6万吨,可收集量590.5万吨,全省秸秆资源综合利用量573.6万吨(含农户秸秆燃料利用量4.7万吨),其中秸秆能源化利用量12.4万吨,折合标准煤6.0万吨。

(六)能源重大项目建设及投资

2020年,全省重大能源项目完成投资803亿元,超年度计划,较上年增加103亿元。

1. 电源

全省全年完成电源投资约310亿元。三澳核电一期项目获国务院核准并正式开工，乐清三期于12月底按统计入库标准实现开工目标，镇海电厂扩建工程于10月正式建成投产、并网发电，三门核电二期、三期工程前期工作稳步推进，岱山4号海上风电项目全场风机投运，附属设施基本完成，嵊泗5号、6号海上风电场项目首台风机并网投运，长龙山等5个抽水蓄能电站建设按计划推进。

2. 电网

全省全年完成电网投资252亿元，建成110千伏及以上变电站70个，新增110千伏及以上变电容量2697万千伏安，线路长度2908千米。白鹤滩输浙直流工程顺利完成省内线路调整，浙江段已具备核准条件；丽西变工程已完成80%工程建设进度；农村电网建设规模新增110千伏变电容量400万千伏安，线路长度801千米。

3. 油气储运设施

全省全年完成油气储运设施投资84亿元。天然气"县县通"按期收官，已通达全省除海岛、部分山区外的全部82个县市。浙江LNG二期接收站项目建成投产，舟山LNG接收及加注站（二期）项目顺利推进。

4. 综合供能服务站

全省全年完成综合供能服务站投资157亿元。累计建成综合供能服务站150座；公共服务领域充换电站（含高速服务区）和充电桩的建设量分别达到2887座和4万个以上；自用充电桩保有量达到23.6万个以上。

四、能源消费篇

（一）总体情况

1. 能源消费需求增长较快

2020年，全省能源消费总量24660万吨标准煤，比上年增加10.1%。其中，煤炭消费13132万吨，比上年减少4.0%；石油及制品消费3900万吨，比上年增加53.0%；天然气消费143亿立方米，比上年减少3.4%；全社会电力消费总量4830

亿千瓦时,比上年增加2.6%。

2.能源消费结构有所变化

2020年,全省一次能源消费结构中,煤炭、石油及制品、天然气、非化石能源、外来火电及其他能源分别占比40.1%、23.0%、7.4%、18.3%、11.1%。

2020年非化石能源消费占比18.3%,较上年下降1.5个百分点,较2015年上升2.3个百分点。

(1)一次能源用于加工转换比例持续提高。2020年,全省能源消费总量中,加工转换投入能源17653.3万吨标准煤,比上年增长13.2%。加工转换产出二次能源13306.5万吨标准煤,损失4346.8万吨标准煤。

(2)石油及制品终端消费比重上升明显。2020年,全省终端能源消费结构中,煤炭占比6.6%,比上年下降0.4个百分点;石油及制品占比22.6%,比上年上升6.5个百分点;电力占比54.6%(等价值),比上年下降4.2个百分点;天然气占比5.8%,比上年下降0.6个百分点;热力占比8.0%,比上年下降1.1个百分点;其他占比2.3%,比上年下降0.3个百分点。

3.第二产业用能增长显著

(1)第二产业用能量涨幅较大。2020年,全社会能源消费中,第一产业消费423万吨标准煤,比上年增长0.6%;第二产业消费17215万吨标准煤,比上年增长12.9%;第三产业消费4054万吨标准煤,比上年增长2.7%;生活用能消费2968万吨标准煤,比上年增长7.1%。

第二产业用能占比有所提高。2020年,全社会能源消费结构中,第一产业占1.7%,比上年下降0.2个百分点;第二产业占69.8%,比上年上升1.7个百分点;第三产业占16.4%,比上年下降1.2个百分点;生活用能占12.0%,比上年下降0.4个百分点。

4.能源消费弹性系数快速冲高,电力消费弹性系数小幅上扬

2020年,全省能源消费弹性系数、电力消费弹性系数分别为2.8和0.7,比上年分别上升46%和16.7%。

5.人均能源消费水平持续提高

2020年,全省人均能源消费3.8吨标准煤,与上年基本持平。人均用电量

7481千瓦时，比上年下降7.0%。

(二)分品种能源消费

1. 电力消费持续增长

(1) 全社会用电量增长趋缓。2020年，全省全社会用电量4830亿千瓦时，比上年增长2.6%。最高负荷为9268万千瓦，比上年增长8.8%。

(2) 第二产业用电占比有所下降，第三产业和居民生活用电占比提升。2020年，全社会用电量中，第一产业占0.6%，与上年基本持平；第二产业占70.2%，比上年下降0.6个百分点；第三产业占14.9%，比上年下降0.1个百分点；生活用电占14.2%，比上年上升0.6个百分点，增速7.2%。

(3) 分地市用电量涨跌不一。2020年，全省用电量增幅位于前三位的设区市为舟山、台州和丽水，分别达57.9%、5.3%和5.1%；全省工业用电增幅位于前三位的设区市分别为舟山、台州、丽水，分别达148.3%、5.5%和3.9%。

(4) 人均用电量有所下降。2020年，全省人均用电量7481千瓦时，比上年下降7.0%；人均生活用电1065千瓦时，比上年下降2.8%。

(5) 单位GDP电耗减速放缓。2020年全省单位GDP电耗808千瓦时，比上年下降0.9%。

2. 天然气消费首次负增长

2020年，全省天然气消费143亿立方米，比上年减少3.4%，增速首次为负。燃气电厂用气35亿立方米，比上年增加4.8%；城市用气108亿立方米，比上年减少5.8%。全省消费管道天然气105亿立方米，比上年减少11.0%。

3. 石油及制品消费逆势大幅增长

2020年，全省石油及制品消费3900万吨，比上年增长53.0%，增幅居各能源品种之首。其中，汽油消费835万吨，比上年增长5.7%；柴油消费703万吨，比上年下降3.7%。

4. 煤炭消费总量控制目标完成

2020年，全省煤炭消费13132万吨，比上年减少4.0%，比2015年减少5.1%，完成国家下达的煤炭消费总量控制目标。

(三) 清洁能源替代

1. 煤炭减量替代多措并举

2020年,淘汰改造燃煤锅炉和燃煤设施287台,淘汰9家落后发电企业23台落后煤电机组,总装机容量共76.3万千瓦。年度统调电煤平均热值提高到5208大卡/千克,比上年提高了63大卡/千克。

2. 电能替代成效显著

2020年,完成电能替代项目8731个,实现电能替代电量93.9亿千瓦时,完成年度目标的104.3%。新建港口岸电设施157套,累计建成港口岸电设施1101套,全省港口岸电累计接电7.49万次,接电时间61.6万小时,使用岸电573.3万千瓦时,比上年增加107%。

(四) 能源价格

1. 电价总体平稳

(1) 上网电价。2020年,全省发电企业上网电量为2552.26亿千瓦时,比上年减少28.28亿千瓦时。总体平均上网电价450.74元/千千瓦时,比上年下降11.44元/千千瓦时。

(2) 环保电价。2020年,全省共73台省统调燃煤机组执行脱硫、脱硝和除尘电价,70台省统调燃煤机组执行超低排放电价,全省支付脱硫加价电费27.55亿元、脱硝加价电费17.81亿元、除尘加价电费3.56亿元、超低排放补偿电费17.24亿元,四项合计66.16亿元。

(3) 输配电价。2020年,全省电网输配电价继续下降。大工业用电较上年下降15%~30%。

(4) 销售电价。2020年,全省电网销售电量为4231.86亿千瓦时,比上年增加118.12亿千瓦时;实际平均销售电价(不含基金附加)为632.37元/千千瓦时,比上年下降36.75元/千千瓦时。2020年,全省电力用户实际最终到户的平均电价为658.96元/千千瓦时,比上年下降39.41元/千千瓦时。

(5) 可再生能源电价附加资金。2020年全省经国家批复可再生能源发电项目累计共190个(不含分布式光伏)。全省可再生能源电价附加应征电量4244.22亿千瓦时,统一上缴国家58.08亿元(不含增值税及附加税),可再生能源项目获得

国家补贴金额 34.20 亿元。

2. 天然气价格多轮调整

2020年,非采暖季期间(2月22日至10月31日)综合城市门站价为2.28元/立方米,采暖季为2.76元/立方米。全年价格调整情况如下:

自2020年2月1日起,向各通气城市燃气企业销售天然气的门站价格下调0.14元/立方米,调整到2.62元/立方米。

自2020年2月22日起,向各通气城市燃气企业销售天然气的门站价格继续下调0.24元/立方米,调整到2.38元/立方米;向天然气发电企业销售天然气的门站价格下调0.38元/立方米,调整到2.50元/立方米。

自2020年7月1日起,向各通气城市燃气企业销售天然气的门站价格下调0.25元/立方米,调整到2.13元/立方米;向天然气发电企业销售天然气的门站价格下调0.25元/立方米,调整到2.25元/立方米。

自2020年11月1日起,向各通气城市燃气企业销售天然气的门站价格上调0.37元/立方米,调整到2.50元/立方米;向天然气发电企业销售天然气的门站价格上调0.37元/立方米,调整到2.62元/立方米。

3. 成品油价格低位振荡

国内成品油价格全年共经历了25轮调价窗口,涨跌互抵后,较年初汽油累计下调1295元/吨,0号柴油累计下调1250元/吨。

4. 煤炭价格小幅波动上行

2020年,秦皇岛动力煤5500大卡价格从年初的560元/吨小幅上涨至2月中的574元/吨,后一路下跌。从5月中旬起经过多次盘整后持续上涨,12月涨至631元/吨。

五、能源利用与环境篇

(一)单位 GDP 能耗水平

2020年,全省万元GDP能耗0.41吨标准煤,比上年增加6.3%。其中,第一产业万元增加值能耗0.21吨标准煤,比上年减少0.6%;第二产业万元增加值能耗 0.64 吨标准煤，比上年增加 9.9%；第三产业万元增加值能耗 0.13 吨标准煤，比上年减少 1.7%。万元 GDP 电耗 808 千瓦时，比上年减少 0.9%。

(二) 重点用能单位能效情况

2020 年，全省耗能 5000 吨标准煤以上的重点用能企业能耗总量为 11088.6 万吨标准煤，占全社会用能的 45.0%；用电 1576.3 亿千瓦时，占全社会用电的 32.6%；万元工业增加值能耗比上年增加 15.5%，高于规模以上工业万元增加值能耗平均降幅 3.9 个百分点。

(三) 重点用能行业能效情况

1. 非金属矿物制品业

2020 年，非金属矿物制品业能源消费 1186.1 万吨标准煤（等价值，下同），占规模以上工业能源消费总量的 8.5%。其中电力消费 140.8 亿千瓦时，占规模以上工业电力消费总量的 5.9%。单位工业增加值能耗下降 4.2%。

2. 电力（热电）行业

2020 年，电力行业能源消费 1137.7 万吨标准煤，其中，电力消费 321.7 亿千瓦时，占规模以上工业电力消费总量的 13.5%。单位工业增加值能耗下降 5.2%。全省 6000 千瓦及以上火电厂发电标准煤耗为 282 克标准煤/千瓦时，与上年持平，供电标准煤耗为 296 克标准煤/千瓦时，比上年下降 1 克标准煤/千瓦时。

3. 金属冶炼及压延加工业

2020 年，黑色、有色金属冶炼及压延加工业能源消费 927.4 万吨标准煤，占规模以上工业能源消费总量的 6.6%。黑色金属冶炼及压延加工业单位工业增加值能耗上升 1.5%。

4. 石化行业

2020 年，石油、煤炭及其他燃料加工业和化学原料及化学制品制造业能源消费总量 4686.7 万吨标准煤，占规模以上工业能源消费的 33.5%。石油、煤炭及其他燃料加工业单位工业增加值能耗上升 161.1%，化学原料及化学制品制造业单位工业增加值能耗下降 11.9%。

5. 纺织印染与造纸行业

2020 年，纺织印染与造纸及纸制品业能源消费 2055.2 万吨标准煤。纺织业单位工业增加值能耗下降2.2%，造纸及纸制品业单位工业增加值能耗下降4.7%。

6. 通用、专用及交通运输设备制造业

2020年，通用、专用及交通运输设备制造业能源消费799.4万吨标准煤，占规模以上工业能源消费总量的5.7%。

（四）各市单位GDP能耗水平

2020年，全省11个设区市，舟山受浙石化一期项目影响，单位GDP能耗不降反升，且涨幅较大；其余地市单位GDP能耗均呈现一定幅度的下降。

（五）电力行业污染物排放

2020年，全省火电机组二氧化硫排放总量为1.67万吨，单位发电量二氧化硫排放强度为0.0415克/千瓦。全省火电机组氮氧化物排放总量为4.43万吨，单位发电量氮氧化物排放强度为0.1100克/千瓦时。全省火电机组烟尘排放总量为0.21万吨，单位发电量烟尘排放强度为0.0053克/千瓦时。

六、能源监管篇

（一）能源市场监管

市场监管质量效率进一步提升，认真开展2020年提升用户"获得电力"优质服务水平综合监管，省内供电企业完成问题整改238个，按计划推进整改254个。制定浙江省调试差额资金分配方案，省电力公司完成累计4.6亿元（不含税）调试差额资金分配工作。行业监管的宽度和深度进一步拓展，扎实开展浙江抽水蓄能电站建设和运行情况重点监管、浙江核电建设运行情况专项监管、国家"十三五"能源规划目标任务情况综合监管。电力业务资质许可工作进一步深化，推出了"改变申请方式""优化许可流程""精简申报材料""调整监管方式""完善惩戒措施""优化许可服务"六大改革举措，全国首个以告知承诺方式作出的电力业务资质许可顺利在浙江产生。组织开展以信用为基础的电力业务资质许可专项监管。行政执法工作进一步强化，制定出台《浙江能源监管办贯彻落实"行政执法公示制度执法全过程记录制度重大执法决定法制审核制度"实施办法》《关于进一步加强和规范行政处罚工作的通知》，编制《浙江能源监管办典型案例执法指引》和《浙江能源监管办执法规范用语指引（试行）》。2020年共办结行政处罚案件7起、罚金9万元，对4家企业撤销许可证。

（二）能源安全监管

电力安全监管进一步加强，印发《关于进一步加强发电企业电力技术监督监管工作的通知》，2020年共对1938条技术监督问题实现了跟踪监督。编制《电力安全监管责任清单》，完善电力应急预案等4项备案工作机制，2020年备案率首次实现100%。高度重视电力安全隐患排查整治工作，全省电力企业隐患整改率超过96%。开展油气管网设施公平开放信息公开和信息报送专项监管，开展浙江省石油天然气基础设施重点项目监管工作，建立"月度跟踪＋季度督导"工作模式。建立重大会议、重大活动、重大节日等重要时间节点严防死守工作机制。印发《浙江省油气长输管道保护2020年工作要点》，探索开展油气长输管道突发事件报警统一纳入110平台试点。2020年，全省共举行各种形式油气长输管道应急演练21次，参加人员2000多人。

（三）能源监察监测

2020年，节能监察工作进一步升级。依托浙江省执法监管（"互联网＋监管"）平台开展了节能监察"双随机、一公开"抽查工作，并全面应用"浙政钉——掌上执法"系统完成现场证据采集、检查结果录入和电子签名等工作。全省各级能源监察机构全年共对1304家用能单位开展了节能监察，完成64家专项监察任务。全力推进重点用能单位能耗在线监测系统建设，省级平台按照国家发展改革委要求配备CA数字证书，并率先通过政务外网正式对接国家平台。全省共有1000余家重点用能单位上传了能耗数据至国家（省级）平台。能源消费监测工作进一步细化，启动重点企业天然气消费监测工作。在广泛调研、监测验证、推演的基础上，编制完成了《浙江天然气消费指数研究方案》，完成全省天然气消费统计报告26期、343家重点用能单位煤炭消费周报4期。

七、能源技术创新篇

(一) 能源关键技术

1. 纤纳光电刷新钙钛矿组件效率世界纪录

杭州纤纳光电科技有限公司坚持自主创新，2017年第一次打破了国外对钙钛矿半导体光伏新材料的技术垄断。2019年12月，纤纳光电攻克了钙钛矿电池组件稳定性的世界级难题，在湿热、温度循环、UV老化和光老化等测试项目中取得功率衰减不超过5%的优异成绩，这是全球首例钙钛矿电池组件的稳定性测试。2020年7月，钙钛矿组件光电转换效率达18.04%，连续5次刷新了钙钛矿太阳能组件效率的世界纪录。

2. 国网浙江电科院柔性短路电流抑制技术取得突破

2020年12月18日，国网浙江省电力有限公司电力科学研究院联合相关单位共同研制的世界首个柔性短路电流抑制示范工程在浙江宁波天一变电站完成人工短路试验。试验数据表明，电网拓扑在20毫秒内实现动态变化，短路电流降低30%，在继电保护动作前实现短路电流柔性抑制。该工程的成功投产标志着我国掌握了全新的短路电流柔性抑制技术，在快速断路器、超高速控制保护等装备制造领域实现了新的突破。

(二) 示范工程

1. 宁波梅山获批首个多元融合高弹性电网省级建设示范区

2020年9月22日，浙江省能源局正式发文同意设立宁波泛梅山多元融合高弹性电网省级建设示范区，这是首个多元融合高弹性电网省级建设示范区。围绕源网荷储协调互动市场机制建立、源网荷储互动交易子系统建设和配套支持体系研究，积极探索多类型市场化交易品种，引入负荷集成商、虚拟电厂、抽蓄、储能等新兴市场主体参与电力市场交易。

2. 浙江能源集团开展液氢全产业链开发利用示范项目

浙江能源集团以打通工业副产氢提纯液化-液氢运输-液氢型储氢加氢站液氢全产业链为重点，承担2020年度浙江省重点科研项目——《大型国产氢气液化系统关键技术和装备研究》。主要包括两个示范项目，分别为立方/小时氢液化示范项目和液氢储氢型加氢单元示范项目。示范项目的实施为今后液氢大规模应用奠定基础,在全国具有重大的示范意义。

3. 湖州投运全国首个分布式潮流控制器示范工程

2020年10月12日,湖州启动投运全国首个分布式潮流控制器(DPFC)示范工程。共投运DPFC装置总容量为5.8万千伏安,预计可动态转移潮流10万千瓦,以有效解决线路超载问题,保障局部电网优化分布,预计节省投资3.6亿元。同时,还可支撑长燃燃机停运后负荷安全供电,减少对燃机开机顶峰的依赖,快速增强区域供电能力,确保大电网安全可靠。

4. 湖州投运全国首座铅碳式电网侧储能电站

2020年5月28日,国网湖州供电公司顺利完成湖州长兴雉城镇的10千伏雉城储能电站1号、2号站用变低压切换及带负荷试验工作,标志着全国首座铅碳式电网侧储能电站倒送电成功。10千伏雉城储能电站配置技术相对成熟、更加安全可靠的铅碳蓄电池,通过电池管理系统(BMS)和储能变流器(PCS)接入大电网。该电站规划储能功率为12兆瓦,最终储能电量为24兆瓦时。在用电低谷时"插在"电网上充电,在用电高峰时释能填补电力缺口,以"削峰填谷",实现"供用电平衡"。

八、能源改革篇

(一)电力体制改革

编制印发《2020年浙江省深化电力体制改革工作要点》,任务清单化、体系化推进年度电改目标。一是用电成本显著降低。完成年度市场化交易电量2000亿千瓦时,累计降低用电成本50亿元以上。二是现货市场启动连续结算试运行。2020年7月,浙江电力现货市场首次整月连续结算试运行圆满收官,市场出清平均电价为61.11~391.36元/兆瓦时。三是售电市场逐步放开。修订《浙江省中长期电力交易暂行规则》,初步建立基于输配电价和峰谷分时模式的市场竞争机制,稳步放开钢铁、煤炭、建材、有色等六个行业参与售电市场交易。四是天然气发电平价上网改革试点启动。气电上网电价降至0.4153元/千瓦时。推动镇海

动力中心作为试点开展天然气发电平价上网改革。五是增量配网建设持续推进。增量配网改革试点取得阶段性成果，前四批试点已基本落地实施，第五批3个项目纳入国家试点。六是电力交易中心股改顺利完成。顺利完成浙江电力交易中心第一轮股份化改造工作，电网公司股比下降到70%以下。

（二）天然气体制改革

天然气体制改革全面启动。一是稳步推进管道天然气上下游直接交易暨管网代输试点。印发《2020—2021年浙江省管道天然气上下游直接交易暨管网代输试点实施方案（试行）》《浙江省天然气上下游直接交易暨管网代输试点规则（试行）》《浙江省天然气管网设施公平开放实施细则（试行）》《浙江省省级天然气管网调度管理办法（试行）》等政策。实现22家用户代输，其中19家下游城燃用户、2家燃气电厂、1家天然气分布式企业，折合年直接交易气量约31亿立方米，可降低年用气成本约3亿元。二是实施天然气价格改革。为应对疫情影响、降低用能成本，三次累计下调省级天然气门站价格0.63元/立方米，为企业降低用气成本29亿元。三是开展管网体制改革。联合省建设厅赴杭州、温州、台州等地开展城镇燃气扁平化规模化改革调研，联合省国资委推进部分省级管网资产划转和合并重组事宜。四是天然气交易板块组建。配合省地方金融监管局推进天然气交易板块组建工作，浙江天然气交易市场有限公司揭牌成立。

（三）能源资源市场化配置改革

进一步深化用能权有偿使用和交易试点内容，稳步推进用能权存量交易相关工作；积极推进用能权交易系统迭代完善。"十三五"期间共完成109个项目用能权交易，交易金额为5.4亿元，涉及用能量277万吨标准煤。

（四）能源综合管理创新

高质量建成能源管理数字化平台，全面优化平台一期功能，推进运行监测预警子模块提升改造，增加用户角色权限管理、数据后台填报、数据断点查验、周（日）报自动生成等功能。进一步完善预警指标体系，强化预警功能。有序推进平台二期建设，印发实施平台二期建设实施方案，专班化推进平台二期建设，完成规划项目管理、重大专项工作、科技合作开放、能源基础数据库等全部4个模块开发，经专家初验后平台已上线试运行。依托"浙政钉"开发完成移动端功能，可视化展现能源数据、能源工作。

九、能源领域践行重大战略篇

(一) 践行生态文明建设

持续强化电力行业环保设施建设。 进一步推进燃煤电厂大气污染物无组织排放改造。完善煤炭和其他粉状辅料、副产品的储存、卸载、运输等环节无组织控制措施，进一步减少大气污染物无组织排放。2020年，5家省统调燃煤电厂实施煤场封闭改造项目，7家燃煤地方热电企业实施无组织排放改造。

全面打好能源领域蓝天保卫战。 根据省统调燃煤机组超低排放管理办法、各类环保电价等系列规定，加大监管力度，落实奖惩措施，按季度完成浙江省执行脱硫、脱硝、除尘电价的73台机组和执行超低排放电价的70台机组环保电价审核工作，支持企业落实超低排放措施。

启动能源领域碳达峰工作。 为贯彻落实党中央作出的实现碳达峰、碳中和重大战略决策，按照省委省政府碳达峰、碳中和工作批示要求，启动全省能源领域碳达峰研究谋划，基本摸清浙江省碳达峰现状基础，初步形成全省能源领域碳达峰工作思路。

(二) 践行"长三角一体化"战略

圆满完成长三角地区能源合作专题组浙江轮值年工作任务。积极推进跨区域能源基础设施重大项目建设，嘉兴LNG应急调峰储运站建设有序推进，浙沪联络线二期完成核准并开工。成功举办第三届长三角能源互联网创新发展论坛，助推申能、国信、浙能、皖能签订《长三角能源基础设施一体化合作框架协议》，助力沪苏浙电网公司正式发布《长三角一体化发展示范区电力行动白皮书》。进一步深化浙江自贸区天然气交易平台、长三角煤炭交易中心等能源市场（平台）建设。

(三) 践行"一带一路"倡议

2020年，浙江浙能石油新能源有限公司和道达尔（中国）投资有限责任公司组建浙江浙石油海洋燃料有限公司。成功举办了世界油商大会专题会议——2020

国际油气贸易与海事服务高峰论坛，以务实行动推动"一带一路"建设不断取得新进展。

（四）践行区域协调发展战略

持续开展电力扶贫，2020年浙江省援疆电量37.9亿千瓦时。全力推进外来电通道建设，白鹤滩输浙特高压项目和送浙第四回特高压项目前期工作有效推进；提前和宁夏、四川、新疆、福建等省份签订2021年度送受电协议。浙能集团与榆林绥德县政府、玉门市政府、新疆兵团九师等签署合作协议，涉及风光电项目合作开发和收购等事宜。建成投运青海大柴旦5万千瓦风电项目、宁夏中卫香山12万千瓦风电项目、新疆五家渠浙能新能源六师北塔山牧场10万千瓦风电项目、新疆五家渠浙能新能源六师北塔山牧场20兆瓦光伏发电项目、新疆五家渠浙能新能源六师北塔山牧场50兆瓦光伏发电项目。

十、行动展望篇

（一）聚焦双碳，统筹推进能源领域碳达峰工作

按照省委省政府碳达峰、碳中和工作的"6+1"总体工作部署，全力推进全省能源领域碳达峰工作，统筹好经济增长、能源安全、碳排放、居民生活"四个维度"，以能源消费总量、碳排放总量、能耗强度、碳排放强度"四大指标"为牵引，以能源数字化改革为统领，坚守能源安全保供底线和能耗双控底线，全力推动浙江省能源供应从高碳向低碳、从以化石能源为主向以清洁能源为主转变，同步推进产业转型和能效提升，加快构建清洁低碳、安全高效的能源体系。

（二）强化保障，增强能源运行调节能力

强化电力安全保障，稳定煤电发电量，大幅增加气电发电量，多渠道拓展区外清洁电力入浙，提升电力系统灵活可靠性。健全煤油气供应保障体系，多渠道拓宽气源供应，打造世界级油品储运基地，完善煤炭集疏运系统，推进油气管网设施建设，完善煤油气储备体系。统筹做好夏季电力、冬季天然气等重点时段、重点区域和重大活动期间的能源安全保障工作，及时制定阶段性能源保供方案，

完善有序用气用电方案。强化应急响应，建立健全能源应急体系，完善应急预案，提高应急处置能力。

(三) 聚力发展，加快重点项目前期和建设

推进三澳核电一期工程安全建设，力争三门核电二、三期，三澳核电二、三期，金七门核电一期等实现开工建设。建成投产白鹤滩—浙江±800千伏特高压直流工程，开工建设第四回特高压直流工程。协调推进温州、舟山新奥LNG接收站二期及温州状元岙、玉环大麦屿LNG中转储运及甬绍干线东段、杭甬复线、浙沪联络线二期等配套管网项目建设。建成投产长龙山、宁海、缙云抽水蓄能电站项目，开工建设衢江、磐安、泰顺、天台抽水蓄能电站项目。实施"风光倍增"工程，加快建成嘉兴1号、2号、玉环1号等海上风电项目，打造百万千瓦级海上风电基地；整县（市、区）推进规模化开发分布式光伏，高质量推广生态友好型集中式光伏，到2025年，全省光伏装机达到2762万千瓦，风电装机达到641万千瓦以上。

(四) 着力降碳，强化能源清洁高效利用

强化能源消费总量弹性管理，健全重点领域、重点行业能效目标体系和能效技术标准，制定浙江省产业结构能效指南。出台严控地方新上"两高"项目的意见。严控新增耗煤项目，新、改、扩建项目实施煤炭减量替代，全面淘汰35蒸吨以下的燃煤锅炉，压减非电领域煤炭消费量。引导重点用能地区结构调整，完善重大平台能效治理机制，实施能效领跑者计划。提高终端用能低碳化、电气化水平，推广氢能等新能源应用，扩大乡村清洁能源消费。

(五) 攻坚克难，有效提升能源治理效能

全面深化电力体制改革。完善电力市场，建立健全以电力中长期交易为主、现货交易为补充的省级电力市场体系。开展省内风光电、外来电和用户参与现货市场试运行。支持虚拟电厂、储能参与市场交易，通过市场机制、利用价格手段实施电力需求侧管理。针对高耗能、高排放行业强化实行差别化电价和惩罚性电价政策。积极争取国家支持开展浙江自贸区石油储备改革创新试点。推动国家管网与省网合并重组，推动建立上下游直接交易、管网独立、管输和销售分离的运营模式。加强天然气销售价格监审力度，推进形成市场化价格机制。完善用能权

确权、定价、结算管理等相关配套政策。完善绿电交易和消纳机制。

（六）科学创新，开创能源科技和产业新局

进一步更新迭代能源大数据管理中心，强化对全省能源工作的支撑。开展能源数字化场景应用，加快建设智慧电网、韧性智慧油气管网等应用场景。发展新能源数字化运营系统、共享高效智能交通系统、绿色数据中心等能源互联网和智慧用能新模式。支持光伏、风电、储能、氢能等能源装备产业的持续发展，鼓励拓展光伏、风电等设备监理、维护、修理、运行、升级改造等全生命周期服务。加快科技创新，实施一批陆上"风光水储"一体化基地、虚拟电厂示范工程、零碳未来城（园）等示范试点。

（课题组成员：俞东芳、汪琰、宋蝶、周昭志、吴君宏、韩刚、叶子菀、陈丽君、何恒）

浙江省现代物流业发展"十四五"规划研究[1]

物流业是支撑国民经济发展的基础性、战略性、先导性产业，是畅通流通体系和强化现代产业体系、服务构建新发展格局的基础保障。加快现代物流业发展，对推动浙江省打造"重要窗口"、争创社会主义现代化先行省具有重要意义。为支撑编制《浙江省现代物流业"十四五"发展规划》，促进"十四五"时期全省物流业更高质量发展，特开展本课题研究。

一、发展基础与形势要求

（一）"十三五"发展状况

"十三五"以来，浙江物流立足供给侧结构性改革，紧紧围绕国家物流枢纽建设、物流降本增效综合改革试点等重点工作部署，重大项目建设稳步推进，物流基础设施、组织效率等目标完成情况良好，物流业发展取得了显著成效。

（1）**物流发展规模和综合实力持续增强**。2015—2020年，全省物流业增加值年均增长率超8%，预计2020年规模将超6300亿元，占GDP、服务业增加值比重分别达9.8%和17.9%；"十三五"期间，全省铁路、公路和水运完成货物周转量从9878亿吨公里增至12323亿吨公里，年均增长5.8%；全省规模以上港口完成

---

[1] 该项目由浙江省发展和改革委员会委托。

货物吞吐量从13.8亿吨增至18.5亿吨，年均增长6%；宁波舟山港货物吞吐量从8.9亿吨增至11.7亿吨，集装箱吞吐量从2062万标箱增至2872万标箱，年均增长分别达到5.6%和6.8%，货物吞吐量和集装箱吞吐量规模分别稳居全球第一和第三；全省机场货邮吞吐量从58.7万吨增长至102万吨，年均增长11.7%；全省快递业务量从38.3亿件增长至179.5亿件，年均增长36.2%，快递业务总量稳居全国第二，最大日处理能力达到1.6亿件；菜鸟网络、统冠物流等18家企业入选全国物流标准化重点推进企业；累计12家物流企业成为省重点流通企业。

(2) 以国家物流枢纽为牵引的物流设施布局持续完善。宁波舟山港口型国家物流枢纽、金华（义乌）商贸服务型国家物流枢纽成功入围国家首批建设名单（全国一共23个）。截至2020年底，全省高速公路总里程、铁路营运里程、高等级内河航道里程分别达到5096千米、3211千米、1667千米，相比"十二五"末期，分别增长20.3%、18.8%和10.9%；全省共有民航机场7个，率先成为拥有3个千万级机场的省份之一，杭州萧山国际机场成为全国第五大航空口岸；浙江舟山水产品冷链物流基地成功入围国家首批冷链物流基地名单（全国一共17个）；杭州传化公路港、嘉兴现代物流园、宁波（镇海）大宗货物海铁联运物流枢纽港等6个物流园区入围国家级物流示范园区；累计创建3批共20家省级物流示范园区；邮政快递服务网络全面覆盖，建制村直接通邮率和快递网点乡镇覆盖率均达100%，国际网络通达范围扩大。

(3) 以"四港"联动为引领的现代物流运输体系基本形成。印发《加快推进海港陆港空港信息港"四港"联动发展建设方案》，推动省海港集团、省交通集团等10家领军企业组建浙江"四港"运营商联盟。多式联运发展加快起步，宁波舟山港—浙赣湘（渝川）集装箱海铁公多式联运、顺丰航空集装器空陆联运、台州湾区公铁水多式联运等项目列入国家多式联运示范工程。2020年完成集装箱海铁联运量100万标箱，"十三五"期间年均增长42.5%，江海联运、集装箱海河联运取得突破性发展，分别达到3亿吨、25万标箱。宁波舟山港开通国内首条双层集装箱海铁联运班列，海铁联运线路达到16条，义乌班列成为全国业务量最大的海铁联运班列；宁波舟山港"一带一路"沿线国家航线增至88条，国际全货机航线增至22条；中欧班列实现常态化运行，运输线路增至11条，辐射服务37个国家和地区。

(4) 以国家试点为抓手的物流降本增效改革成效显著。2019年，浙江省被确定为国家六个物流降本增效综合改革试点省之一。物流"放管服"改革持续推进，全省范围内推进"多证合一"、"三检合一"、证照联办等改革举措，推进长三角区域"一网通办"。物流降税清费深化落实，省内国资路段货车通行费实行85折优惠，国际标准集装箱运输车辆通行费优惠政策进一步扩大，降低港口收费政策全面落实，疫情期间减免高速公路车辆通行费约139亿元。全省快递单价低于全国和长三角"包邮区"平均水平，为企业年降低物流成本超500亿元。创新开展物流示范县（市、区）综合改革创新试点、物流园区提质增效试点和物流企业新业态新模式试点。台州、温州两市入选2019年交通运输部、公安部、商务部第二批部级城市绿色货运配送示范项目，宁波舟山港成为全国首个集装箱"全程无纸化"港口，湖州市创建全国内河水运转型发展示范区，在全国首创开展编制省级绿色物流指数并每月发布。

(5) 以数字化智能化为特征的物流业态模式创新走在前列。传化智能物流平台、菜鸟网络科技新能源智慧物流车平台、舟山江海联运物流服务信息平台入选国家首批骨干物流信息平台试点。推动构建"智慧物流小脑"服务系统，全省范围内开展城市物流全过程监测、动态管控和智能调度等领域应用。在智能物流装备等领域探索开展首台套"清单引导、标准认定"方式，积极推动企业加大智慧物流关键技术和设施应用。全省无人物流、冷链物流等新兴物流技术创新不断取得突破，杭州迅蚁5G无人机物流获颁全国首个城市场景无人机物流特定类试运行批准函和经营许可，台州星星冷链无人零售智能售货柜、舟山国家远洋渔业基地"5G+智慧水产"等加速推广应用，依托"浙冷链"系统强化冷链食品追溯管理，在推进新冠肺炎疫情防控过程中发挥重要作用。将大力发展智慧物流设施纳入《浙江省新型基础设施建设三年行动计划》。参与编制《国内集装箱多式联运电子运单》等国家交通运输行业标准，一批"浙江标准"示范形成"国家标准"。

(二) 存在问题分析

尽管浙江省物流业发展已取得明显成效，但对照高质量发展要求仍有不小差距。从物流综合成本看，全省社会物流总费用占GDP比重为14.3%，略低于全国平均值 14.7%，但相比于发达国家 10%左右的水平差距明显。具体来看，主要存在以下五方面问题：

（1）**规划项目落地实施难问题突出，物流支持政策仍显乏力**。物流业发展规划与国土空间规划、综合交通规划等衔接不足，省市两级规划联动不够，导致规划项目落地实施缺乏有力保障。物流业发展政策精准度和协同性不足，航空货运、海铁联运等相关政策扶持力度不够，且分散在各部门和各地，未能形成有效支撑；高铁快运等新业态新模式缺乏政策先导，配套设施不足。

（2）**"四港"联动效能尚未充分发挥，多式联运发展滞缓**。各运输方式之间在体制机制上仍存在障碍，物流设施衔接不畅、物流"信息孤岛"等问题一定程度上推高了全程物流成本。物流标准化程度不高，跨方式跨领域物流设施标准不统一、物流包装规格和设施设备不匹配等问题一定程度上降低了全程联运效率。

（3）**物流与相关产业融合发展程度不高，"链主型"物流企业偏少**。物流业与农业、制造业、商贸流通业等产业融合不深，产业集群供应链协同不足。物流市场规范化、专业化不够，物流市场主体仍以"低小散"为主，具备供应链整合能力和平台组织能力的"链主型"企业偏少，国际物流综合竞争力不强。

（4）**物流应急体系尚不健全，安全管控能力存在短板**。物流企业业务模式单一、管理相对传统、抗风险能力较差，外贸物流供应链安全性稳定性有待提升。应急物流对新冠肺炎疫情等突发事件的管理体系和保障机制仍存短板，贯穿应急调度组织、物资储运、救援响应、信息管理等全过程的"政、企、军、民"应急物流体系亟待探索建立。危化品运输仍存在安全隐患，安全智控体系不健全。冷链物流安全渠道防控存在风险点，物流信息全链条追溯、跨境冷链运输闭环管理等亟待完善。

（5）**物流行业治理体系还不完善，治理能力有待提升**。物流发展统计指标体系有待健全，物流业增加值尚未纳入省统计局的常规核算体系，行业监测管理水平有待进一步提高。城市物流末端配送模式亟待创新，寄递设施配置、"最后一公里"通行和配送车辆管理仍有短板。物流设施设备、物流包装、物流信息接口标准化工作亟待推进。物流行业信用体系和行业从业者失信管理机制有待进一步健全。

(三)"十四五"面临形势

(1) 建设"重要窗口"赋予浙江物流打造全国示范样板新使命。习近平总书记在浙江考察时殷切希望浙江"要努力成为新时代全面展示中国特色社会主义制度优越性的重要窗口",这是党中央对浙江提出的新目标新定位。现代物流业作为浙江省"重要窗口"建设的先行领域,肩负着增强竞争力、推进现代化、展示优越性、打造全国物流高质量发展示范样板的时代使命。亟待充分把握浙江省在国家战略赋能驱动、民营经济和数字经济发达、改革创新动能强劲等方面优势,重点在现代化"四港"联动、国家物流枢纽、现代供应链体系、快递经济、物流降本增效、物流新业态新模式等方面加快打造一批示范全国的金名片新标杆,为"重要窗口"建设提供更多标志性物流发展成果。

(2) 构筑新发展格局,指明浙江国内国际物流转型拓展新方向。构建新发展格局是以习近平同志为核心的党中央根据国内外发展大势和我国发展阶段变化作出的重大决策部署,是新时期我国物流业高质量发展的方向指引。"十四五"时期,浙江要构建支撑新发展格局的高质量现代物流运行体系,对物流国内国际业务发展指明新方向。一是要畅通国内大循环,依托强大国内市场,进一步统筹物流硬件软件建设,助力现代流通体系建设,释放国内市场需求。二是要促进国内国际双循环,重点加大国际物流重要设施、节点和能力建设,构筑自主可控、安全可靠的国际物流网络体系,扩大与"一带一路"沿线国家的开放合作,更好服务自由贸易试验区和国际供应链一体化建设。

(3) 长三角一体化和新型城镇化对浙江物流协同发展提出新要求。区域物流是经济发展的基础和血脉,长三角一体化战略深入推进,对区域物流一体化提出了更高要求,浙江省亟待加快推动长三角跨省际物流设施联通、资源共享,形成多层次、多功能、运作快捷的区域综合物流体系,以区域物流一体化加快区域经济整合与协调发展。同时,伴随浙江省新型城镇化战略的持续推进,带动城乡生产和生活资料物流需求不断增长,要求进一步优化城乡物流资源配置,推动城乡物流网络设施围绕一体衔接优化布局,加快城乡互动的双向物流体系建设,为浙江省新型城镇化和城乡发展一体化提供物流保障。

(4) 产业转型和消费升级期待浙江物流提质降本增效取得新突破。"十四五"

时期,物流服务支撑农业、制造业、流通业等其他行业需求进一步上升,产业转型升级要求提升现代供应链服务水平,消费需求升级进一步倒逼生活服务型物流向多场景、多功能拓展,要求物流业把提质降本增效作为新阶段发展的根本出发点,突出以人为本、便捷高效、绿色集约、安全韧性发展导向,加快形成与"十四五"高质量发展和高品质需求相匹配的现代化物流支撑体系。

(5)新一轮科技变革和绿色发展催生浙江物流创新发展新动力。以大数据、智能化、物联网、移动互联网、云计算等为代表的新一代信息技术将成为引领"十四五"物流业创新和驱动转型的先导力量,数字化物流基础设施、智能化物流组织模式、高端化物流技术装备、集群化物流产业生态等经过"十三五"蓄势过渡,在"十四五"时期将进入实质性落地实施阶段。同时,伴随资源约束趋紧、环境污染加重,绿色物流将是现代物流发展的必然趋势,亟待通过绿色物流理念和技术改造传统的物流运作模式,加强节能减排,提高资源利用,减少环境污染,实现绿色环保与降本增效协调发展。

二、总体思路和目标

(一)总体思路

坚持以习近平新时代中国特色社会主义思想为指导,深入贯彻党的十九大和十九届二中、三中、四中、五中全会精神,坚决扛起忠实践行"八八战略"、奋力打造"重要窗口"的责任担当,坚持新发展理念,坚持高质量发展主题,围绕建设国内大循环的战略支点、国内国际双循环的战略枢纽,落实"一带一路"、长江经济带、长三角一体化及全省"四大建设"等重大战略部署,着力"筑格局、强设施、提效率、增动能、强保障、优政策",加快构建立足长三角、辐射全国、链接全球的现代物流服务体系,服务新发展格局和现代流通体系建设,为争创社会主义现代化先行省提供有力支撑。

(二)发展目标

到2025年,基本构筑物流服务新发展格局的支撑体系。全省物流基础设施、组织效率和供应链管理水平明显提升,物流国内国际影响力进一步增强,全省物流业增加值达到8800亿元，占全省GDP比重达10.5%以上。物流降本增效取得显著成效，社会物流总费用占GDP比重低于全国平均值0.5个百分点以上，成为物流成本最低、效率最高的省份之一。物流市场主体规模进一步扩大，形成上市物流企业20家以上，3A级以上物流企业620家以上，物流骨干企业品牌效应更加凸显，物流综合实力位居全国前列。

（1）**物流设施布局更完善。**铁路营运里程达到5000千米，高速公路里程达6000千米，内河航道里程9800千米；沿海港口万吨级以上泊位超300个，集装箱吞吐能力达3200万标箱，全省运输机场货邮吞吐能力达300万吨；基本实现主要港区、重点园区铁路支线全覆盖，打通铁路集疏运"最后一公里"；新增油气管线超1600公里；创建5个以上国家物流枢纽，新增省级物流示范园区20个左右，规划建设快递专业类物流园区12个，快递集散中心11个；建成智能化、便利化的同城即时配送网络，规范建设电动配送车辆智能充换电站，进一步巩固城乡快递物流末端"最后一公里"建设，实现城市建成区智能快递末端收投设施和行政村快递服务全覆盖，行政村主要快递品牌平均通达率达95%以上，加快形成全国领先的邮政快递服务体系。

（2）**物流服务更高效。**全面形成"四港"高效联动发展格局，集装箱海铁、海河联运量均达200万标箱，江海联运量达3.9亿吨；宁波舟山港基本建成世界一流强港，货物、集装箱吞吐量分别保持全球第一、第三地位，集装箱航线达260条，其中"一带一路"航线100条以上；五大洲航空货运航线全覆盖，国际通航点达150个以上（全货机通航点30个以上）；基本形成"123快货圈"，实现长三角重点城市1天、国内重点城市2天、全球主要经济体3天送达；中欧班列运输线路达到15条以上，辐射服务50个以上国家，运行超3000列；全省快递业务量突破300亿件，形成日峰值超2亿件处理能力，快递、邮政业务收入超2000亿元；物流信息化和标准化建设取得显著成效，物流服务信息化水平达到95%以上，省级以上物流示范园区标准化设施覆盖率100%；第三方物流占全社会物流服务比例不断提高，物流整体运行效率大幅提升，服务便捷度和群众获得感显著增强。

（3）**物流创新动能更强劲。**物联网、大数据、人工智能等现代信息技术与物流业发展深度融合，无人车、无人机、无人仓、智能充换电站等智能化设施

设备在物流领域加速推广应用;物流新基建投资占物流基础设施总投资比例较"十三五"末增长30%以上,实现省级示范园区智慧化改造升级全覆盖;争创1个以上国家物流枢纽经济示范区,物流新业态新模式发展取得显著成效;物流创新发展试点工作深入推进,全省新增10个左右物流示范县(市、区)综合改革创新试点和20个左右物流园区提质增效试点,物流新业态新模式发展试点企业达到50家;物流创新支撑进一步强化,邮政行业技术研发中心数达到10家。

(4) **物流安全、绿色更凸显。**建立物流整体安全智控体系,物流领域重点企业、从业人员安全码覆盖率100%,港口危化品重大危险源安全管控覆盖率100%;依托"浙食链"系统,实现对进口肉禽类、水产品等重点冷链食品的全链条闭环追溯管理;构建统一指挥、高效响应的应急物流体系,认定50个左右应急物资运输中转站,100家左右应急物流保障企业,应急物流调配能力大幅提升。绿色物流、逆向物流体系建设稳步推进,资源集约利用和节能减排水平明显提升;巩固内河水运转型示范区建设成果,形成水运绿色发展新路径。

(5) **物流营商环境更优质。**物流领域"最多跑一次"改革成为全国示范,交通运输和物流行业群众办事实现"掌上办""全省通办",热点事项推动实现"长三角通办";物流降税清费政策取得显著成效;进一步巩固进出口货物便利化通关成效,实现集装箱设备交接单、提货单、装箱单等单证电子化流转全覆盖,国际贸易便利化程度达到世界先进水平;制定出台一批省级物流标准,构建较为完善的物流标准化体系;建成以信用为基础的新型监管机制,营造开放包容物流发展环境。

三、谋划主要任务

(一)围绕服务新发展格局,优化"一湾一轴三圈四港"现代物流总体布局

(1) **打造大湾区物流创新示范高地。**推进航运物流、航空货运、新场景应用等物流创新示范,形成大湾区物流创新标志性成果,支撑打造世界一流湾区。聚焦航运物流创新,构建以宁波舟山港为核心的港口全球供应链,大力发展航运金融保险、国际海事、贸易交易等航运高端服务,集聚世界著名航运企业区域总部,打造航运科技创新高地和高能级航运服务平台。聚焦航空货运创新，加快发展万亿规模临空经济，加强机场与地方政府在空港物流、跨境电商等领域的合作，建设低空飞行服务保障体系，推广杭州机场"一次办理、随到随检、快速通关"模式，有序推进宁波、温州和义乌机场全天候无障碍预约通关。聚焦新场景应用创新，推动智慧化、共享化物流新技术新模式在大湾区前瞻布局，推动无人配送、地下管道物流、无人化物流园区、柔性智能供应链等前沿技术率先落地应用。加强物流园区、平台设施与大湾区产业平台协同联动，建成一批智能制造服务型和智慧商贸流通型物流节点。

(2) **构建义甬舟双向开放物流主轴线。**优化空间格局，构筑"两核一带两辐射"和"东向依港出海、西向依陆出境"总体布局，构建连通全球主要港口、亚欧大陆的义甬舟双向开放物流通道。深化西向辐射，推进义甬舟开放大通道西延工程，着力强化大通道西向辐射带动作用，推进与长江经济带、东盟陆海新通道等内陆地区联动融合，畅通国内国际双循环。发挥枢纽作用，协同整合宁波舟山港、义乌陆港、浙中公铁联运港物流枢纽辐射能力，加快建设多式联运物流平台，聚合提升金华-义乌桥头堡西向辐射带动作用，加快衢州四省边际中心城市建设，打造服务"一带一路"建设、长江经济带和长三角一体化发展国家战略的重要引擎。

(3) **构筑国内国际三大物流循环圈。**围绕长三角一体化、西向带动辐射、"一带一路"与长江经济带联动发展三大重点方向，构筑国内国际三大物流循环圈，支撑融入新发展格局。围绕打造一体化的长三角物流循环圈，协同推进长三角世界级港口群、世界级机场群建设，打造"轨道上的长三角"，重点建设沪杭甬现代湾区主通道，推动长三角产业链和供应链协同，构建高效循环、一体联动的物流循环体系。围绕打造陆海联动的国内物流循环圈，重点畅通国家沿海大通道，形成连通杭州湾、粤港澳两大湾区的开放走廊；实施义甬舟开放大通道西延工程，强化"大通道"西延四省边际重要战略支点建设，促进陆海双向开放，增强西向辐射能力；打通合温山海联动大通道，提升金华-义乌"双循环"支点功能，拓展内贸集装箱箱源，促进"一带一路"与长江经济带紧密融合。围绕打造全球布局的国际物流循环圈，强化自贸试验区及扩区建设物流保障，支撑打造国际供应链创新中心，推进全球一流跨境电商示范中心和内陆国际物流枢纽港建设，推动海上丝绸之路指数成为全球航运物流风向标，编制发布快递物流指数。统筹中欧班列、海运、航空等发展，推动国际物流枢纽、跨境电商海外仓布局，深化港口投资布局和运营模式输出，培育具有国际竞争力的物流企业，组建国际快递物流出海网络联盟，提升国际集装箱中转集拼服务，加快融入国际物流供应链体系。

(4) 打造"四港"联动开放平台。以海港为龙头、空港为特色、陆港为基础、信息港为纽带、多式联运为重点，加快构筑体制顺通、标准互通、设施联通、信息汇通、物流畅通的"四港"联动新格局。强化一流强港辐射带动，以宁波舟山港世界一流强港建设为统领，统筹嘉兴港、温州港、台州港等港口资源，打造世界级港口群，建设舟山江海联运服务中心，大力拓展陆向腹地，深耕内外贸箱源市场，形成进口-分拨-配送的现代港航物流体系。打造国际陆港开放枢纽，着力扩大铁路口岸开放，提升中欧班列运输能力，优化完善义乌至欧洲、中亚等地区运输网络，促进中欧班列高效常态化运行。打造辐射全球空港枢纽，杭州机场形成以邮政、快递、跨境为主的全国航空物流中心和全球邮快跨集散中心，宁波机场重点打造区域性国际航空货运基地和海空联运全国示范，温州机场加快提升国际航空货运能级，义乌机场重点建设义乌跨境航空集散中心，嘉兴机场打造成为专业性航空货运枢纽和长三角多式联运中心。升级"四港"智慧物流云平台，加大数据整合力度，推动标准、规则、费率统一规范，开发物流管家、物流商城等模块，拓展运价跟踪、舱位预订预警、报关等服务。

(二) 围绕服务高效畅通，构建全域协同物流设施网络

(1) 统筹全省物流枢纽布局。紧密融入新发展格局，聚焦打造国内大循环的战略支点、国内国际双循环的战略枢纽，重点提升宁波-舟山、金华（义乌）国家物流枢纽服务功能，加快建设杭州、嘉兴、温州等国家物流枢纽，强化对区域物流的引领支撑。依托交通区位和产业需求，引导优化国家物流枢纽、省级物流创新示范园区、区域性物流枢纽节点等设施布局，加强物流设施衔接、信息互联和功能互补，构筑分层分级物流网络节点体系。引导推动交通、商务、邮政（快递）、农业（粮食、农资、土产）、供销等部门既有节点资源衔接共享，打造一批产业配套型、商贸流通型物流平台。

(2) **完善重大物流通道设施网络**。全面深化"大通道"建设工程，加快推进三个"1小时交通圈"补短板重大项目。建设"四纵四横多联"货运铁路网，加密大湾区货运网，加快推进金甬铁路、通苏嘉甬铁路、沪乍杭铁路等项目建设。强化港口航运物流网络，加强港口和航道锚地建设，重点建成梅山千万级集装箱港区，加快高等级内河航道提升改造，推进京杭运河杭州二通道、浙北内河集装箱运输主通道、钱塘江三级航道整治等项目，加快开展浙沪合作小洋山北支线码头项目前期。完善现代公路网络，建成智慧高速1000千米，加快建成宁波舟山港主通道、钱江通道北接线等，推动繁忙通道扩容改造。完善原油、成品油及化工输送管道网络，服务支撑浙江自贸试验区舟山绿色石化基地和国际油品储备基地建设。

(3) **提升多式联运设施衔接水平**。加强进港铁路支线建设补短板，重点推进头门港铁路支线二期、梅山铁路支线和北仑支线复线、衢州四省边际多式联运枢纽港铁路专用线等一批进港铁路支线项目，着力提升大型工矿企业和新建物流园区的铁路专用线接入比例。优化海公联运设施衔接，重点完善以海港和陆港为核心的公路集疏运体系。优化江海联运衔接体系，进一步完善宁波舟山港核心港区江海联运配套航道及码头开发，强化船型标准与长江航道、沿江港口泊位的配套衔接。完善海河联运，打通内河航运主通道，全面提升海河联运揽货能力。强化陆空联运，完善空陆侧交通通道和机场内多货站中转通道，重点推进杭州临空经济区保税大道南延等项目建设，全面提升全货机间、国际与国内、各异地货站间中转衔接效率。全面建成舟山新奥LNG接收站外输管道、上三线（新昌—三门段）、萧山—义乌线、杭甬复线等天然气省网干线项目，加快推进宁波、舟山绿色石化基地管道集疏运项目建设。

(4) **补长城乡末端设施短板**。完善城市干支线衔接型货运枢纽、城市配送网络节点和配送车辆停靠装卸配套设施，建设全省快递专用电动三轮车管理平台，搭建同城即时配送新能源供电网络，建立即时配送服务规范。依托未来社区建设，推动智能化、集成化社区末端物流平台全覆盖，规划建设与无人配送相适应的社区道路网络。加强农村物流建设，完善县乡村三级物流网络节点体系。引导物流、

快递企业加强资源共享整合，推动收货站点、智能快递柜、社区信包箱、智能充换电站等智慧共享，构建城乡"最后一公里"末端网点共享设施网络。

(三) 围绕服务现代产业链，提升全程供应链物流能力

(1) **完善制造业供应链物流体系。**紧密衔接中国（浙江）自由贸易试验区、省级新区、"万亩千亿"产业平台等重大战略部署，推进物流业、制造业空间规划布局衔接。积极推进杭州、金华、嘉兴等生产服务型国家物流枢纽建设，支撑制造业高质量集群化发展，构建完善全省十大标志性产业链供应链体系。大力发展煤炭、铁矿石、油品、粮食等大宗商品物流，聚焦油气全产业链，建成全球最大油品、铁矿石中转储运交易基地和亚太保税燃油加注中心。鼓励创新供应链协同共建模式，鼓励第三方物流和快递企业为制造企业量身定制供应链管理库存、线边物流、供应链一体化服务等物流解决方案，增强柔性制造、敏捷制造能力。支持建设一批工业互联网在物流领域融合应用试点和项目，引导大型流通企业向供应链集成服务商转型，构建采购、分销、仓储、配送、金融于一体的供应链协同服务平台。

(2) **创新发展现代农业供应链体系。**积极打造物流与农业协同发展、满足新消费升级的产业协同联动模式，强化物流业对农业的支撑带动作用。建立和完善数字三农协同应用平台，构建云端协同、全程覆盖、开放共享的农业供应链大数据体系，培育一批全程物联、全链可溯、全域可视的特色农产品供应链平台，畅通农产品流通渠道。聚焦全省农业产业集聚区、特色农业强镇、特色农业基地和城市农产品批发市场，优化农产品冷链物流网络布局，推动具有集中采购和跨区域配送能力的农产品冷链物流集散中心和加工配送中心建设。

(3) **支撑商贸流通体系建设。**强化商贸物流服务网络，聚焦特色商业街区、商贸功能区、中央商务区等城市重点区域，着力完善面向不同类型采购商的网络化仓储配送体系、面向网商的便捷化供应链物流服务体系、面向小品牌的共同配送服务体系。围绕全省智慧商圈打造，推动整合商圈物流资源，建设商圈物流配送体系。发展冷链物流电商业务，培育"冷链仓储-电商-冷链配送"融合产业链。

(四) 围绕服务高品质民生需求，提供便捷高效物流服务

(1) **提升邮政快递服务质量。**建设邮政快递强省，形成辐射全国、畅达国际的寄递服务能力，推动打造"123快递经济圈"。完善全省快递业发展布局，重点打造特色快递产业园区，加快建设快递区域总部，做强环杭州湾世界级寄递枢纽。完善快递进村服务体系，畅通农村快递物流通道，建设公共分拨中心、公共仓储、公共收投网点等快递共享基础设施，制定乡村物流运营服务相关标准。高质量推动快递物流与电子商务协同发展，支持快递企业入驻电子商务园区，与电商及仓储企业深度合作，促进线上线下联动，提升电商快递服务水平。优化跨境电商物流服务，鼓励传统货代、物流企业拓展电商服务等业务，为中小跨境网商提供统一采购、仓储和配送等服务，逐步形成与跨境电商相适应的物流体系。

（2）**提升城市配送服务水平**。科学制定城市配送发展政策，合理规划城市货运通道，实行城市配送车辆分车型、分时段、分路段通行管控，优化快递专用电动三轮车管理，研究制定医药、快递、应急物资等绿色通道政策，提高城市配送管理精细化水平。深化开展温州、台州等城市绿色货运配送示范工程和城市共同配送试点，鼓励邮政快递企业、城市配送企业创新统一配送、集中配送、共同配送等集约化配送模式。加强城市配送智慧管控体系建设，依托"城市大脑"通用平台构建车、路、物、网无缝连接的"智慧物流小脑"服务系统，支持开展城市物流全过程监测、动态管控和智能调度等领域应用。推动城市配送车辆转型升级，加强城市配送车辆统一标识管理。

（3）**推进绿色物流发展示范**。推进绿色城市配送示范工程，积极引导杭州、宁波、义乌等市规划构建绿色货运配送网络。持续深化快递绿色治理，以绿色快递标准化试点为基础，加快桐庐物流（快递）绿色包装用品检验检测中心等建设，全面落实快递绿色包装国家标准，不断提高快递封装标准化水平。继续在嘉兴、义乌等地区开展行业绿色发展试点示范工作，建立高于全省标准的行业绿色治理体系，推广快递环保袋、电子面单、信息标准、循环包装等，加强对快递绿色包装情况的抽检、通报和执法。

（五）围绕服务新动能培育，加快发展物流新业态新模式

（1）**大力发展物流新基建**。加快数字化物流基础设施建设，推动港口码头、货运场站、物流园区、物流中心等智慧化改造，打造智慧港口、智慧口岸、智慧园区、数字仓库等设施网络。开展全省智慧物流园区建设试点，推进园区基础设施全方位信息化感知。加快智慧物流信息系统建设,推动跨区域和平台间物流信息共享。推动物流装备智慧化升级,推广自动分拣机器人、无人机、无人车等智能装备应用,完善智能快递箱、冷链智能自提柜、智能充换电站等末端设施。推动在役油气管道和城市燃气系统智能化改造,推进液化天然气(LNG)登陆中心和在役LNG接收站智能化建设。

(2)创新发展物流新业态。培育和发展高铁快运,试点开行冷链生鲜、生物医药、高端制造、电商零售等一批特色产品专列,实现长三角主要城市"半日达"、国内主要城市"一日达"。规范发展网络平台道路货物运输经营模式。以推动制造业产品包装模数标准化为基础,加快推广云仓、共享集装箱、共享托盘等共享物流新模式。加强5G、大数据、人工智能、物联网等新一代信息技术与物流融合,推广发展无人仓、无人集卡、无人配送车等无人化物流模式应用,重点探索无人机在城市物流、应急医疗配送和应急保障等城市场景的应用。鼓励依托大型枢纽、城市社区探索开展地下物流、管道物流等创新试点。聚焦消费升级,大力发展"生鲜电商+冷链宅配""中央厨房+食材冷链配送"等农产品直供冷链物流新模式。

(3)培育发展现代物流新经济。大力发展特色鲜明的物流枢纽经济,重点依托宁波-舟山、金华(义乌)等国家物流枢纽建设,推进物流核心产业、关联服务业以及战略新兴产业集聚发展,积极争创国家物流枢纽经济示范区。加快发展物流通道经济,统筹布局物流通道经济走廊,重点发展义甬舟西延通道贸易经济、大湾区智慧物流产业经济、甬台温沿海临港现代物流经济和合温通道山海协作产业经济。加快推进快递经济圈建设,围绕超大型中转中心和国家级、省级快递物流园区,促进快递服务与工业、商贸、电子商务、制造业等相关产业协同发展。

(4)培育具有市场活力的新主体。聚焦国际物流、专业物流和数字化平台物流,分类推进市场主体培育工程。围绕提升物流企业国际竞争力,重点发力港口航运、航空货运、全球快递、国际供应链等领域,鼓励通过投资并购、资产重组、合作联盟等方式,培育一批"航母型"国际物流龙头企业。围绕打造物流企业专业化品牌,瞄准快递配送、智慧物流、冷链物流、应急物流等细分领域,鼓励发展专业化、规模化的第三方物流,培育一批"头雁型"专业物流标杆企业。围绕支持物流平台企业发展，聚焦电商物流、网络货运、供应链物流、多式联运等领域，推动强化物流企业与产业链上下游企业供需对接、资源整合，培育一批"中枢型"平台物流领军企业和多式联运物流综合服务商。

（六）围绕服务应急保障，筑牢全省物流安全防线

(1) **统筹优化全省应急物流设施建设。**完善全省应急物资储备基地布局，建立多层次储备体系。统筹整合铁路、公路、水路、航空、管道等多种交通方式，促进应急物资储备网络与应急运输交通网络"两网融合"。充分利用物流配送中心、邮政快递分拨中心等社会应急运输服务渠道，布局建设50个左右应急物资运输中转站，围绕中转站强化集疏运体系建设，实现应急物资高效送达。加强应急物资运输通道网络可靠性规划建设。

(2) **完善应急运力调配和物资运输体系。**强化应急运力储备，发挥好平台型物流企业作用，联合冷链、危险货物、重载等公路运输企业，骨干航运企业及快递企业，组建专业化应急物流队伍，定期组织应急运输队伍开展演练。探索建立政府主导、市场运营的新型应急物流运作模式。在全省高速公路、重点国省道和重点航道设置应急运输快速通道，完善应急运输车辆通行机制，实现应急运输车船优先通行。畅通航空应急运输通道，依托省低空飞行服务保障体系，构建联通全省民用机场（含起降点）的应急救援飞行网络，提高应急物资运输效率，研究制定政府购买航空应急救援服务相关制度。

(3) **建立健全应急物流响应机制。**推动全省快递物流应急调度系统、各地应急指挥中心、交通战备办公室等资源整合，构建完善省市县三级联动应急物流响应机制。针对自然灾害、事故灾难、公共卫生事件和社会安全事件等突发公共事件，建立应急物流的分级响应和保障体系。推动建立长三角一市三省应急物流协同联动机制，构建长三角一体化应急物流保障体系。

(4) **提升全省物流安全智控水平。**建立全省统一应急物资保障综合管理信息系统，强化对应急物资仓储、调运等功能的开发和应用，提升应急物资配送响应的可靠性和可控性。升级建设危险货物运输智控平台，加强对危险货物运输全过程数字安全管控。加大对危险化学品运输车辆安全管控力度，加强危险化学品车辆停车场地建设和规范化管理。加强危险化学品输送管道安全监管，推动油气管道全生命周期安全监测预警等系统应用,建设韧性智慧管网体系。加强冷链物流渠道安全防控,推广冷链物流信息全链条追溯监管,对进口肉禽类、水产品等重点冷链食品建立从"首站到终端"全过程冷链食品质量追溯链条,落实食品安全主体责任。推动实施跨境冷链物流道路货运司机在口岸点、作业点、居住点的闭环管理,鼓励采用跨境甩挂运输等新组织模式。

四、实施"四个重大"工程

(一)推进重大改革

聚焦"四港"联动体制机制、物流营商环境、物流设施规划建设、供地方式、投融资和铁路物流等重点领域,推动改革激发"十四五"物流发展内生动力。一是深化"四港"联动体制机制改革。加强"四港"联动资源整合,深化四港联盟组织创新,鼓励大型制造企业、商贸流通企业入联盟,促进产业链供应链协同联动,成员单位超100家。推进物流"一单制"发展,整合运输、仓储、配送等环节,推进铁路、航空等重点领域电子货运"一单制",推广"一次办理、随到随检、快速通关"模式,实现"7×24小时"无障碍通关。二是推进物流营商环境改革。深化物流领域"最多跑一次"改革,适应物流企业网络化经营特点,优化行政审批办理流程。加强行业部门工作协同和信息共享,实现企业办事"最多跑一次"。进一步规范海运口岸收费,更大力度推进物流企业清费减负。三是推进物流设施一体化规划建设改革。建立物流设施布局、规划、建设"一张蓝图"长效机制,加强物流规划与国土空间规划、综合交通规划等衔接,研究制定与地方规模相适应的物流用地面积标准,并作为控制性指标纳入地方总体规划体系。四是推进物流供地方式改革。鼓励通过弹性出让、长期租赁、先租后让、租让结合等方式供应物流用地。探索在杭州、宁波、义乌等地积极开展物流园区"用地混合、功能复合"试点,推动物流业与电商、快递、仓储、配送等不同功能业态集聚布局,提升土地综合效益。综合公共服务效益、环境效益和亩均生产效益,完善以综合社会效益为导向的物流用地考核标准体系。五是推进物流领域投融资改革。鼓励金融机构开发支持物流业发展的金融产品和融资服务方案,支持符合条件的物流企业通过发行公司债券、企业债券和上市等多种方式拓宽融资渠道，探索开展物流基础设施领域不动产信托基金（REITs）试点。六是推动铁路物流市场化改革。推动铁路专用线建设模式创新，探索设立浙江省铁路专用线建设基金，支持铁路专用线项目建设。以铁路货运市场化改革为重点，采取国铁出资参股、设立合作平台公司等方式，推动铁路货站与地方政府、物流企业共建共享共同运营，加快铁路场站与港口、公路港、机场融合发展。

（二）完善重大政策

围绕物流多式联运、航空货运、应急物流和物流新基建发展，推动政策再加码，强化"十四五"物流发展支撑保障。一是完善物流多式联运扶持政策，支持有关地市制定完善多式联运扶持政策，引导集装箱海铁联运、海河联运、江海联运（江海直达）等多式联运发展。二是优化航空货运航线扶持政策，全省统筹平衡机场扶持标准，定向引导优化航司、货代在全省航线布局，加大在航空货量考核奖励、货物贸易额奖励、货代集货增量、中转联程和异地货站等方面政策补贴力度。三是优化应急物流专项扶持政策，开展构建应急物流网络专项行动，推动构建省、市、县三级联动的应急物流响应机制，建立全省统一的应急物流指挥调度中心和应急物流数字化管控平台，培育壮大一批社会化专业化应急储备和物流服务主体。四是完善物流创新发展支持政策，支持物流园区、大型仓储基地、大型快递分拨中心等开展智慧化改造，加强对冷链物流、智能物流、仓储物流等物流装备研发指导和首台（套）产品认定，对纳入《浙江省首台（套）产品推广应用指导目录》的产品给予首台（套）保险补偿等支持。

（三）实施重大项目

按照"推进一批、实施一批、储备一批"的原则，做好重大项目库储备，"十四五"期间，推动建设一批标志性项目，实施物流通道设施类、园区平台类、总部创新类和应急储备类四大类超百个重大项目，涉及总投资超6400亿元。

（四）建设重大平台

聚焦物流产业经济、物流信息服务和物流创新载体发展，构筑完善"十四五"全省物流平台体系。一是着力打造物流枢纽经济平台。围绕国家物流枢纽建设，积极打造国家物流枢纽经济示范区。加强临港产业及园区开发，大力发展高端航运服务业，重点推进钱塘江流域港产城联动开发，打造临港临江临河产业平台。推进临空经济和航空物流统筹发展，加快建设杭州、宁波国家临空经济示范区，积极创建温州国家临空示范区。二是提升发展物流信息服务平台。深化推进物流领域数字化改革，构建"1+N"物流信息平台体系，形成一个总体架构，包含危险化学品运输数智管控、冷链物流、城市配送、多式联运、信用评价等数字化应用平台，实现全省现代物流业整体智治。三是培育强化物流创新型技术平台。支持建设韵达全球科创中心、传化宁波供应链中心、长三角（传化）智慧港、圆通国家工程实验室等一批智慧物流和供应链创新发展中心。

五、保障措施建议

（一）加强组织领导

建立省、市、县三级联动工作机制，及时协调解决规划实施中存在的问题，确保规划落地见效。有序推进全省各类物流试点示范，积极开展物流新模式新业态创新，探索和推进一批试点示范项目，加强对试点经验的总结推广。充分发挥行业协会的桥梁纽带作用，协助政府部门加强对物流业创新、示范及试点项目推进情况的监督和落实。

（二）强化要素保障

加强物流用地保障，对纳入国家和省级规划的重点物流项目，给予用地优先保障；充分考虑物流设施公共属性，适当降低物流用地的投资强度、税收贡献等门槛要求；鼓励利用高速公路互通区、收费站等零散、空闲土地发展物流，多渠道整合盘活存量土地资源用于物流业发展。加强融资政策支持，积极支持物流项目争取国家专项资金，加大对中小物流企业金融支持力度，缓解企业"融资难"。

（三）加强人才队伍建设

积极适应现代物流业发展需求，强化物流领域大专院校建设，围绕国际物流、冷链物流、应急物流、供应链物流等重点领域方向，建立完善多层次物流专业人才培养体系。引导企业和高校建立产教融合对接机制，建立一批产教深度融合实习基地。健全完善全省物流从业人员职称评审办法，推动开展全省物流行业劳动模范和先进工作者评选，提升物流从业人员职业认同感。强化物流高层次人才引进扶持，吸引国内外现代物流领域领军人才在浙江省开展创业创新、教学科研等活动。支持省级物流研究中心和智库平台建设，鼓励骨干物流企业设立研究机构，建立物流行业决策咨询专家库，提升科学决策水平。

(四) 健全信用服务体系

依托全国信用信息共享平台，积极发挥国家综合物流信息平台和社会征信机构作用，加快物流业信用体系建设。加强物流信用信息的共享和应用，探索建立物流从业单位和从业人员信用信息档案，健全失信黑名单制度，完善守信联合激励和失信联合惩戒机制，构建完善以信用为基础的行业新型监管机制。完善物流供应链信息系统和物流信息化评估体系，强化上下游企业的内部信用评级、综合金融服务、系统性风险管理。

(五) 加快物流标准体系建设

以"浙江标准"引领物流标准化创新，支持具备条件的物流企业、行业协会主导或参与制定省级地方标准、"浙江制造"标准、行业标准以及国家标准工作。积极组建相关物流标准化技术组织或物流标准化联盟，构建与全国和国际接轨的物品编码、物流设施、物流作业、现代物流信息标准化体系。重点在食品、医药、农产品等领域开展供应链全域物流信息基础标准化试点，培育一批物流标准化创新主体。

(六) 强化统计监测

完善现代物流业统计制度，加快研究建立物流行业统计分类，加快企业样本库扩容提质，加强对物流重点企业运营成本、效率的监测。积极创新统计监管手段，加快打造省级现代物流监管服务平台，实现全供应链端到端监管。充分利用物流业运行景气指数，常态化发布并不断完善省级绿色物流发展指数。综合考虑亩均经济效益、社会效益和环境效益，推动建立健全以物流业"亩均论英雄"改革为核心的物流绿色高质量发展综合评价体系。全过程跟踪监测规划实施情况，定期开展年度监测、中期评估和期末评价。

(课题组成员：楼小明、祝诗蓓、沈锋、柴贤龙、王贤卫、付旻、陈明华)

浙江省应急物资保障体系"十四五"规划研究[1]

应急物资保障体系是应急管理体系建设的重要组成部分，是提高应对突发事件能力的坚实保障，也是提升治理体系和治理能力现代化水平的重要基石。根据《浙江省国民经济和社会发展第十四个五年规划和二〇三五年远景目标纲要》，为进一步促进"十四五"时期全省应急物资保障体系更高质量发展，推动打造平安中国示范区，开展浙江省应急物资保障体系规划研究。

本研究所称应急物资，是指应对严重自然灾害、事故灾难、公共卫生事件和社会安全事件等突发公共事件应急全过程所必需的生活保障、公共卫生、抢险救援、能源保供等四大类物资。其中，生活保障类应急物资主要包括突发事件发生后用于人员庇护与饮食保障的群众基本生活救助物资，以及紧急情况下用于稳价保供的粮棉肉糖等重要民生物资和种子、农药等重要农业投入品；公共卫生类应急物资主要包括突发事件后提供紧急医疗救护、防疫消杀等维持个人生命健康、动物防疫和公共环境卫生功能的医疗卫生物资；抢险救援类应急物资主要包括自然灾害、事故灾难、社会安全事件等应急处置装备设施，涵盖生命救援、反恐处突、现场管理与安保以及各类工程抢险与专业处置等设备；能源保供类应急物资主要包括用于应对能源危机、保障能源安全的煤炭、石油、天然气等能源储备物资。

---

[1] 该项目由浙江省发展和改革委员会委托。

一、研究背景

(一) 现实基础

"十三五"期间,浙江省应急物资保障体系建设取得重大进展,应急防范能力、救援能力和保障能力显著提升,有效预防和应对各类自然灾害、事故灾难、社会安全事件特别是新冠肺炎疫情冲击影响,全力保障人民群众生命财产安全和维护经济社会秩序平稳有序运行。

(1) **储备结构规模持续优化。**生活保障类物资储备品类不断优化。2020年,全省各级政府粮食储备规模达540万吨,社会企业粮食存量215万吨,预计能供应口粮消费约270天;全省猪肉储备2.87万吨,储备规模超额完成国家下达的任务;食糖和棉花省级储备量均达到1个月以上的日常需求量。全省各级医疗卫生机构疫情防控应急医疗物资储备充足,按满负荷运行10天实物储备和20天协议储备的要求落实。全省能源储备规模基本达到国家对省级储备要求,原油、成品油储备规模分别达3700万吨、1139万吨,满足全省30天和15天使用量需求;储气规模9.48亿立方米,达到国家规定储气规模要求;煤炭储备规模500万吨,可满足全省燃煤电厂15天的使用需求。

(2) **多元储备模式逐步建立。**生活保障类应急物资初步建立了以政府实物储备为基础,以协议代储、产能储备等形式为补充的储备模式。公共卫生类应急物资以产能储备、流通储备为主。抢险救援类应急物资主要依托应急救援队伍推进储备能力建设。能源储备方面,以商业代储为主,镇海炼化和大榭石化拥有商业储备油库,煤炭则依托沿海港口和燃煤电厂为主进行商业代储。

(3) **储备管理制度不断健全。**2018年机构改革以来,全省应急物资储备管理机构职能优化调整,职责体系不断健全,储备管理工作深化创新。为进一步适应应急物资保障新形势新要求,制定印发了《浙江省救灾物资储备管理办法》《浙江省省级重要商品应急储备管理办法》,并修订完善了《浙江省药品安全事件应急预案》等部分省级应急预案,逐步健全应急物资采购、储备、调拨使用、轮换等机制,持续完善政策标准制度体系。

(4) **应急保障能力加快提升。**应急物资储备体系加速成型,应急防范能力、救援能力和保障能力持续提升。省级跨部门协同建立生活保障类救灾应急物资储备使用管理联动机制,保障实时开展物资储备应急调运工作。在全国率先实施公共卫生类应急物资调拨令制度,配套实行调配令和配送令制度,实现省内跨区域公共卫生应急1小时快速响应圈。新冠肺炎疫情防控期间,省级部门通力协作,省市县三级联动,构建"一图一码一库一平台一指数"新冠肺炎疫情防控机制,有效提升多元储备、采购筹措、生产动员等应急物资供给能力,全力保障医疗物资和生活物资供应,统筹推进疫情防控和经济社会发展工作,交出了"两手硬、两战赢"的高分成绩单。

(二) 存在问题

尽管全省应急物资保障体系建设取得一定成效,但对标高质量发展要求仍有差距,防范化解各类风险任务依然艰巨。

(1) **应急物资储备总体规划设计不够,整体统筹调配能力有待加强**。应急物资保障体系涉及面广,除生活保障类中粮棉肉糖等重要商品物资、救灾物资等有明确的规划和目录外,其他应急物资缺少详尽的储备规划和目录,缺少全口径、全链条应急物资保障体系的统一规划。全省应急物资储备根据灾种分散到相关系统和部门管理,难以从整体上对应急物资数量和分布状况准确掌握,没有形成一本"总账"。部门间应急物资储备设施建设统筹不够,存在重复建设和叠加布局。全省层面缺少对各类应急物资的统一监督和管理,个别地方出现一些长期未使用的协议储备物资空挂情形。省市县联动不足,属地为主、分级负责的储备体制尚不完善,各级应急物资储备分工亟待优化和明确,属地主体责任意识有待增强。

(2) **应急物资供需匹配精准度不高,市场和社会储备作用有待提升**。应急物资储备数量与实际需求不匹配,省级应急物资特别是生活保障类应急物资储备数量与国家要求相比还有较大差距,市县物资储备数量明显不足。储备品种与实际需求不匹配,缺少高端先进、具备特殊功能的应急物资。资金保障不够科学系统,受限于物资储备管理的条块分割体制,全省应急物资实行归口分部门资金预算保障,缺少系统性统筹和保障支持。应急物资储备形式比较单一,除实物储备、协议储备以外,生产能力、技术和信息储备不够。一些部门和地方对应急物资保障的重要性认识不足,社会化储备依然薄弱,部分企事业单位对应急物资储备体系建设重视不够，家庭应急物资储备短板明显，在应对突发事故和灾害过程中难以发挥关键作用。

(3) **应急物资法规政策制度配套不足，治理机制和治理体系有待完善**。全省有关应急物资储备和调用等规定散见于相关部门规范性文件中，法律效力层级较低，缺少统一的物资储备地方性法规和政府规章。应急物资储备地方标准尚需完善，生活保障类应急物资除救灾物资和猪肉、食盐外，部分重要商品的储备管理办法尚未制定或已较长时间未更新修订，储备制度和管理规范有待进一步健全。应急物资调拨程序规范性仍然不足，应急调用补偿机制不完善，应急物资调拨和使用主要依靠与代储单位的协议或行政手段，缺少规章制度与规范程序。应急物资储备的动态管理制度仍存短板，包括储备账务、实物管理台账及规范、专库储存要求、应急制度等均有待进一步完善。应急物资保障专项应急预案需要进一步优化提升，部分应急预案对应急物资保障的要求不够明确，缺少具体量化规定。

(4) **应急物资数字化管理能力不强，信息共享和智慧化应用程度有待提高**。部门数字化建设投入不平衡，一些部门尚未建立应急物资相关信息化管理平台，物资存储、库存统计、调拨运输等仍需通过人工填表报送信息。各部门信息共享不够，部分已建成的信息化系统建设水平相对较低，有关部门信息系统建设和应急物资管理标准尚未统一，存在"信息孤岛"，难以实现物资信息共建共享。信息化平台应用程度低，应急物资储备、采购筹措、生产动员、应急物流、调配使用等业务流程尚未完全实现信息化管理，部分平台的模块功能设计、场景应用不成熟。

(三) 面临形势

(1) **全球性突发灾害和国际政治经济复杂多变形势对浙江应急物资保障整体能力提出新挑战**。从全球范围看，极端气候和突发自然灾害、公共卫生安全事件以及社会安全事件威胁持续上升。近年来全球多地洪灾、旱灾、森林火灾以及地震等灾害频发，新冠肺炎疫情全球性爆发，还有中东石油危机、英国脱欧、伊核危机等地区性危机表明世界总体不确定性增加，突发事件复杂化、高频化形势加剧，对应急物资保障体系建设提出了巨大挑战。

(2) **长三角高质量一体化发展新征程对浙江应急物资区域协同保障赋予新使**

命。国家提出建立健全统一的应急物资保障体系，把应急物资保障作为国家应急管理体系建设的重要内容，按照集中管理、统一调拨、平时服务、灾时应急、采储结合、节约高效的原则，健全相关工作机制和应急预案。随着长三角高质量一体化等国家战略的深入推进，对全省应急物资区域协同保障体系建设提出了更高要求。浙江省应立足社会主义现代化先行省建设目标，主动服务国家战略，全面落实总体国家安全观，强化对长三角、周边省市及对口支援区域等的保障支撑，加快打造与"重要窗口"相适应的应急安全保障体系，以浙江的"稳"和"进"为长三角甚至全国大局多作贡献。

（3）全面推进数字化改革为浙江应急物资保障整体智治创造新环境。浙江省发展处于危与机并存、危中有机、危可转机的重要战略机遇期，台风、洪涝、地质和海洋灾害等威胁较大，危化品安全事故防控压力大，新冠肺炎疫情等公共卫生事件影响仍未完全消除，省内核电建设安全防控责任日益加重，粮食、能源等重要物资对外依存度持续增高，不确定性有所增加。全省应围绕"十四五"规划和 2035 年远景目标纲要总体部署，以数字化改革为统领，以补短板强弱项为导向，以理顺体制机制为保障，以整合优化职能为支撑，建立健全应急物资保障体制机制，加快提升应急物资保障整体智治水平，加快推进应急管理治理体系和治理能力现代化建设，推动建成"平安中国"示范区。

二、总体思路及目标

（一）总体思路

坚持以习近平新时代中国特色社会主义思想为指导，深入贯彻党的十九大和十九届二中、三中、四中、五中全会精神及省委第十四届八次全体会议精神，坚决扛起忠实践行"八八战略"、奋力打造"重要窗口"的责任担当，立足新发展阶段，坚持贯彻新发展理念，服务构建新发展格局，坚持问题导向和底线思维，统筹发展与安全，围绕全品类应急物资的储备、生产、采购、调运、使用全链条保障体系，构建供需平衡、协同高效、精密智控的应急物资保障体系，全面增强应对突发事件保障能力，为筑牢经济社会发展安全底线、推动建设更高水平的

"平安浙江"和争创社会主义现代化先行省提供有力支撑。

（二）主要目标

到2025年，以应急物资储备为核心，涵盖采购、生产、调运、使用等全链条保障体系加快完善，全省应急物资储备布局、储备结构和全链监管进一步优化，基本实现应急物资储备能力最大化、储备结构最佳化、财政绩效最优化，确保关键时刻应急物资拿得出、调得快、用得上，防范应对处置重大突发事件的应急物资保障能力达到国内一流水平。

——**应急物资储备体系科学完备**。生活保障、公共卫生、抢险救援、能源保供等四大类应急物资储备更加充分。生活保障类方面，省市县各级生活保障类救灾物资储备均满足本级自然灾害救助预案三级响应规定要求，救灾物资保障能力位居全国前列，基本建成规模合理、运行高效的"粮、棉、肉、糖"储备调控体系。公共卫生类方面，省市县三级政府（医疗机构）储备、企业（商业）储备、产能储备机制进一步完善，满足突发公共卫生事件类（Ⅰ类）、突发医学紧急救援类（Ⅱ类）和重大动物疫情类（Ⅰ类）应急物资储备规模需要，保障响应能力位居全国前列。抢险救援类方面，专业化、轻量化、集成化、数字化应急救援装备满足"全灾种、大应急"任务需求，形成"功能齐全、性能先进、体系配套、高效适用"的现代化抢险救援装备体系。能源保供类方面，建成符合浙江省实际的能源储备体系，储备设施布局进一步完善，储备规模满足国家要求和全省发展需求。

——**全链条保障能力显著提升**。基本建成覆盖全国、辐射全球的应急物资采购供给网络。应急物资生产动员能力全面加强，紧急采购和征用机制更加健全，第三方社会组织作用发挥进一步凸显。应急物流基础设施网络、运力储备和运输效率加快提升。应急物资分级响应、指挥调度和区域联保机制进一步健全，应急物资回收管理和评估改进机制持续完善。

——**管理体制机制和整体智治水平明显优化**。健全分级分类、责权明晰的应急物资储备管理体制机制，科技研发和技术创新支撑能力进一步强化，按照数字化改革"一年出成果、两年大变样、五年新飞跃"要求，全省统一的应急物资保障综合管理信息系统建成使用并不断迭代完善，应急物资保障整体智治水平显著提升。

到 2035 年，努力建成品种齐全、布局合理、管理有序、整体智治的应急物资保障体系，重大风险防范化解能力、突发公共事件应急保障能力全面增强，为打造"平安中国"示范区提供有力支撑。

三、重点建设内容

（一）建设品类齐全、结构合理的多元储备体系

（1）完善应急物资分类指导目录。立足全省实际，以按需储备、精准储备为导向，科学确定储备物资品种和规模，编制统一的物资储备编码，加强目录动态管理。强化应急物资储备需求分析。综合全省自然灾害、安全事故、突发公共卫生事件特点以及应急物资供需情况，通过情景推演、模拟演练等方式，建立科学权威的储备物资需求分析机制，精准确定各类应急物资储备需求。确定应急物资储备品种和规模。生活保障类应急物资方面，省市县建立各有侧重、结构合理、品种丰富的储备目录。对能够通过产能储备、协议储备等保障的应急物资，适当缩小政府实物储备规模；结合生产水平和市场行情，科学调整粮食、棉花、肉类、食糖、食盐等物资储备数量；按照粮食保供要求和浙江省历年灾害发生情况，及时调整种子、农药等农业投入品储备品种及数量。公共卫生类应急物资方面，根据疫情等新形势、新要求，更新调整医药物资储备品种和规模，重点储备人员安全防护、紧急医疗救护等应急物资。抢险救援类应急物资方面，紧密结合全省沿海、山区、平原、城镇等不同地区易发多发灾害特点，重点加强防汛防台抗旱、地质灾害、危化品事故、重大火灾及交通事故等抢险救援装备设备储备；强化关键应急救援装备配备，有针对性地储备生产周期长、峰值需求高、救援消耗大、市场保障难的应急装备器材。能源保供类应急物资方面，积极落实国家对浙江天然气、煤炭等储备规模要求，适度加大全省原油、成品油储备规模，提升电力应急保供能力，并探索氢能、家用储能系统等新型能源储备技术和装备的研发和应用。加强目录动态管理。完善物资储备动态调整机制，及时将符合条件的重点物资纳入目录，探索将市场波动较大、轮换动用较频繁的商品纳入重要商品储备名录；综合研判新时期应急保障需求特征，加强对特殊生活保障类应急物资以及特

种专业救援装备等的需求分析和目录补充。

(2) **完善应急储备设施建设**。以"分类管理、分级负责、属地为主、资源整合、集约建设、高效协同、保障有力"为原则，按既补短板弱项又尽可能依托现有资源整合要求，加强跨部门、跨层级资源共享，统筹优化全省物资仓储布局。完善综合应急和生活保障类应急物资仓储布局。构建以省级储备为支撑，市、县（市、区）级储备为主体，乡镇和村级储备为补充的综合应急物资储备网络，对多灾易灾地区根据实际情况适当扩大建设规模和增加库点布局。推动高标准粮食储备仓容建设，优化完善肉、棉、糖、盐等重要商品储备设施布局。优化公共卫生类应急物资储备设施布局。进一步健全以1个省级物资保障基地、5个区域综合保障基地、8个专业救治基地为骨干，市、县两级医疗机构为基础的储备网络。支持省级医药流通储备基地建设，力争到2025年省级医药流通储备仓储面积达到30万平方米。强化公共卫生应急保障技术储备，新建和优化一批技术创新和新型研发平台，推进生物医药创新公共服务平台、医疗器械检测评价和创新服务综合体等建设。加强能源储备供给支撑。强化与全省能源生产生活供给需求的衔接，重点完善宁波、舟山等沿海公共煤炭运输码头以及各大燃煤电厂煤炭储备设施，加快推动绿色石化基地等原油及成品油储运设施建设，推进沿海地区LNG接收站及内陆城市LNG气化站建设。提升仓储设施现代化水平。充分运用大数据、物联网等现代科技手段，推进"智慧储备"建设，加快省市县三级储备库及其配套设施标准化、智能化改造提升。

(3) **强化分类应急物资储备设施布局协同共享**。推动市县级应急物资储备基础设施资源整合，"十四五"期间，鼓励条件成熟的市县积极开展综合应急物资、公共卫生类和抢险救援类三类应急物资储备设施"3合1"、"2合1"建设。

(4) **构筑多元储备模式**。加快整合政府、企事业单位、社会组织及家庭等多元主体储备资源，推动建立政府部门、企业、社会协同合作的应急物资储备新格局。健全应急物资政府储备。积极落实省市县各级政府物资储备任务，强化政府储备在生活保障、能源保供等重点应急物资储备中的主体作用。市县级政府应根据实际情况制定本级应急物资目录，明确物资储备的种类、方式、数量和储备责任单位。创新政府储备市场化改革，加大政府购买服务力度。畅通物资储备社会

参与渠道。充分发挥国有企业、民营企业以及社会公益组织等在应急物资储备中的作用，制定实施家庭应急物资储备建议清单，推动政府储备与企商业储备、实物储备与生产能力储备、分散储备与集中储备、社会化储备和专业化储备有机结合，提升物资储备效能。积极推动储备模式创新。积极建设地下应急物资储备库，满足应急应战应灾复合需要；鼓励发展"云端储备"，推动物资储备基地信息互联、资源共享，加强物资云端调度、动态补仓等功能开发和应用；探索对能快速生产且具备充足产能储备的物资"零库存储备"，加强物资全链条、全流程、全周期智能管理，确保应急物资按需精准投送；构建军民融合物资储备共享模式，加强军地联储信息共享，实现军队和地方政府对应急物资储备的可视化管理和供需有效对接。

（5）创新储备物资轮换、更新和退出机制。科学确定应急物资储存期限，建立高效动态的应急物资轮换机制，通过供应周转、调拨使用、市场销售、返厂轮换、代储轮换等形式，实现应急物资储备的良性循环。健全重要商品推陈储新机制，加大应急物资市场化调节力度，缩短储备周期，保证储备商品的质量。建立健全应急物资销毁退出标准，加强应急装备物资的更新和维护，实施经常、有效的督促检查，完善应急物资到期质量鉴定和委托评估机制。

（二）建设规范灵活、渠道多样的采购筹措体系

（1）科学动态制定采购计划。统筹做好应急物资采购工作，常态化制定年度计划，明确品种目录和产品标准，按计划完成年度采购，持续做好采购物资动态更新，强化物资入库管理。加强应急储备物资政府采购相关产品许可认证、质量监管和检验检测，全力保障物资质量安全。规范采购流程，建立应急装备储备准入制度，推行应急装备制式化，非装备类应急物资采购按照政府采购有关政策规定执行，原则上采取公开招标方式。提高采购效率，研究制定紧急采购管理办法，特殊情况下按"特事特办、急事急办"原则，建立"绿色通道"，依法进行应急采购。

（2）拓展多元化采购渠道和方式。统筹运用两个市场、两种资源，建立健全国内国际市场应急物资采购制度。充分发挥全省浙商资源优势和各地缔结的友好城市、驻外机构和企业、跨境电商平台作用，积极拓展利用各方应急物资保障资

源。鼓励支持省物产集团、省能源集团、省国贸集团、国药控股、国药器械等重点国有企业发挥自身优势，协助做好应急物资采购工作。构建全省统一、联通全国的应急物资采购供应平台。

（3）健全紧急征用及补偿机制。研究制定应急物资征用和补偿实施办法，完善征用和补偿机制，必要时依法实施应急征用。探索建立应急征用补偿资金分级管理制度，由省市县人民政府多渠道筹集，统筹安排使用。做好应对突发事件所需物资、场所调查登记，建立应急征用预备清单，完善应急征用方案。规范应急征用实施流程，粮食、能源、卫健、交通等部门各司其职，负责各自职责内应急物资征用。按照合法合理补偿、补偿直接损失和实际损失的原则，合理确定补偿范围和费用。

（4）完善应急物资捐赠机制。充分发挥省工商联、省侨联、省红十字会、省慈善联合总会等单位和第三方社会组织作用，加大社会捐赠宣传力度，充分利用各类网络、媒体，推动扩大应急物资捐赠渠道网络。强化社区捐赠物资统筹整合，推动物资捐赠供需精准对接，建立健全全省应急物资捐赠平台，建立快速录入和分类存放系统，实现捐赠物资高效接收、精准分配。完善应急物资捐赠制度，规范捐赠应急物资管理，加强对捐赠应急物资分配使用的全程监督，加快完善公益组织、物资使用单位的信息公开机制。拓展发展国际捐赠渠道，调动海内外组织、企业、浙商、侨胞的捐赠积极性，及时启动国际捐赠物资"绿色通道"，对国际捐赠物资实行零等待验收。

（三）建设精准对接、链条完备的生产动员体系

（1）建立健全产能储备机制。结合实物储备规模及产品属性、生产周期等因素，研究确定产能储备的应急物资范围和规模。充分依托已有生产能力，采用日常备份产能与平级转换产能相结合、企业自愿参与的方式，开展应急物资产能储备。研究制定应急物资产能储备目录，选择具有生产资质、综合实力较强、经营管理规范的企业纳入目录，并实行动态调整。强化应急物资产能储备管理，推进省市县各级政府与具备条件的物资生产企业建立应急储备协议。督促承储企业建立健全产能储备管理规章制度和运维体系，常态化开展产能储备设施日常维护、测试等工作，确保储备产能具备随时投用的条件。统筹优化全省应急物资产能布局，围绕四大都市区等重点区域，以现有应急物资生产基地和产业园区为基础，建立与需求相适应的应急物资生产供应能力，建立完善区域和省域内产能保障联动机制。

（2）**加强应急转产和协作生产**。建立健全应急物资产能储备、原料供应、生产制造、产品调配等监测机制，对应急物资产能、产量和库存等进行动态跟踪，夯实应急转产基础。建立健全应急物资集中生产调度的工作预案，规范启动开展应急物资产能储备的相关程序，强化关键原材料和设备供应，组织重点产品定点生产和定向调配，提升应急物资生产效率。强化应急物资及配套原材料保障，提升企业柔性化生产能力和应急扩容转产能力。积极协调解决产业链上下游企业生产资质办理、产品送检、原材料采购、生产场地等共性问题，推动企业协作联产。推广驻企服务、志愿促产、转产扩能、协作生产、智能改造、分类指导、科研攻关、材料替代、装备突破、数字应用等"抗疫生产十法"经验做法，提升应急动员和协作生产效率。

（3）**培育发展安全（应急）产业**。加大安全（应急）产业培育力度，聚焦自然灾害、事故灾难、公共卫生、社会安全等四类突发事件预防和应急处置需求，鼓励企业研发先进、急需的安全（应急）技术、产品和服务。组织关键技术攻关，攻克制约应急产业发展的技术瓶颈，加快推动5G、物联网、北斗导航、虚拟现实/增强现实、人工智能、新材料等高新技术与应急产业深度融合。加大首台（套）装备认定和推广应用力度，推进安全应急装备应用试点示范工程。鼓励有条件的地区发展安全（应急）产业聚集区，打造区域性创新中心和成果转化中心。培育具有国内领先水平的安全（应急）产业骨干企业和知名品牌，积极创建国家级安全（应急）产业示范基地，深入推进舟山、江山两个国家级应急产业示范基地建设。

（四）建设反应迅速、韧性可靠的应急物流体系

（1）**加强应急物资基地集疏运体系建设**。统筹整合铁路、公路、水路、航空、管道等多种运输方式，依托干支衔接、快速联通的立体交通网络，促进应急物资储备网络与应急运输交通网络的"两网融合"。充分利用物流配送中心、邮政快递分拨中心等社会应急运输服务渠道，布局建设50个左右应急物资运输中转站，构建不同场景下的储备物资应急运输组织预案，提高应急运输组织保障能力。

（2）**多渠道充实完善应急运力储备**。建立以政府储备运力为支撑、社会运输企业积极参与的应急运输组织模式。合力推进省市县储备运力信息库建设，定期开展应急运输保障演练活动，着力提高应急运输快速响应能力。加快全省民用机场、机降点规划建设，大力发展通用航空产业，创新出台政府购买航空应急救援服务制度，建立完善全省应急救援航空体系。健全冷链物流的应急运输行业标准，加快补齐冷链物流短板，提高冷链企业管理水平，提升冷链物流体系建设水平。

（3）**加强应急运输组织协同联动机制建设**。建立完善公安、交通等部门之间的联动机制，建立全省高速公路、国省道、重点航道应急运输快速通道，确保应急运输车辆优先通行。落实长三角地区应急运输交通管控协同机制，推动应急运输车辆跨区域互认互通，实现长三角省市应急运输通道一体化协同。加强应急运输企业与口岸管理单位的沟通联系，提高国际物流通关能力，加强与国际物流网络的有序衔接。

（五）建设统一指挥、科学高效的调配使用体系

（1）**完善分级应急响应机制**。根据突发应急事件响应等级、应急物资需求紧缺程度，建立健全分级应急响应机制。各级各部门应首先动用本级、本部门应急物资储备，在本级、本部门储备难以保障时，可向上级部门或本级应急处置协调机构提出应急物资调用申请。当突发公共事件响应级别为Ⅲ级（较大）以下时，原则上由市县级政府负责保障，省里一般不再供应。当突发公共事件响应级别为Ⅱ级（重大）以上时，各地、各有关单位在自身库存难以满足需求的前提下，可申请调用省级应急物资储备。省级应急处置协调机构统筹全省应急物资的调配调用，建立协同保障机制。健全完善重要应急物资调拨令制度，各级各有关部门要严格执行调拨指令，负责组织实施应急物资调运等工作。

（2）**健全指挥调度和联保机制**。健全完善全省统一领导、分级负责、反应灵敏、协同联动的应急物资保障指挥体系，加强对应急物资需求、储备、生产、采购、调配使用等全链路信息共享、环节打通和资源整合。加强区域协同，谋划布局若干个区域应急救援平台，建立健全长三角区域联保机制，提高应急物资协同互保能力，完善物资使用清算机制。有针对性地编制各类突发事件的应急物资保

供工作指南,明确政府、企业以及民众等参与主体责任。充分发挥公羊会等社会公益救援组织在应急救援演练、专业化设备使用培训等方面的作用,强化专业应急救援力量补充。加强全省生活保障物资市场保供稳价数字化监测,强化与各类突发事件指挥平台及应急物资管理平台对接,保障市场有序供应。注重平急结合,建立平时服务、灾时应急的调度协同机制。建立军地应急物资分级分类管理、相互调用调配机制。

(3) 加强应急物资回收管理和评估提升。强化应急物资使用管理,对生活类、救援类等可回收利用的应急物资,提高回收水平和使用效率,建立健全应急物资回收利用责任制度,做到专人负责、手续完备、定点储存、专项管理,做好保养、维护(修)工作。建立应急物资评估提升机制,基于省内外重大突发事件典型案例,通过情景推演、模拟演练、复盘实操等方式,对应急物资储备体系进行环节检验、能力评估,定期开展查漏补缺,确保全省应急物资储备保障持续改进提升。

(六)建设责权清晰、整体智治的工作支撑体系

(1) 明确应急物资储备责权分担。深化应急物资储备管理改革,进一步优化明确各类储备物资的物权归属、事权和支出责任。落实分级分类储备机制,省级按照应对处置省内跨区域重大突发事件所需,主要储备需求量大、保障程度高、紧迫性强以及价值高、生产周期长或需要定制的应急物资;市、县(市、区)根据应对处置较大及一般突发事件所需,储备符合区域突发事件特点的应急物资。各有关部门(单位)按职责承担储备任务,科学确定各类应急物资储备规模和方式。

(2) 完善管理制度和法规政策。建立健全适应新时代要求的应急物资储备管理制度,对应急物资储备管理的职责分工、采购储备、仓储管理、调拨运输、分发使用、回收报废、经费保障等加强制度约束和规范保障。健全省市县联动、供需对接、军地协作、社会力量动员及补偿、常态化演练及考核评估等机制。适时修订完善应急物资组织协调、工作流程等法规政策,明确各利益相关主体的责权。加强对社会公益组织的培育扶持,着力发挥其在应急物资捐赠、特种专业应急培训和能力保障等方面的优势,实现可持续发展。

(3)提升应急物资保障整体智治水平。积极运用新一代科学技术,加快提升应急物资储备设施网络、应急风险分析和管理平台信息化水平,提高应急处置救助效率。实施应急物资储备设施"新基建"提升行动,加强大数据、人工智能、云计算、物联网等数字技术在应急物资储备、管理和救援设施设备中的应用。系统推进覆盖全省的风险感知网络建设,加强全省应急管理风险数字地图开发和应用。建立全省统一的应急物资保障综合管理信息系统,实现"一库归集、一图可视、一单申请、一令调拨、一码追踪",强化对全省域、全品类、全模式应急物资储备数据归集统计,深化自然灾害、事故灾难、公共卫生等跨部门多业务协同应急场景功能应用,整合全省所有应急相关信息系统的物资管理功能,推动应急物资"储采产调用"全链条可视可控,建立健全跨部门、跨层级、跨区域的应急物资储备数据实时交互工作机制,建立全省统一的应急物资管理办法,加强系统运行维护和迭代升级,为实现应急保障"整体智治"奠定坚实基础。

(课题组成员:楼小明、童志怡、沈锋、柴贤龙、汪东、祝诗蓓、王贤卫)

浙江省现代服务业发展"十四五"规划研究

"十三五"以来，服务业已成为浙江省促增长的主引擎、惠民生的主渠道、新业态新模式培育的主阵地。根据《浙江省国民经济和社会发展第十四个五年规划和2035年远景目标纲要》，为进一步加快服务业高质量发展，助力浙江省"重要窗口"建设，特开展本规划研究。

一、发展条件

(一) 发展基础

"十三五"期间，浙江省现代服务业持续快速增长，发展质效不断提升，数字化转型走在全国前列，为全省经济社会高质量发展提供了有力支撑。

贡献作用更加凸显。"十三五"期间，全省服务业增速继续快于GDP增长，增加值由2万亿元迈上3万亿元台阶，2020年达到3.6万亿元，稳居全国第四位；占GDP比重继2015年超过第二产业后，2016年首次突破50%，2020年提升至55.8%；服务业成为吸纳就业最大产业，税收占全省比重达60.6%，对经济社会发展的贡献日益突出。

数字融合走在前列。围绕数字经济"一号工程"，服务业加速数字化转型，全省软件和信息服务业规模以上企业营业收入年均增长25.6%，领跑东部各省市。

跨境电商、移动支付、在线经济等新业态新模式国内领先，新型贸易中心和新兴金融中心加快推进，网络零售额、跨境电商零售进出口额分别约占全国的1/5和1/6，移动支付交易554.58亿笔。数字化推动知识密集型服务业[1]快速发展，占服务业比重达35.6%，较2015年上升近6个百分点，有力支撑制造业转型升级。

集聚发展效应显著。四大都市区中心城市对全省服务业发展引领作用明显，服务业增加值占全省比重超2/3。杭州、宁波"双引擎"地位更加突出，服务业增加值占全省比重分别为30.3%和17.7%。全省100家省级现代服务业集聚示范区发展水平进一步提升，营业收入年均增速近20%，宁波梅山保税港区物流园区、义乌国际商贸城等6家集聚示范区规模突破千亿元。24个服务业强县（市、区）试点培育取得积极成效。

质量效益快速提高。2020年，全省规模以上服务业企业营业收入、营业利润分别为2015年的2.3倍、2.0倍，涌现出阿里巴巴、物产中大等具有全球影响力的知名企业。服务业人均劳动生产率达20万元左右，较2015年提升1/3以上。标准化管理全面推行，制定（修订）服务业地方标准333个，创建国家、省级服务业标准化试点项目分别为54项和217项。"诗画浙江""浙里来消费"等服务品牌影响力持续扩大。

改革开放持续深化。浙江自贸试验区实现从挂牌到扩区，杭州、宁波国家服务业综合改革试点阶段性成效突出，服务贸易创新发展试点、国际贸易综合改革试点、区域金融改革试点等国家级试点建设扎实推进，跨境电商综试区基本实现全省覆盖，在金融、贸易、电商、物流等领域率先形成了一批可复制可推广的浙江经验。宁波舟山港成为全球首个"10亿吨"大港，货物吞吐量连续12年稳居全球第一。2020年，服务业实际利用外资突破100亿美元，占全省比重达65.6%。"义新欧"班列开行破千列。

（二）发展环境

展望"十四五"，浙江在高水平全面建成小康社会的基础上，开启高水平全面建设社会主义现代化新征程，服务业将迈入新的发展阶段，面临诸多新机遇新

---

[1] 知识密集型服务业主要包括：信息传输、软件和信息技术服务业，科学研究和技术服务业，金融业，租赁和商务服务业等四大行业。

挑战。

从发展形势看，世界正面临世界百年未有之大变局，经济全球化遭遇逆流，保护主义、单边主义上升，新冠肺炎疫情全球大流行加速国际经贸规则重构，区域全面经济伙伴关系协定（RCEP）、中欧贸易协定等多边和区域性投资贸易谈判的焦点转向服务领域，全球服务发展和国际分工格局面临深度调整。中国作为世界第二大经济体，拥有全球规模最大最具成长性的中等收入群体，面对国际国内形势变化，我国加快构建新发展格局，释放内需潜力、市场活力，服务业将迎来新一轮发展机遇期。作为经济大省、开放大省，浙江已迈入高收入经济体行列，服务消费市场具有巨大潜力、强大韧劲和旺盛活力，服务业数字化转型走在全国前列，成为支撑服务经济持续快速增长的强大动能。

从产业趋势看，新一代信息技术、人工智能、大数据等技术不断突破和广泛应用，加速服务内容、业态和商业模式创新，推动服务数字化、网络化、智能化融合发展，远程医疗、在线教育、共享平台、协同办公、跨境电商等服务广泛应用，数字服务和数字贸易正成为各国竞相发展的重点。随着现代服务业与先进制造业加速融合，生产性服务在产业升级中作用更加突出，技术和知识密集型服务业比重快速提升。人民对美好生活的需要日益增长，个性化、体验式、互动式等生活性服务消费成为扩大内需的重要潜力。

与此同时，浙江省服务业发展仍存在一些短板和弱项：一是高端化的生产性服务业发展不足，尤其科技服务相对滞后，技术合同成交额占全国比重仅5%左右，排名全国第8位，对构建现代产业体系的支撑作用不够；二是健康、养老、教育、文旅、家政服务等生活性服务业的高品质供给不足，服务质量、服务水平与群众期待还有不小差距；三是服务业竞争力和影响力有待增强，全国百强企业、引领性品牌、高层次人才缺乏，国际化水平不高；四是服务业平台能级有待提升，省级现代服务业集聚示范区中科技创业园、创意产业园、软件与服务外包基地等新兴服务业平台数量占比仅1/3左右，近一半集聚示范区营业收入低于50亿元；五是服务贸易体量较小，2020年全省服务贸易进出口总额4285亿元，与上海、广东的万亿元规模差距较大，服务贸易占对外贸易比重低于全国平均水平。

二、总体要求

（一）指导思想

坚持以习近平新时代中国特色社会主义思想为指导，深入贯彻党的十九大和十九届二中、三中、四中、五中全会精神，紧紧围绕忠实践行"八八战略"、奋力打造"重要窗口"主题主线，坚持新发展理念，全面把握服务业全球化、智慧化、平台化的发展特征和个性化、体验式、互动式的消费趋势，以服务业数字化发展为方向，进一步优化服务业供给结构，创新服务业发展体制机制，赋能先进制造业，激发消费新需求，加快构建优质高效、结构优化、竞争力强的"556"现代服务产业新体系，打响"浙江服务"品牌，推动服务业高质量发展，为浙江省建设社会主义现代化先行省和共同富裕示范区提供有力支撑。

（二）基本原则

坚持高质量发展。 聚焦产业转型升级和居民消费升级需要，推动生产性服务业向专业化和价值链高端延伸，推动生活性服务业向高品质和多样化升级，提升服务业发展能级和国际竞争力。

坚持数字赋能、创新发展。 加快服务业数字化转型，突破数字化发展重点行业、创新平台、关键领域，拓展数字化场景应用，加强服务业技术创新、业态创新、模式创新，增强服务经济发展新动能。

坚持协同集成、融合发展。 推动现代服务业同先进制造业、现代农业深度融合，加快服务业内部融合，进一步突出服务业对浙江省产业链供应链的基础配套和提升带动作用，实现跨行业资源要素的优化配置、协同高效发展。

坚持以人为本、品质发展。 以更多更好满足人民多层次多样化服务需求为导向，聚焦共同富裕，增进民生福祉，着力增强公共服务供给能力，积极推进消费扩容升级，全面增强城乡人文品质、公共服务品质、生态环境品质。

坚持深化改革、扩大开放。 推动服务业重点领域改革，分类放宽服务业准入限制，扩大服务业对外开放，创新服务业监督管理，着力破除制约服务业发展的体制机制障碍，最大限度激发市场活力。

(三) 发展目标

到"十四五"末，服务业对全省经济社会发展的支撑作用进一步加大，服务于人民品质生活和产业转型升级能力进一步增强，"浙江服务"在全国乃至世界形成竞争力和影响力。

规模总量迈上新台阶。 服务业对浙江省促增长、稳就业的基础作用进一步提升，经济贡献地位更加突出。到2025年，全省服务业增加值达到5万亿元左右，服务业税收收入占全省税收收入比重达到61%左右，服务业从业人员占全社会从业人员比重达到47%左右。

数字创新形成新优势。 数字技术在服务业领域的融合和应用深入推进，服务业技术创新、业态创新、模式创新进一步深化。到2025年，全省数字经济核心服务业[1]营业收入占规模以上服务业营业收入比重达到55%左右，网络零售额达到3.2万亿元左右。

发展质效跃上新台阶。 服务业结构持续优化，"556"服务业新体系基本构建，形成一批具有重大影响力和竞争优势的行业，服务质量效益明显提高。到2025年，全省知识密集型服务业增加值占比达到40%左右，服务业劳动生产率达到25万元/人左右。

集聚发展呈现新格局。 "两核四圈"服务业空间发展格局进一步优化，现代服务业创新发展区高质量推进建设。到2025年，全省形成100个左右"数字赋能、特色鲜明、业态高端、能级突出"的现代服务业创新发展区，打造20个左右高能级服务业创新发展区。

品质服务实现新提升。 消费扩容提质政策体系进一步完善，高品质生活性服务业供给水平进一步提高，消费新业态新模式新场景全面推进。到2025年，全省居民消费率达到42%左右，服务质量满意度达到90分以上。

改革开放取得新突破。 服务业重点领域改革走在全国前列，营商环境不断优化，对外开放进一步扩大，投资贸易自由化便利化程度进一步提升。到2025年，服务贸易进出口额达到6000亿元，"十四五"时期服务业累计实际利用外资超500亿美元。

---

[1] 数字经济核心服务业包括：电信广播电视和卫星传输服务业、互联网及其相关服务业、软件和信息技术服务业、文化数字内容及其服务业。

(四)区域导向

深度融入长三角一体化发展战略，结合浙江省都市区空间形态及产业集群发展格局，着力打造杭州、宁波两大现代服务业发展核心，积极构建各具特色的杭州服务业经济圈、宁波服务业经济圈、温州服务业经济圈、金义服务业经济圈，形成"两核四圈"服务业空间发展格局。

聚力打造两大现代服务业核心城市。以建成具有广泛影响力和竞争力的国际化大都市为目标，推动杭州市、宁波市向城市品质化、功能现代化、价值高端化方向发展，增强两市对全球资本、创新等高级要素的集聚功能，辐射引领全省服务业的发展，形成服务业高质量发展的双引擎。其中，杭州市充分发挥数字经济特色，厚植现代金融中心、历史文化名城等优势，打造国际一流的数字服务中心城市；宁波市依托开放发展和港航物流、国际贸易等比较优势，支撑高水平国际港口名城、高品质东方文明之都建设。

推动四大服务业经济圈高质量协同发展。立足区域资源特点、经济发展、产业基础、城市化水平等要素禀赋，突出特色、错位发展，聚力打造以四大都市区为主体的四大服务业经济圈，有选择、有重点、分层次地推进区域现代服务业重点领域的发展。其中，杭州服务业经济圈结合数字经济基础和人才创新资源，重点发展软件和信息服务、科技服务、金融科技、数字贸易、文化旅游等，成为具有全球影响力的数字经济中心、"互联网＋"科创中心、国际金融科技中心、国际文化创意中心、国际重要的休闲旅游中心；宁波服务业经济圈依托"一带一路"、浙江自贸区和义甬舟陆海统筹双向开放大通道建设，重点发展国际贸易、港航物流、高端航运、油气全产业链、保险金融、软件和信息服务、海洋旅游等，打造以开放创新为特色的国际港口名城、全球综合枢纽、国际港航贸易中心；温州服务业经济圈充分发挥民营经济和体制机制等独特优势，重点发展创意设计、现代商贸、小微金融、商务服务、山水旅游等，建设浙南闽北赣东区域文创中心、世界华商综合发展交流中心、东南沿海医疗康养中心；金义服务业经济圈充分发挥金义都市区商贸物流优势和衢丽"大花园"核心区生态资源及国家公园品牌优势，结合浙西南优美山水诗画资源，重点发展国际商贸、现代物流、影视文化、生态旅游、健康养生等，打造成为以丝路开放为特色的世界小商品之都、国际影视文

化之都、诗画浙江生态旅游目的地。

三、全面提升产业影响力

依托数字经济领先优势,围绕在国内外拥有一定优势和地位的服务业领域,着力打造具有浙江辨识度和基础性、战略性、引领性作用的五大影响力服务业;聚焦对浙江省制造业发展有较强支撑作用且具有较大发展潜力的领域,培育壮大五大新兴服务业;以激发消费潜力、提高人民生活满意度为导向,提升发展六大品质服务业。构建与现代产业体系相适应、结构优化、竞争力强的"556"服务业新体系。

(一)聚力打造五大具有影响力的服务业

(1)**国际贸易**。深入推进中国(浙江)自由贸易试验区、浙江省数字贸易先行示范区和义甬舟陆海统筹双向开放大通道等建设,重点发展数字服务贸易、跨境电子商务、数字内容服务等贸易新业态新模式,不断提升贸易发展质量,增强国际贸易综合竞争力。持续提升贸易便利化水平,支持企业设立海外营销网络,开拓"一带一路"沿线国家和地区的新市场空间。引导传统贸易企业数字化转型,推动eWTP等数字贸易国际合作,深入探索以油气全产业链为核心的大宗商品投资和贸易自由化。到2025年,率先打造新型贸易中心。

(2)**现代物流业**。推进物流业与制造业、商贸业深度融合发展,重点发展高端航运服务、多式联运服务、供应链管理服务等,推进物流设施和服务的全流程绿色化、智能化、标准化、一体化提升改造。依托宁波-舟山世界级海港、杭州和宁波国际空港、义乌国际陆港、华东联运新城、衢州多式联运枢纽港建设,推动"四港"联动、智慧物流云平台迭代升级。推进内河航运复兴,加快钱塘江中上游等内河铁公水联运枢纽和码头建设。提高全过程供应链管理水平,加快重要物流节点、通道建设,健全城乡配送与快递物流、冷链物流网络,完善国际物流大通道和境外仓布局,加快构建立足长三角、辐射全国、连接全球的现代物流服务体系。到2025年,物流综合实力位居全国前列。

(3)**软件和信息服务业**。深入实施数字经济"一号工程"2.0,大力发展基础软件、工业软件、嵌入式软件、应用软件等高端软件，壮大平台软件服务、广播电视服务、网络通信等信息服务业，加快发展人工智能、数字创意、区块链、网络安全等新兴软件。推进杭州国际级软件名城、宁波特色型中国软件名城建设，建设一批有较高知名度的软件名园，培育一批引领性龙头企业，形成一批具有自主知识产权的软件品牌，突破一批关键技术和标志性产品，打造一批具有行业引领作用的工业互联网平台，加速软件与各行业领域的融合应用。加快推进"产业大脑"建设，建立全省"产业大脑"数据中枢，重点在十大标志性产业链推广应用，并持续深化"产业大脑"迭代升级、试点扩面。到2025年，打造国内领先的软件产业集聚区和自主软件推广应用引领区。

(4) **科技服务业。**深入实施创新强省首位战略，积极发展研究开发、科技中介、知识产权、创业孵化、科技咨询、科技金融等，打造标杆型省级产业创新服务综合体，优化全过程创新创业服务，构建完善科技服务体系。深化杭州、宁波温州国家自主创新示范区建设，加快建设杭州城西、宁波甬江、嘉兴G60、温州环大罗山、浙中、绍兴、台州湾、浙西南等科创走廊，构建新型实验室体系，大力引进培育高端新型研发机构，培育国家战略科技力量。到2025年，初步建成高水平创新型省份。

(5) **现代金融业。**立足服务实体经济，实施融资畅通工程升级版、凤凰行动计划升级版，壮大股权和债券市场，用好担保增信、信用贷款、应收账款融资、风险缓释等金融工具，重点发展科创金融、供应链金融、绿色金融、普惠金融等。深化区域金融改革和创新试点，复制推广改革经验，联动建设世界银行全球数字金融中心、钱塘江金融港湾、杭州国际金融科技中心和移动支付之省，建设数字金融先行省。推进区块链、大数据和云计算等技术与金融深度融合，引导金融机构加快数字化转型，推广浙江省企业信用信息服务平台、浙江省金融综合服务平台，促进金融科技在经济生活和社会治理等领域应用。到2025年，打造全国一流新兴金融中心。

(二) 培育壮大五大新兴服务业

(1) **商务服务业。**提升高端商务服务业对制造业发展的服务能力，重点发展总部经济、工程设计、会展服务、咨询评估、法律、会计审计、信用中介、公证等，推动商务服务专业化、规模化、国际化发展。以杭州钱江新城、钱江世纪城、宁波东部新城、宁波三江口中央商务区、温州滨江商务区等为重点，引进全球专业服务机构，集聚培育一批企业地区总部、功能性总部，打造高端商务服务集聚区。推进杭州会展新城、宁波国际博览中心、温州新国际会展中心、绍兴国际会展中心等建设，提升世界互联网大会、中东欧博览会、义博会、中国国际动漫节、杭州文化创意产业博览会、世界布商大会、中国国际袜业博览会等品牌活动影响力。到2025年，力争成为引领全国商务高质量发展的先行示范区。

（2）**人力资源服务业**。围绕"双循环"新发展格局的构建，推动人力资源服务与实体经济协同发展。坚持育优扶优引优，建立省、市重点培育企业目录，完善培育引进政策。持续深化人力资源协同指数研究。建设一批高质量人力资源服务产业园。加快人力资源服务产品数字化发展，推进服务领域创新。鼓励人力资源服务机构围绕新业态、新模式开发新产品，参与企业间、地区间劳动力余缺调剂政策引导。支持人力资源服务业深度参与健康养老、社区服务等生活性服务业。规范人力资源市场秩序，推进人力资源市场领域信用体系建设。积极吸引全球优质人力资源服务企业，增强国际交流与合作，鼓励有条件的人力资源服务企业在境外设立分支机构，构建全球服务网络。到2025年，全省人力资源服务机构达7000家，提供中高端人力资源服务的机构占比达到30%。

（3）**创意设计服务业**。推动创意设计服务业向"互联网+""创意+""时尚+"转型发展，重点发展工业设计、动漫设计、时尚设计、建筑设计、广告设计等。推进建设一批国家和省级工业设计中心，支持工业设计向高端综合设计服务转变，积极培育智能设计、虚拟设计、集成设计、众包设计等新业态。引进培育优秀创意设计人才和企业，鼓励设立创意设计产业孵化器，打造具有时尚引领力的创意设计集聚平台。推出一批具有浙江特色和国际知名度的创意设计品牌，举办有国际影响力的创意设计赛事。到2025年，建设成为全国文化创意设计高地。

（4）**节能环保服务业**。推进生态文明先行示范省建设，重点发展节能服务、环保服务、资源循环利用服务等，健全节能环保服务体系。大力推行合同能源管理，以高耗能行业企业为重点，发展节能诊断、节能量监测审核、信息咨询、节能认证等节能服务。全力推动环境影响评价、清洁生产评价、生态环境修复等环保服务，加快发展环境风险与损害评价、环境信用评价、碳资产管理、碳报告核查复查、绿色低碳认证等新兴环保服务。推进环境污染第三方治理，积极推行环境医院、环保管家和环境顾问服务，开展县域、小城镇环境综合治理托管服务模式改革。加快构建废旧物资循环利用服务体系，深化服务农业循环经济发展。到2025年，节能环保产业规模不断扩大。

(5) **检验检测服务业**。推进国家检验检测高技术服务业集聚区和"浙里检"平台等建设，围绕浙江省十大标志性产业链等实际需求，构建涵盖产品质量、环境监测、计量校准等多个领域，线上线下融合发展的检验检测认证认可产业体系。建设一批国家级产业质量检测中心、CNAS实验室、产业计量测试中心，夯实计量、检测技术、检测装备研发等质量基础能力，促进质量基础应用技术研究开发及成果转化示范应用，推动检验检测认证认可行业专业化、品牌化、国际化发展。到2025年，检验检测服务体系基本构建完善，有力支撑产业质量水平提升。

(三) 提升发展六大品质服务业

(1) **现代商贸业**。围绕扩大内需、适应消费方式转变的要求，加快城乡区域、线上线下融合，提升发展城市商业，推动农商互联，优化发展电子商务，创新发展商贸新业态。增强城市商业服务能级，深入推进特色街区、小城镇商业综合体建设，打造商业地标，大力发展夜间经济、社区商业。推进智慧商圈建设，促进体验消费、定制消费、时尚消费、智能消费等发展。深入推进义乌国际贸易综合改革试点、中国轻纺城等市场采购贸易方式试点等建设，开展商品市场优化升级专项行动，培育一批商品经营特色突出、产业链供应链服务功能强大、线上线下融合发展的商品市场示范基地。到2025年，形成便捷、安全、优质、多元的城乡现代商贸网络。

(2) **文化服务业**。深入实施新时代文化浙江工程，加快推动文化产业提质增效，重点发展影视制作、出版发行、工艺美术、文化娱乐等优势文化产业，培育发展数字演艺、数字出版、短视频、数字音乐、电子竞技、数字创意等数字文化新业态，不断增强浙江文化软实力和文化产业综合竞争力。高水平推进四条诗路文化带、之江文化产业带建设，持续提升文化类特色小镇、重点文化产业园区和集聚区、文化创意街区等产业平台发展水平，加快建成全国领先、国际知名的数字文化产业基地、广播电视和网络视听产业基地（园区）、艺术创作产业基地和动漫游戏产业基地。到 2025 年，基本形成质量、规模、效益稳居全国前列的现代文化产业体系。

(3) **休闲旅游业**。推进文化和旅游深度融合，建设一批富有文化底蕴的世界级旅游景区和度假区。大力发展生态为底色的特色旅游，全面提升乡村旅游，加快发展海洋旅游，推进旅游业生态化建设。支持发展山区 26 县旅游业，建成旅游富民示范省。开展旅游业"微改造、精提升"，提升旅游供给品质。实施"诗画浙江·百县千碗"提升工程。探索未来系列旅游产品。培育现代旅游市场主体，发展夜间旅游，拓展旅游消费市场。大力发展入境旅游。到 2025 年，率先基本建成现代化旅游经济强省，各项主要指标位居全国前列，努力成为中国最佳旅游目的地、长三角休闲度假胜地、国际知名旅游目的地、未来旅游先行地。

(4) **健康服务业**。以满足人民群众日益增长的健康服务需求为出发点，重点发展健康医疗、养生养老、体育健身、健康保险、健康管理等，推进建设健康产业平台和载体，促进有效投资和消费升级，丰富服务和产品供给。完善以居家为基础、社区为依托、机构充分发展、医养有机结合的多层次养老服务体系，积极探索"银发经济"、适老产业发展的新路径新模式。加大社会办医支持力度，积极发展医学检验等第三方健康服务，鼓励中医养生保健服务集聚发展，推动精准医疗、移动医疗等新兴领域加快发展。加强健康服务与旅游、文化、养生康复、运动休闲和食品等产业联动融合发展，大力发展"互联网＋健康"。办好杭州亚运会，促进竞技体育和体育产业发展。到 2025 年，初步建立覆盖全生命周期、满足多元化需求的健康服务业体系。

(5) **教育培训服务业**。坚持社会化教育和制度化教育并举，鼓励社会力量兴办各类教育，重点发展职业教育、继续教育、技能培训、社区教育、老年教育、幼儿教育等，全面实现教育现代化。实施新时代工匠培育工程和"金蓝领"职业技能提升行动，构建高技能人才培育体系。鼓励职业院校加强培养培训工作一体化管理，推动学历教育与职业培训相互融合促进，推进温台职业教育高地国家试点建设。支持教育培训领域国际合作，引进高端教育资源，创新运营模式。鼓励开发数字教育资源，大力发展在线教育和远程培训，加快构建线上线下教育常态化融合发展机制。健全终身教育体系，加强浙江特色开放大学体系建设。到2025年，基本建成学习型省份。

(6) **居民服务业。**以提高居民生活便利度和生活质量为导向，加强公益性、基础性服务业供给，重点发展家政服务、物业服务、育幼服务等，健全城乡居民服务体系。推进家政服务规范化和职业化建设，支持家政企业开展品牌培育和平台建设，持续推进家政服务业与智慧社区、养老托育等融合发展。推动物业服务专业化、标准化、多样化，全面提升物业服务管理水平和行业发展水平，营造更为宜居的社区环境。促进婴幼儿照护服务发展，采取公办民营、民办公助，基本形成优质安全、便利实惠、城乡协调的居民服务业体系。

四、重点工程

(一) 数字赋能工程

深入推进先进数字技术在服务业领域的融合应用，推动服务业全面数字化转型。运用大数据、云计算、人工智能、区块链等技术，对生产性服务业进行全方位塑造与重构，提升研发设计、生产销售、采购分销、物流配送等全链条数字化水平，加强对制造业全过程全生命周期的服务能力。积极发展数字生活新服务，积极构建"城市大脑+未来社区"核心业务场景，重点发展远程医疗、在线教育、智能交通、数字文旅等数字民生服务，推动生活消费方式向智能型转变。支持建设行业级平台，推动各平台、中心、企业数据流通、资源汇聚，提升服务业各行业各领域资源的价值和利用效率，推动产业数字化、网络化、智能化升级。

(二) 平台提升工程

以提升服务业发展能级和影响力为重点，推进服务业集聚发展，加快建设一批服务业高能级平台，主动承担服务业领域国家和省级战略，引领全省服务业继续"走在前列"。推进现代服务业集聚示范区整合提升，通过"整合一批、新设一批、打造一批"，加快建设"数字赋能、特色鲜明、业态高端、能级突出"的现代服务业创新发展区，并在此基础上培育具有国际竞争力的高能级服务业创新发展区。围绕浙江省服务业重点领域，积极打造一批国家级服务业平台，形成若

干具有全国影响力的服务业示范平台。

(三)融合促进工程

强化服务业对先进制造业的全产业链支撑作用,提升研发设计、物流、电商、金融等专业化服务能力,支持龙头企业向制造环节拓展业务,实现服务制造化发展。加快培育融合发展新业态新模式,大力发展智能化解决方案服务,推广柔性化定制、共享生产平台、智能工厂等模式,鼓励设计、制造、施工等领域骨干企业发展总集成总承包、全生命周期管理、全过程工程咨询,提供整体解决方案。围绕浙江重点发展的战略性产业和特色优势产业领域,培育一批两业融合试点区域和试点企业,引领带动全省制造业和服务业深度融合发展。加强人力资源服务与制造业的融合发展。推进农村一、二、三产业融合发展,积极发展农村电商、乡村旅游、数字农业、创意农业等乡村新产业新业态,高水平建设农村产业融合发展示范园。

(四)品牌打造工程

发挥品牌带动作用,推广实施优质服务承诺标识和管理制度,加强企业"品字标浙江服务"品牌认证,研究健全区域、行业服务品牌培育和评价标准体系,率先培育一批具有影响力的行业品牌和具有地方特色的区域服务品牌。支持各地政府和行业协会开展服务品牌培育和塑造工作,持续推进行业信用体系建设,加大品牌知识产权保护力度,完善第三方质量评价体系。瞄准先进标准提高水平,在重点行业领域组织实施一批国家、省级标准化试点项目建设,推动浙江标准上升为国际标准、国家标准、行业标准和全国性团体标准,提高"浙江服务"品牌认可度。

(五)企业培育工程

大力引进全球服务业跨国公司,吸引世界 500 强企业、行业领军企业在浙江设立地区总部和功能性机构,发展研发设计、供应链管理、品牌运营和资本运作等高附加值业务。鼓励综合实力强、发展潜能大的服务企业构建平台型生态体系,增强技术、品牌和渠道等重点要素跨地区、跨行业整合能力,引领产业链深度融合和高端跃升。积极培育服务领域高新技术企业,支持企业研发机构建设,提高定制服务、技术服务和整体解决方案等新型服务供给,培育新产业新业态新模式。

大力扶持服务领域"专精特新"企业发展，加大各类创新研发平台开放服务力度，提升专业服务水平，加强与大企业融通发展。

（六）消费升级工程

以壮大新型消费、促进国内经济大循环为主线，推动消费扩容提质，充分激发居民消费潜力。积极构建数字化消费生态体系，大力促进教育培训、医疗健康、养老育幼、家政、体育等领域消费线上线下融合，推广无接触式消费，打造沉浸式、体验式消费场景。持续优化消费供给，着力推进贴近服务人民群众生活、需求潜力大、带动作用强的医疗、养老、教育、旅游、体育等服务领域发展。深入实施"放心消费在浙江"行动，加快放心消费提质扩面，持续开展放心消费电商平台建设，深化乡村放心消费建设，积极探索放心消费创新试点。突出消费重点平台示范引领作用，进一步强化杭州、宁波打造国际消费中心城市能级，加快培育信息消费、文旅消费、时尚消费、夜间经济等各具特色的消费试点城市，积极打造高品质步行街和智慧商圈。

五、保障措施

（一）加强组织领导

进一步强化服务业重大平台、重大项目、重大改革、重大政策等工作协同机制，形成工作合力。各级政府、相关职能部门做好专项规划的编制实施，明确指标体系、工作体系、政策体系、评价体系，抓好责任和任务落实，形成工作闭环管理体系。

（二）完善重大政策

切实贯彻落实国家、浙江省支持服务业发展的各项政策，制定完善若干个具有针对性、操作性、前瞻性的"政策包"，深化政策落实的督查机制。用足用好省发展与改革专项资金，健全适应服务业发展的金融服务体系，鼓励开发满足服务业企业需求的产品和服务。加大土地要素支持力度，优先保障高能级服务业平台和重大服务业项目的用地需求。强化人才支撑体系，改革完善人才培养、使用、评价和激励机制。加强数据资源整合，大力推动政府部门数据共享、公共数据资

源开放和社会化利用,建立多元化的行业数据交流机制。

(三)深化重大改革

进一步放宽服务业领域市场准入,全面清理不合理的准入限制和隐形壁垒,加强全省服务业法律体系、信用体系建设,强化知识产权保护,优化服务质量标准体系,建立健全社会第三方服务认证认可制度,营造公平、公正、开放、有序的市场环境。加大服务领域简政放权力度,深化商事制度改革,简化行政审批流程,完善行业监管模式。扩大服务领域对外开放,减少或取消外商投资准入限制,深化中国(浙江)自由贸易试验区、义甬舟陆海统筹双向开放大通道等建设,持续推进服务贸易创新发展试点建设,支持服务企业"走出去"开拓外部市场,优化国际人才服务保障。

(四)推进重大项目

实施服务业万亿项目计划,聚焦高端化生产性服务业、高品质生活性服务业发展和高能级服务业平台建设,引进建设一批影响力大、支撑力强的标志性项目。建立健全重大项目推进机制,各级政府要加强统筹协调,在资金、用地、能源等方面予以适当倾斜,确保重大项目顺利推进。

(五)加强统计监测

强化服务业统计工作,探索建立切实可行、符合现代服务业发展需求的统计监测制度,优化完善服务业相关重点领域的行业分类标准、统计方法和统计指标体系。加强全行业统计监测核查,进一步建立健全服务业发展的动态监测、预警、预测、形势分析和信息发布机制。完善现代服务业创新发展区统计直报制度,做好动态更新和数据审核工作。

(课题组成员:童相娟、戎良、王煜若、杨熙、金诗铧、张雨润)

PART 2
规划编制篇

专项规划项目清单

2021年,浙江省发展规划研究院在产业发展、城乡建设、能源环境、社会文化等领域完成专项规划项目36项。

海宁市发展和改革局数字时尚服务业创新发展区建设规划

吴兴区国民经济与社会发展等重大改革课题规划

绍兴市上虞区数字文娱服务业创新发展区建设规划

中国轻纺城现代服务业创新发展区建设规划

杭州余杭区未来科技城现代服务业创新发展区建设规划

岱山县国民经济和社会发展第十四个五年规划和二〇三五年远景目标纲要

西塘数字文旅现代服务业创新发展区建设规划

浙江省天然气管网专项规划

荆门市科学技术局荆楚科创城发展战略规划

浙江省海洋经济发展"十四五"规划

舟山群岛新区主要海岛功能布局"十四五"规划

玉环市现代服务业创新发展区建设规划

玉环市重大建设项目"十四五"规划

岱山县能源发展"十四五"规划

海宁市文化产业"十四五"规划

桐乡市文化和旅游体育融合发展"十四五"规划

桐乡市服务业"十四五"发展规划

义甬舟开放大通道建设"十四五"规划

鄂尔多斯零碳工业园远景能源规划

省域开放型高能级中心城市建设规划

浙江省高等学校基础能力建设"十四五"规划

长三角生态绿色一体化发展示范区嘉善片区文化和旅游发展专项规划(2021—2035)

玉环市"十四五"服务业高质量发展规划

浙江省健康产业发展"十四五"规划

浙江省中医药发展"十四五"规划

浙江省公共服务提升"十四五"规划

浙江省省级医疗资源配置"十四五"规划

浙江省发展规划研究院"十四五"发展规划

桐乡市大运河文化保护传承利用暨大运河国家文化公园建设实施规划

浙江省应急物资储备发展"十四五"规划

浙江省现代服务业发展"十四五"规划

浙江省现代物流业"十四五"发展规划

江山市农村综合改革集成建设项目实施方案

"十四五"时期长三角一体化发展规划实施方案

浙江省航空航天产业发展"十四五"规划

桐乡市梧桐街道"十四五"发展规划

丽水市文化和旅游发展"十四五"规划

行动计划项目清单

2021年,浙江省发展规划研究院在共同富裕、高质量发展、诗路建设以及生态产品价值实现等领域完成行动计划项目16项。

磐安县共同富裕试点三年行动计划研究

衢江区共同富裕"三生融合"乡村新社区建设试点行动计划(2021—2023年)

平湖市共同富裕试点三年行动计划(2021—2023年)(缩小地区差距领域)

平阳县跨越式高质量发展五年行动计划(2021—2025年)

莲都区跨越式高质量发展五年行动计划(2021—2025年)

江山市跨越式高质量发展五年行动计划(2021—2025)

龙泉市跨越式高质量发展五年行动计划

台州市山区县跨越式高质量发展五年行动计划(2021—2025年)

苍南县跨越式高质量发展五年行动计划(2021—2025年)

开化县跨越式高质量发展五年行动计划(2021—2025年)

景宁畲族自治县跨越式高质量发展五年行动计划(2021—2025年)

瓯江山水诗路建设三年行动计划

钱塘江诗路建设三年行动计划

大运河诗路建设三年行动计划

浙东唐诗之路建设三年行动计划

浙江省生态产品价值实现行动计划(2021—2025年)

实施方案项目清单

2021年,浙江省发展规划研究院在经济发展、城乡建设、能源环境、社会文化等领域完成实施方案项目10项。

吴兴区争当浙江高质量发展建设共同富裕示范区模范生的实施方案

磐安县低碳示范县建设实施方案

浙江省大运河国家文化公园建设实施方案及负面清单

普陀区低碳试点县建设实施方案

浙西南革命老区振兴发展的实施方案

浙江省山区26县跨越式高质量发展实施方案(2021—2025年)

宁波市生态海岸带建设实施方案

江山市农村综合改革集成建设项目实施方案

"十四五"时期长三角一体化发展规划实施方案

丽水经济技术开发区(园区)整合提升实施方案

PART 3
工程咨询篇

项目建议书、可行性研究报告及项目申请报告项目清单

2021年,浙江省发展规划研究院在机械、电子信息、建筑、轻工纺织等领域完成项目建议书、可行性研究报告及项目申请报告项目19项。

丽水灯塔社区一期安置地块项目建议书

浙江理工大学"尚+"服装数字化设计与制造产教融合大楼项目建议书

浙江方正电机股份有限公司丽水方德智驱应用技术研究院可行性研究报告

浙江方正电机股份有限公司年产180万套新能源汽车驱动电机项目可行性研究报告

浙江天圣控股集团有限公司产业园绿电熔盐储能项目可行性研究报告

农夫山泉贵州梵净山饮用水有限公司年产33万吨饮料生产线技改项目可行性研究报告

农夫山泉吉林长白山有限公司年产34.68万吨饮料生产线技改项目可行性研究报告

农夫山泉四川饮品有限公司年产17.49万吨饮料生产线技改项目可行性研究报告

农夫山泉抚松长白山天然矿泉水有限公司年158万吨天然矿泉水生产线技改项目可行性研究报告

浙江理工大学"尚"服装数字化设计与制造产教融合大楼项目可行性研究报告

浙江省行政中心一号楼1037、3038会议室维修改造工程可行性研究报告

养生堂浙江食品有限公司年产4050万盒无菌米饭生产线技改项目可行性研究报告

养生堂(安吉)农业有限公司大米初加工项目可行性研究报告

浙江世友木业有限公司世友智慧家居绿色梦工厂项目可行性研究报告

农夫山泉吉林长白山有限公司年产73.22万吨天然矿泉水生产线技改项目可行性研究报告

江苏桐昆恒阳化纤有限公司年产240万吨新型绿色功能性纤维、年加工90万吨DTY纤维和25万吨高端面料坯布智能化产业项目可行性研究报告

杭千智造产业园可行性研究报告

省府路 27 号 4-6 层业务技术用房装修改造工程可行性研究报告

浙江独山能源有限公司年产 400 万吨 PTA 及 210 万吨智能化、功能性差别化纤维一体化项目申请报告

资金申请报告项目清单

2021年，浙江省发展规划研究院在机械、医药、电子信息、建筑、轻工纺织、环保等领域完成资金申请报告项目15项。

浙江优全护理用品科技股份有限公司高端医疗卫生非织造材料项目资金申请报告

浙江三花商用制冷有限公司年产3500万套商用制冷空调智能控制元器件智能工厂建设项目资金申请报告

温州瑞明工业股份有限公司年产80万件节能与新能源汽车轻量化铝部件的智能工厂技术改造项目资金申请报告

浙江大华智联有限公司大华智慧物联智能制造示范工厂项目资金申请报告

浙江最成半导体科技有限公司年产2万件半导体用高纯金属及合金靶材项目资金申请报告

湖州公尺轴承有限公司盾构机主轴轴承、3兆瓦及以上风电机组"卡脖子"轴承产业化项目资金申请报告

浙江新和成特种材料有限公司年产15000吨纤维级聚苯硫醚（PPS）建设项目资金申请报告

浙江天马轴承集团有限公司年产200台套大型高端工程机械轴承（含盾构机刀盘、海洋工程机械用轴承等）项目资金申请报告

华友新能源科技（衢州）有限公司年产5万吨高镍型动力电池用三元前驱体材料项目资金申请报告

浙江司太立制药股份有限公司年产1540吨非离子型CT造影剂、450吨左氧氟沙星及100吨洛索洛芬钠原料药技改项目资金申请报告

丽水经济技术开发区产业创新服务综合体（循环经济升级服务综合体）项目资金申请报告

园区4家革基布企业煤改气项目资金申请报告

鸿鑫环保污泥集中处置中心项目（新建100吨／日污泥干化焚烧工程项目）资金申请报告

浙江人立环保有限公司新增年处置15000吨危险废物技改项目资金申请报告

浙江陕鼓能源开发有限公司合成革企业含DMF高浓度废水输送管网建设项目资金申请报告

各类评估项目清单

2021年,浙江省发展规划研究院在医疗、建筑、机械、电子信息、电力、环保等领域完成各类评估项目35项。

碳达峰碳中和新增政策资金(低碳试点县财政专项)事前绩效评估

《浙江省CMOS集成电路成套工艺与设计技术创新中心建设方案》评估

《浙江省绿色智能汽车及零部件技术创新中心建设方案》评估

建德南方水泥有限公司建德南方绿色智能数字化新材料产业园4000吨d熟料水泥生产线技改工程节能评估

《浙江省智能物联技术创新中心建设方案》评估

宁波明州500千伏变电站第三台主变扩建工程项目申请报告评估

乐清和玉环电厂近区网架优化调整工程项目申请报告评估

宁波余姚西部220千伏网架优化工程项目申请报告评估

浙江省信访安保综合楼改造工程可行性研究报告评估

绍兴诸暨500千伏变电站第3台主变扩建工程项目申请报告评估

嘉兴王店500千伏变电站第4台主变扩建工程项目申请报告评估

乐清电厂三期送出工程申请报告评估

柳城污水处理厂建设工程申请报告评估

滨江高教园区立志园食堂装修项目申请报告评估

金华市儿童福利院迁建工程可行性研究报告评估

省荣军医院二期项目可行性研究报告评估

仙居县人民医院(县妇幼保健院)迁建工程初步设计评估

省级循环化改造示范试点终期验收自评估报告评估

浙江省盲人学校改建工程可行性研究报告评估

台州市七条河拓浚工程（椒江段）可行性研究报告评估

浙江旅游职业学院体育场（亚运橄榄球训练场）改造提升工程可行性研究报告评估

钱塘新区云帆社区运营实施方案评估

温州医科大学茶山校区亚运会足球训练场改造工程可行性研究报告评估

浙江省渔船精密智控能力建设工程项目建议书评估

金华理工学院建设工程项目申请报告评估

省科协大楼地下室空调冷水机组、泵房及楼层竖井内给排水管更换等设施维修改造项目可行性研究报告评估

省总工会干部学校校园综合整治与维修改造项目建议书评估

浙江省全民健身中心初步设计评估

金华市九峰水厂及配套输水管道工程项目申请报告评估

浙江省舟山库第三期工程配套码头输送系统工程项目建议书评估

温州打造全国性综合交通枢纽决定评估

温州医科大学附属第二医院鹿城院区 8 号楼改造工程可行性研究报告评估

金华市中医医院中医药传承创新工程可行性研究报告评估

衢州市柯城区寺桥水库工程可行性研究报告评估

浙江传媒学院第 19 届亚运会足球训练场提升改造工程可行性研究报告评估

PART 4

附 录

附录 1

课题研究项目清单

2021 年，浙江省发展规划研究院在战略研究、宏观经济、区域发展、产业发展、能源环境、城乡建设、社会文化、基础设施等领域完成课题研究项目 88 个。

杭州市富阳区共同富裕试点相关研究

浙江省未来产业发展及先导区建设研究

衢州市共同富裕建设试点三年行动计划研究

浙江交通新基建顶层设计研究

交通支撑浙江高质量发展建设共同富裕示范区建设重大政策研究

浙江省轨道交通产业链发展重大问题研究

衢江区高质量发展建设共同富裕先行示范区思路研究

浙江省能效创新引领研究

德清与杭州城西科创大走廊联动发展模式研究

2021 年浙江省综合交通产业白皮书

高水平交通强省建设若干重大政策问题研究

"十四五"综合交通高质量发展若干重大问题研究

交通领域"重要窗口"建设标志性成果研究

嵊州市共同富裕课题研究

浙江乡村振兴报告

长兴经开区产业发展和布局研究

义乌市共同富裕示范区建设试点相关问题研究

义乌市共同富裕示范区建设试点三年行动计划（2021—2023 年）研究

药品安全"非现场"智能化监管的数字技术支撑体系研究

浙江省2020年度能源活动领域温室气体清单分报告及温室气体清单总报告编制

浙江省重大基础设施廊道规划布局研究

义甬舟开放大通道建设重大瓶颈问题分析和对策研究

打造衢山岛"一带一路"海上桥头堡研究

浙江省数字义甬舟建设路径及举措研究

浙江民营企业参与"一带一路"境外园区建设的经验与对策研究

浙江省自由贸易试验区投资自由化便利化政策体系研究

海峡两岸(温州)民营经济创新发展示范区建设评估报告(2015—2020年)

长三角一体化背景下沪苏湖芜产业创新带战略性规划研究

浙江省流域水生态环境综合治理基本思路研究

浙江省大湾区系列研究课题——以创新管理运行机制为核心推进各类开发区(园区)整合提升研究

长三角产业合作区浙皖组团合作的定位、路径研究

县域数字社会建设路径研究

加快海洋经济发展建设海洋强省的政策研究

浙江省海洋经济发展"十四五"规划意见举措研究

浙江省海洋蓝碳体系构建研究

支持苍南县跨越式高质量发展的若干举措建议研究

基于区块链的审判执行存证验证可信操作与面向经济社会的可信合约技术申报书

浙江省工程云建设研究专项课题项目标项7:浙江省工程云推进政策机制研究

浙江省工程云建设研究专项课题项目标项5:浙江省工程云建设标准研究

浙江省工程云建设研究专项课题项目标项1:浙江省工程云建设总体方案研究

2020年浙江省健康产业发展报告

未来社区创建验收评价标准研究

仙居县跨越式高质量发展五年行动计划(2021—2025年)研究

2021年浙江省人工智能产业发展报告

交通领域"碳达峰"突破性举措及重大政策研究

湖州市加快推进绿水青山就是金山银山转化调研

促进长三角地区未来产业发展研究

磐安县生态富县生态富民指标体系研究

系统性重塑生态文明内涵特征研究

瑞安市推进共同富裕先行示范总体思路研究

推行农业标准地的对策与建议

浙江省大都市区发展评价报告（2020年）

共同富裕重大问题研究

"十四五"规划实施机制研究

以数字化改革推动发改整体智治体系建设方案研究

应急物资保障跨部门多层次协同机制研究

发展智慧供应链服务生态推动物流降本增效的实施举措研究

小城市建设浙江标准研究

浙江省工程研究中心运行评价

浙江省节能降耗、能耗双控与碳达峰实现路径研究

浙江省充电基础设施智能化管理应用场景研究

共同富裕示范区公共服务领域建设思路及评价研究

加快浙江省服务业重点领域数字化的对策建议

浙江省推进全面创新改革试验的重点方向和路径研究

浙江揭榜挂帅国家医学中心建设的思路和举措研究

构建新发展格局背景下加快推进农业转移人口市民化的思路和对策

省级小城市培育试点2020年度考核方案

三门县临港低效用海有机更新试点研究

铁路PPP项目投融资模式研究——以杭绍台铁路为例

"三江汇"杭州未来城市实践区"未来康养"场景策划与发展导向研究

"十四五"时期上虞区打造"北都市"发展格局研究

武义县物流业发展及园区布局研究

宁波奋力打造科创高地需要突破的几个重点问题研究

新一代云数据库全球发展趋势研究

浙江省地方标准《生态系统生产总值（GEP）核算技术规范—陆域生态系统》(DB33/T2274—2020)

浙江省生态产品价值实现最佳实践案例遴选

2020年浙江省县域高质量发展报告

2020年浙江省人工智能产业发展报告

长三角地区政协2021年开展"推进数字长三角建设"联合调研

浙江省生产率相关问题研究

"全面推进数字化改革"调研

构建新发展格局背景下加快推进农业转移人口市民化的思路和对策研究

被撤并乡镇原政府驻地集镇发展问题研究

新冠肺炎疫情对服务业的冲击影响及应对之策

深化"多规合一"改革推进省域空间治理现代化的若干建议

高质量推动新基建服务构建"双循环"发展新格局研究

打造数字化改革新高地——嘉善的实践与启示

杭州东站枢纽小镇产业研究

附录2

2021年院咨询成果转化为党委政府文件情况

2021年,浙江省发展规划研究院共有96项咨询成果转化为党委政府文件(含13个保密文件)。其中国家级文件6项,浙江省委省政府文件14项,浙江省发展和改革委员会及其他浙江省级厅局政策文件53项。详见表A-1。

表A-1　　2021年院咨询成果转化为党委政府文件一览表

序号	咨询成果转化为党委政府文件名称	发文单位
1	长三角一体化发展规划"十四五"实施方案	推动长三角一体化发展领导小组办公室
2	浙江省支持浙西南革命老区振兴发展意见	浙江省人民政府
3	浙江省海洋经济发展"十四五"规划	浙江省人民政府
4	浙江省人民政府办公厅关于高水平建设现代化体育强省的实施意见	浙江省人民政府办公厅
5	浙江省市场监督"十四五"规划	浙江省人民政府办公厅
6	浙江省公共服务"十四五"规划	浙江省人民政府办公厅
7	关于支持冷链物流高质量发展的若干意见	浙江省人民政府办公厅
8	浙江省推动先进制造业和现代服务业深度融合发展的实施意见	浙江省发展和改革委员会
9	浙江省应对人口老龄化中长期规划	浙江省发展和改革委员会
10	关于推广杭州钱塘新区先行先试政策促进省级新区高质量发展的若干意见	浙江省发展和改革委员会
11	浙江省消防事业发展"十四五"规划	浙江省消防救援总队

续表

序号	咨询成果转化为党委政府文件名称	发文单位
12	省发展改革委、省建设厅关于开展2021年度未来社区创建的通知	浙江省发展和改革委员会
13	浙江省现代物流业发展"十四五"规划	浙江省发展和改革委员会
14	浙江省体育改革发展"十四五"规划	浙江省发展和改革委员会
15	浙江省防震减灾"十四五"规划	浙江省省地震局
16	浙江省高等学校基础能力建设"十四五"规划	浙江省发展和改革委员会
17	浙江省省级医疗资源配置"十四五"规划	浙江省发展和改革委员会
18	浙江省大都市区建设2021年工作要点	浙江省发展和改革委员会
19	浙江省生态系统生产总值(GEP)核算应用试点工作指南(试行)	浙江省发展和改革委员会
20	浙江省新能源汽车产业发展"十四五"规划	浙江省发展和改革委员会
21	省发展改革委印发《关于做好省级小城市培育试点2020年度考核工作的通知》	浙江省发展和改革委员会
22	浙江省健康产业发展"十四五"规划	浙江省发展和改革委员会
23	浙江省"六个千亿"产业投资工程2021年实施计划	浙江省发展和改革委员会
24	千年古城复兴综合规划编制导则	浙江省发展和改革委员会
25	高质量建设全省现代服务业创新发展区的实施意见(2021—2025年)	浙江省发展和改革委员会
26	浙江省航空航天产业发展"十四五"规划	浙江省发展和改革委员会
27	浙江省现代服务业发展"十四五"规划	浙江省发展和改革委员会
28	浙江省中医药发展"十四五"规划	浙江省发展和改革委员会
29	浙江省质量强省标准强省品牌强省建设"十四五"规划	浙江省发展和改革委员会
30	浙江省应急物资保障体系"十四五"规划	浙江省发展和改革委员会
31	2021年浙江省新型城镇化和城乡融合发展工作要点	浙江省发展和改革委员会
32	浙江省应对气候变化"十四五"规划	省发展改革委、省生态环境厅
33	浙江省新型城镇化发展"十四五"规划	浙江省发展和改革委员会、浙江省建设厅

续表

序号	咨询成果转化为党委政府文件名称	发文单位
34	关于高质量营造未来社区教育场景的实施意见	浙江省发展和改革委员会
35	关于山区26县特色生态产业平台提升发展的指导意见	浙江省发展和改革委员会
36	浙江省义甬舟开放大通道建设"十四五"规划	浙江省发展和改革委员会
37	浙江省人才发展"十四五"规划	浙江省发展和改革委员会、浙江省委组织部
38	浙江省现代服务业创新发展区建设导则（试行）	浙江省现代服务业发展工作领导小组
39	省发展改革委关于印发《浙江省冷链物流多跨协同发展核心业务任务树及"四个体系"》的通知	浙江省发展和改革委员会
40	浙江省充电基础设施发展"十四五"规划	浙江省省能源局
41	浙江省高新技术产业发展"十四五"规划	浙江省科学技术厅
42	杭州城西科创大走廊发展"十四五"规划	浙江省发展和改革委员会
43	舟山群岛新区主要海岛功能布局规划	浙江省发展和改革委员会
44	浙江省充电基础设施发展"十四五"规划	浙江省能源局
45	浙江省高能级战略平台建设导则	浙江省发展和改革委员会
46	嘉湖一体化合作先行区建设方案	嘉兴市、湖州市推进长三角一体化发展工作领导小组办公室
47	浙江省关于开展低(零)碳试点建设的指导意见	浙江省碳达峰碳中和工作领导小组办公室
48	2021年浙江省能源领域碳达峰工作重点任务"40条"清单	浙江省能源局
49	市级海岸带综合保护与利用规划编制指南	浙江省自然资源厅
50	浙江省天然气管网专项规划	浙江省发展和改革委员会（浙江省能源局）
51	浙江省大运河核心监控区建设项目准入负面清单（试行）	浙江省发展和改革委员会
52	浙江省重大项目招大引强工作机制（试行）	浙江省扩大有效投资重点建设领导小组办公室
53	长三角生态绿色一体化发展示范区知识创新型总部聚集区建设方案	长三角生态绿色一体化发展示范区执委会

续表

序号	咨询成果转化为党委政府文件名称	发文单位
54	浙江省"十四五"时期推动长三角一体化发展实施计划	浙江省推进长三角一体化发展工作领导小组办公室
55	2020年浙江省能源发展报告	浙江省能源局
56	浙江省重要生态系统保护和修复重大工程实施方案(2021—2025年)	浙江省发展和改革委员会
57	浙江省科技创新发展"十四五"规划	浙江省科学技术厅
58	关于浙江省未来产业先导区建设的指导意见	浙江省经济和信息化厅
59	浙江省航空航天产业发展"十四五"规划	浙江省发展和改革委员会
60	浙江省基本公共服务标准(2021年版)	浙江省发展和改革委员会

附录 3

2021 年院咨询成果获奖情况

详见表 A-2。

表 A-2　　2021 年院各咨询成果获奖情况

项目名称	获奖等级	院获奖人
院外奖项		
浙江省提高资源产出率研究	2020 年度浙江省科学技术进步奖三等奖	范玲、吴洁珍、汪东、洪丽云
浙江省"十四五"时期优化空间布局研究	2020 年度国家发展和改革委员会优秀研究成果奖三等奖	周世锋、沈锋、王琳、倪毅、马亚利
浙江特殊类型地区振兴思路研究	第二十一届哲学社会科学优秀成果奖青年奖	廉军伟、黄卫剑、于蕾、李昊
浙江省 2050 深度减排路径研究	第二十一届哲学社会科学优秀成果奖二等奖	何恒、陈丽君、吴君宏
城西科创大走廊打造创新策源地的思路与举措研究	浙江省第二十一届哲学社会科学优秀成果奖（应用对策研究与科普优秀成果二等奖）	朱李鸣、何垒、于蕾、李昊、王晓飞
浙江省"十四五"时期能源发展思路与重大布局研究	2021 年度浙江省规划科学技术进步成果奖三等奖	何恒、陈丽君、马攀、俞东芳、吴君宏、徐清琳、郑卓联、韩刚、叶子菀、徐帅玺
浙江省生态海岸带建设方案	2021 年度浙江省规划科学技术进步成果奖三等奖	周世锋、秦诗立、毛翰宣、胡思琪、罗成书、徐博文

续表

项目名称	获奖等级	院获奖人
浙江省大都市区发展评价报告	2021年度浙江省规划科学技术进步成果奖三等奖	王琳、周世锋、倪毅、丁菡、胡思琪
院内奖项		
浙江省零碳体系建设研究	课题研究类一等奖	高轶、陈丽君、何恒、蒋婷婷、宋蝶、周昭志、林成淼
构建新发展格局背景下加快推进农业转移人口市民化的思路和对策总报告	课题研究类一等奖	周华富、周世锋、傅金龙、范玲、郑晓峰、俞宁、陈达祎、王琳、吴思远
省大都市区人口与经济空间集聚规律及政策优化建议	课题研究类二等奖	潘毅刚、柯敏、徐博文、胡淑芬、周璐、王艺
省内重点区域一体化合作先行区发展重点和政策体系研究	课题研究类二等奖	周世锋、潘毅刚、柯敏、胡淑芬、胡思琪、毛翰宣、薛峰
文化强国建设若干重大问题研究	课题研究类二等奖	俞莹、赖华东、华小昕、杨树平
共同富裕重大问题研究	课题研究类二等奖	潘晓栋、陈倪垚、林俐、章静波、吴思远
浙江劳动生产率的总体形势与提升策略研究	课题研究类三等奖	周华富、傅金龙、周世锋、范玲、郎金焕、郑晓峰、俞宁、张武杰
2021年浙江省人工智能产业发展报告	课题研究类三等奖	周华富、徐伟金、童相娟、陈知然、吕鹏宏、俞翔、王煜若、黄卫剑、刘伟杰、徐强、胡欢、周雪、高扬、刘隆、谢忱
深化"多规合一"改革推进省域空间治理现代化的若干建议	课题研究类三等奖	周华富、周世锋、王琳、倪毅
小城市建设浙江标准研究	课题研究类三等奖	汤欢、王辰、方康恒、程振波、周洲、方园、王莹、丁懿腾
习近平总书记农民工"八有"理念的浙江实践	课题研究类三等奖	徐伟金、童相娟、庞亚君、吴钰龙、韩敏
高质量推进浙江省"千年古城"复兴研究	课题研究类三等奖	汤欢、王辰、程振波、邹君妤、方康恒
浙江省海洋经济发展"十四五"规划	规划编制类一等奖	秦诗立、毛翰宣、王雨璇、周璐、王艺、徐博文

续表

项目名称	获奖等级	院获奖人
浙江省新型城镇化发展"十四五"规划	规划编制类一等奖	汤欢、王辰、程振波、王莹、周洲、方康恒、方园
唱好杭州、宁波"双城记"五年行动计划	规划编制类二等奖	徐伟金、潘毅刚、柯敏、罗煜、胡思琪、张庆麟、张薇、周璐
浙江省省级医疗资源配置"十四五"规划	规划编制类二等奖	潘瑜、林俐、吴思远、孙夏妮、戴雨欣
浙江省人才发展"十四五"规划	规划编制类二等奖	范玲、郎金焕、俞宁、陈达祎
浙江省应对气候变化"十四五"规划	规划编制类二等奖	林成森、吴君宏、高轶、陈丽君、何恒、吴洁珍、徐清琳
2020年浙江省能源发展报告	规划编制类三等奖	俞东芳、汪琰、宋蝶、周昭志、吴君宏、韩刚、叶子菀、陈丽君、何恒
院"十四五"发展规划纲要	规划编制类三等奖	周华富、周世锋、范玲、郎金焕、郭亚欣、俞宁、陈达祎
浙江省现代物流业发展"十四五"规划	规划编制类三等奖	楼小明、祝诗蓓、沈锋、柴贤龙、王贤卫、付旻、陈明华
"十四五"时期长三角一体化发展规划实施方案	规划编制类三等奖	周华富、范玲、郎金焕、郑晓峰、俞宁、陈达祎
浙江省应急物资保障体系"十四五"规划	规划编制类三等奖	楼小明、童志怡、沈锋、柴贤龙、汪东、祝诗蓓、王贤卫
浙江省现代服务业发展"十四五"规划	规划编制类三等奖	童相娟、戎良、王煜若、杨熙、金诗铧、张雨润
黄河流域生态保护和高质量发展专项中央预算内投资有关项目资金申请报告评估	工程咨询类一等奖	周华富、吴洁珍、洪丽云、沈帆、阚小洲、郑启伟、苏斯彬、吴骏毅、叶子菀、丁哲澜、周旭健、史学锋、马亚利、戎良、吕鹏宏、王煜若、王晟、蒋婷婷、徐清琳、华和建、张薇、冯程瑜、余奕宁、裘莫寒、项珺婧
法开署贷款钱江源头保护与美丽城镇互促发展示范项目综合可研报告评估	工程咨询类一等奖	汪洋、沈帆、裘莫寒、牛美晨
浙江省大气环境监测预报预警平台项目可行性研究报告	工程咨询类二等奖	林成森、徐清琳、何恒

续表

项目名称	获奖等级	院获奖人
浙江省都市圈城际铁路二期建设规划(2018—2023)社会稳定风险评估	工程咨询类二等奖	汪洋、柴贤龙、祝诗蓓、楼小明、阚小洲、王畅
浙江省盲人学校改建工程可行性研究报告评估	工程咨询类二等奖	潘瑜、曹锐、戴雨欣、孙夏妮
浙江体育职业技术学院亚运会训练场馆提升改造可行性研究报告	工程咨询类二等奖	潘瑜、陈倪垚、孙夏妮
乐清和玉环电厂近区网架优化调整工程项目申请报告评估	工程咨询类三等奖	叶子菀、何恒、韩刚
含氟绿色合成及制药技术浙江省工程研究中心组建方案	工程咨询类三等奖	童相娟、王煜若、吴钰龙、张泽天
浙江理工大学"尚+"服装数字化设计与制造产教融合大楼项目可行性研究报告	工程咨询类三等奖	潘瑜、曹锐、孙夏妮、戴雨欣
浙江盘毂动力科技有限公司年产10万套新能源商用车动力总成及底盘悬架系统生产项目(一期)资金申请报告	工程咨询类三等奖	童相娟、吕鹏宏、徐强、葛慧玲、刘隆
海宁恒逸新材料有限公司基于化纤工业互联网平台的智能化工厂升级项目资金申请报告	工程咨询类三等奖	吕鹏宏、俞翔、杨熙
浙江东邦药业有限公司年产586吨头孢类原料药产业升级项目(二期)资金申请报告	工程咨询类三等奖	童相娟、戎良、高扬、胡欢